Jürgen Körner, Burkhard Müller (Hg.)
Schuldbewusstsein und reale Schuld

Unter anderem sind bisher folgende Titel im Psychosozial-Verlag in der Reihe »Psychoanalytische Pädagogik« erschienen:

Band 30

Herausgegeben von Bernd Ahrbeck, Wilfried Datler,
Rolf Göppel und Urte Finger-Trescher

Psychoanalytische Pädagogik

Jürgen Körner, Burkhard Müller (Hg.)

Schuldbewusstsein und reale Schuld

Mit Beiträgen von Michael Bongardt,
Micha Brumlik, Michael B. Buchholz,
Rebecca Friedmann, Manfred Gerspach,
Ludwig Haesler, Mathias Hirsch, Jürgen Körner,
Franziska Lamott, Kathrin Mörtl, Burkhard Müller,
Barbara Rendtorff, Achim Schröder,
Philipp Walkenhorst und Silke Wolter

Psychosozial-Verlag

Gefördert mit freundlicher Unterstützung
der »Deutschen Gesellschaft für Erziehungswissenschaft«
und der »DENKZEIT-Gesellschaft«

Bibliografische Information der Deutschen Nationalbibliothek
Die Deutsche Nationalbibliothek verzeichnet diese Publikation
in der Deutschen Nationalbibliografie; detaillierte bibliografische Daten
sind im Internet über <http://dnb.d-nb.de> abrufbar.

Originalausgabe
© 2010 Psychosozial-Verlag
Walltorstr. 10, D-35390 Gießen
Fon: 06 41 - 96 99 78 - 18; Fax: 06 41 - 96 99 78 - 19
E-Mail: info@psychosozial-verlag.de
www.psychosozial-verlag.de
Umschlagabbildung: Franz von Stuck: »Lucifer«, um 1890,
Öl auf Leinwand, 161x152 cm
Umschlaggestaltung & Satz: Hanspeter Ludwig, Gießen
www.imaginary-art.net
Druck: Majuskel Medienproduktion GmbH, Wetzlar
www.majuskel.de
Printed in Germany
ISBN 978-3-8379-2030-7

Inhalt

III Entwicklungschancen im Kontext pädagogischer Institutionen

IV Gesellschaftliche Perspektiven

Vorwort

Die Psychoanalyse war herkömmlich mit Fragen nach Schuldgefühlen befasst, weniger mit realer Schuld. Die Pädagogik neigt dazu, die Problematik von beidem möglichst von sich fernzuhalten, wird aber in vielen ihrer Ernstfälle unvermeidlich damit konfrontiert. Die Theologie, die Juristik sowie die politische und historische Reflexion wissen von Schuld zu reden, aber sie beantworten nicht die Fragen: Was verstehen wir darunter, wenn wir fordern, unser Gegenüber müsse seine Schuld »durcharbeiten«, oder wenn wir von »Wiedergutmachung« reden? Welche Rolle spielen wir selbst dabei, inwieweit sind wir in das Schicksal unseres Gegenübers verstrickt?

Solche Fragen standen in einer Tagung der Kommission Psychoanalytische Pädagogik in der Deutschen Gesellschaft für Erziehungswissenschaft im Herbst 2008 zur Diskussion, die den Ausgangspunkt für diesen Band bildete. Sie versuchte, einen fachlichen wie interdisziplinären Dialog zu einem Thema zu führen, das die Grenzen herkömmlicher therapeutischer und pädagogischer Zugangsweisen sprengt. Es brennt vielen Praktikern auf den Nägeln, da sie sowohl mit jugendlichen Gewalttätern als auch mit der Tatsache konfrontiert sind, dass solche Täter zumeist gleichzeitig Opfer sind, an denen andere schuldig wurden.

Die Beiträge in diesem Band erschließen unterschiedliche Zugänge zur Frage, warum der Umgang mit Schuld (und nicht nur mit Schuldbewusstsein) zu einem unvermeidlichen Thema der Psychoanalyse und vor allem der psychoanalytischen Pädagogik geworden ist. Sie zeigen auch, warum die Psychoanalytische Pädagogik bei diesen Fragen über den eigenen Tellerrand blicken und zugleich den Dialog mit Juristen, Therapeuten, Theologen und Diagnosen des politischen Zeitgeschehens führen muss.

Wir danken den Mitarbeitern und Mitarbeiterinnen der Freien Universität Berlin, ohne deren Organisationsgeschick und tatkräftige Mithilfe weder die Tagung noch die Herausgabe dieses Bandes möglich gewesen wären. Wir danken der Kommission Psychoanalytische Pädagogik wie auch der DENKZEIT-Gesellschaft für ihre finanzielle Unterstützung.

Jürgen Körner, Burkhard Müller
Berlin im Juni 2009

Einleitung

Schuld und Schuldbewusstsein

Jürgen Körner und Burkhard Müller

Wir versuchen in dieser Einleitung zunächst den roten Faden zu skizzieren, der die unterschiedlichen Zugänge zum Thema zusammenbindet, ehe wir einen Überblick über die Beiträge geben.

Schuld, Schuldbewusstsein und das Realitätsprinzip

Die Psychoanalyse hat sich von Anfang an dem Schuldgefühl, aber weniger der realen Schuld zugewendet. Wenn in den Krankengeschichten überhaupt von »Schuld« die Rede war, dann war es allenfalls die Schuld anderer, die den Patienten zum Opfer gemacht hatte. Diese objektive Schuld anderer spielte in der klinischen Theorie der Psychoanalyse aber nur so lange eine bedeutende Rolle, wie Freud noch an der »Trauma-Theorie« festhielt, derzufolge eine traumatische, unverarbeitete Erfahrung – wie z.B. sexueller Missbrauch – den Ausgangspunkt einer psychischen Erkrankung und Symptomgenese bildete. Mit der Wendung von der Trauma-Theorie zur Konflikttheorie fokussierte Freud dann auf die Innenwelt des Patienten. Er hatte bemerkt, dass die Schilderungen seiner Patientinnen über erlebte Traumata häufig nicht der Wahrheit entsprechen konnten[1], und er entdeckte, dass Menschen auch daran erkranken können, dass sie sich selbst schuldig fühlen. Tatsächlich

---

1 1897 schrieb er resigniert an seinen Freund W. Fließ: »Ich glaube an meine Neurotica nicht mehr ...«

litten die meisten Patienten jener Zeit nicht darunter, Böses getan zu haben, sondern darunter, dass sie sich wegen »böser« Taten, Absichten oder auch nur Fantasien selbst aufs Strengste beschuldigten und zuweilen auch mit schmerzhaften Symptomen bestraften. »Real« war ihre Schuld nur insofern, als dass sich die Patientinnen – es waren zunächst überwiegend Frauen – in ihrer negativen Bewertung eigener »Taten« an gesellschaftlich verbreiteten Normen des viktorianischen Zeitalters orientierten. Der Erkenntnisgewinn dieser Hinwendung zu den inneren Konflikten hatte freilich auch den Preis, dass die Psychoanalyse weitgehend die realen Bedingungen ausblendete, auf die diese Mädchen und Frauen mit neurotischen Symptomen antworteten. Vera King (1995) zeigt das z. B. in ihrer Rekonstruktion des Falles Dora, der »Urszene der Psychoanalyse«.

Die Psychoanalyse wählte also das *Subjekt mit seinen inneren Konflikten zum Bezugspunkt* und »virtualisierte« die Realität möglicher eigener Schuld des Patienten wie auch die Realität dessen, was ihm schuldhaft angetan wurde. Manchmal scheint die Grenze zwischen Schuld und Schuldgefühlen sogar gänzlich zu verschwimmen (wie der Beitrag von Haesler in diesem Band zeigt). Die Methode der Psychoanalyse mit gleichschwebender Aufmerksamkeit und freier Assoziation suspendierte die Wirklichkeit weitgehend. Diese Konzentration auf das *Innerseelische* als Gegenstand ermöglichte von Anfang an eine kritische Sozial- und Kulturwissenschaft, zwar nicht als Kritik der realen gesellschaftlichen Verhältnisse selbst, aber dadurch, dass sie das Subjekt, radikaler als zuvor möglich, der sozialen und kulturellen Realität gegenüberstellte. *Sie zeigte es, gerade im Kampf mit seinem Unbewussten um die »Herrschaft im eigenen Haus«, zugleich als Gegenspieler gesellschaftlicher Kräfte, der als Handelnder und auch als Leidender agiert.* So konnte und sollte die Psychoanalyse als Anwalt des Individuums auftreten.

Die *Pädagogik* näherte sich dem Thema gleichsam aus der Gegenrichtung. Sie hatte – so sah es jedenfalls Freud selbst – die Aufgabe, die gesellschaftlichen Errungenschaften der Zivilisation und auch die des darin implizierten moralischen Menschheitsfortschritts an die jeweils nachwachsende Generation zu vermitteln. Sie hatte dieser dabei den Preis des »Unbehagens in der Kultur« (Freud 1930) als unvermeidliche Kehrseite des Zivilisationsfortschrittes abzufordern (vgl. Dörr/Aigner 2009). Der *Psychoanalyse* qua Therapie fiel aus dieser Sicht gewissermaßen eine entgegen gesetzte Aufgabe zu: nämlich das Individuum gegen die Last der kulturellen Ordnung zu stärken, seine Bedürfnisse wahrnehmbar zu machen, einem arbeits- und liebesfähigen Ich zwischen Es- und Über-Ich-Forderungen Luft zum Atmen und Handeln zu verschaffen.

Psychoanalyse und Pädagogik scheinen also die Schuldfrage, die zwischen einem Individuum und seiner Umwelt aufgeworfen werden kann, von gegensätzlichen Standpunkten aus zu behandeln: Die Pädagogik nimmt die Realität zum Bezugspunkt und ermisst, inwieweit sich das Subjekt ihr gegenüber schuldig gemacht hat. Die Psychoanalyse befasst sich mit dem Individuum und dem, was ihm die kulturelle Ordnung angetan hat. Beide aber, Psychoanalyse wie Pädagogik, hatten in dieser Konstellation immer einen gemeinsamen Ausgangspunkt, nämlich das, was die Psychoanalyse das *Realitätsprinzip* nennt. Was damit gemeint war, behandelten beide als etwas mehr oder weniger Selbstverständliches.

Aus heutiger Perspektive betrachtet ist aber der Realitätsbegriff aus vielerlei Gründen unbestimmt und auslegungsbedürftig geworden, gerade in Hinblick auf seine wertenden Implikationen und damit auch auf das Verhältnis von Schuld und Schuldbewusstsein. Denn das Verhältnis von realer Schuld und Schuldbewusstsein hängt offensichtlich davon ab, was für real gehalten wird, und zwar nicht nur aus der Perspektive von Subjekten und sozialen Milieus, die ihre eigene Lebenswirklichkeit konstruieren. Wie vor allem George Devereux gezeigt hat, können gesellschaftliche Normen ihrerseits mit der Conditio humana in Konflikt geraten und beim Individuum nicht nur Schuldbewusstsein im Fall ihrer Verfehlung bewirken, sondern auch zu realem Schuldigwerden im Fall ihrer Erfüllung führen. Wenigstens jede »Erziehung nach Auschwitz« (Adorno) muss sich dieser Möglichkeit bewusst sein. Deshalb hat auch die Pädagogik, jedenfalls die in Aufklärung und Neuhumanismus fundierte, immer für sich in Anspruch genommen, auch Anwältin des Individuums zu sein.

Bei genauerer Betrachtung zeigt sich demnach, dass diese Gegenüberstel-

lung – die Psychoanalyse ergreift Partei für das Subjekt gegen die (moralischen) Forderungen der Realität, während die Pädagogik diese Forderungen
gegenüber dem Individuum durchsetzen möchte – zu einfach ist. Realität
meint für beide einerseits das Faktische, jeweils gesellschaftlich oder durch
individuelles Schicksal Gegebene, nur zum eigenen Schaden Vernachlässig-
bare, das aber als solches weder gut noch schlecht, sondern moralisch neutral
ist. Andererseits aber ist das Realitätsprinzip selbst ein zentraler moralischer
Wert. Freud lehnt es zwar ab, den durch Analyse »freigewordenen Strebungen
neue Ziele anzuweisen« (1912, S. 384), also erzieherische Normen zu vermitteln. Aber er lässt keinen Zweifel daran, dass ein Leben nach dem Realitätsprinzip (wie weit der Spielraum immer dafür sei) eine nicht zur Disposition
zu stellende Norm ist. Denn ein Leben nach dem Lustprinzip bestraft sich
entweder selbst, weil »undurchführbar« (Freud 1930), oder es ist, vor allem
wenn es sich um Aggressionslust handelt, geradezu moralische Pflicht des
psychoanalytisch aufgeklärten Bürgers, für das Realitätsprinzip Position zu
beziehen, gerade auch dann, wenn dies Widerstand und Konflikte hervorruft.
»Denn die Kindlein, sie hören es nicht gerne, wenn die angeborene Neigung
des Menschen zum ›Bösen‹; zur Aggression, Destruktion und damit auch
zur Grausamkeit erwähnt wird« (Freud 1930, S. 479). Die Zurückhaltung
bezüglich moralischer Fragen der Lebensführung von Patienten bedeutet also
nicht, dass die Psychoanalyse ein moralisch neutrales Realitätsverständnis
hätte und davon absehen könnte, dass ihre »Erziehung zur Realität« (Freud)
auch moralische Implikationen hat.

Im Folgenden möchten wir zeigen, dass beide, Psychoanalyse wie auch
Pädagogik, ein ambivalentes Verständnis ihres Umgangs mit der Realität
entwickelt haben.

Zunächst zur Pädagogik: Zwar ist sich die Pädagogik – von Schleiermacher
bis Bernfeld – einig in der Aufgabe, die nachwachsende Generation für ein
Wirken in den jeweils gegebenen Verhältnissen »tüchtig« (Schleiermacher)
machen zu sollen, auch dann, wenn sie diese faktischen Verhältnisse für in
Teilen ungerecht oder strukturell gewaltsam hält. Aber bei ihrer Vermittlung
von »Realität« an die nachfolgende Generation geht sie doch von der subjektiven Befindlichkeit ihrer Adressaten aus, jedenfalls dann, wenn sie Herman

Nohls Theorem des »pädagogischen Bezuges« folgt[2]. Demnach basiert die Autonomie des Pädagogischen auf einer spezifischen »Umdrehung«, welche die gesamten Weltverhältnisse nicht aus deren eigener Perspektive, sondern aus der Perspektive ihrer Relevanz für die Entwicklungs- und Bildungschancen ihrer Zöglinge betrachtet (Nohl 1949, 1970, S. 124ff.). Diese Parteilichkeit für das zu erziehende Individuum seitens derer, die ihm Aufgaben der Bewältigung von Realität zumuten müssen, bedeutet aber keineswegs, dass eine solche Pädagogik neutral bleiben könnte, wenn ihre Zöglinge die Realität verfehlen, schuldhaft ihre eigenen Möglichkeiten nicht nutzen oder die Rechte anderer beeinträchtigen. Zwar arbeitet die Pädagogik an der Befähigung zu einer kulturspezifischen Entfaltung und Steigerung von Arbeits- und Liebesfähigkeit – ähnlich wie die Psychoanalyse im Fall neurotischer Erkrankung die Fähigkeiten zu arbeiten und zu lieben wieder herzustellen trachtet. Aber den Bezugspunkt, die moralische Ordnung von Realität, kann sie nicht stillschweigend voraussetzen. Sie muss diesen Bezugspunkt zumuten und vermitteln.

Wie Siegfried Bernfeld gezeigt hat, ist allerdings die Frage, welche Realität Geltung beanspruchen kann, durchaus offen und relativ zum Standpunkt des Betrachters. Bernfeld hat mit seinen Aufsätzen »Zur Psychologie der ›Sittenlosigkeit‹ der Jugend« (1927), »Der soziale Ort und seine Bedeutung für Neurose, Verwahrlosung und Pädagogik« (1929) sowie »Die Tantalus-Situation – Bemerkungen zum ›kriminellen Über-Ich‹« (1931) dies Problem als Erster grundsätzlich erörtert. Fragt man »nach dem historischen Aspekt und nach der Milieuprägung eines seelischen Vorgangs« – so Bernfelds Definition für den »Gesichtspunkt des Sozialen Ortes« (1929, S. 256) –, dann wird nicht nur höchst relativ, welches Verhalten als neurotisch zu gelten hat und welches nicht. Es wird ebenso historisch relativ, an welchen Normen Menschen schuldig werden und an welchen sie leiden (Bernfeld 1927). Verwahrlosung und Kriminalität mag dann in manchen Fällen ein neurotisches Symptom sein. In vielen Fällen sind sie zugleich und vor allem Symptom der realen

---

2 Nohl verweist in diesem Zusammenhang ausdrücklich auf Ähnlichkeiten zu Freuds und Adlers Auffassungen.

Lebensbedingungen, unter denen insbesondere proletarische Kinder und Jugendliche aufwachsen (1929, S. 271). Zugespitzt beschreibt Bernfeld dies als Tantalussituation, in der Rechtschaffenheit real nicht lohnt und Realangst nicht mehr wirkt, sodass selbst ein normal entwickeltes Über-Ich »nicht ausreicht, um das Verhalten des Individuums am sozialen Ort der Tantalussituation in die Grenzen zu bannen, die am sozialen Ort des Gesetzgebers und Richters als sozial beurteilt werden« (1931, S. 319).

Bernfelds Argumentation mündet allerdings nicht in Fatalismus oder Aufforderung zur bloßen Anpassung, sondern zielt auf Schärfung des Blicks für die Bedingungen, unter denen die Pädagogik ihre Autonomie allein zur Geltung bringen kann: Die Chancen der Pädagogik schwinden in dem Maße, wie sich die sozialen Orte, in denen ihre Adressaten leben – oder zu leben glauben –, nicht ändern lassen. Bezogen auf unser Thema heißt das: Erziehung, die an Tantalussituationen etwas ändern will, hat mit Menschen zu tun, die entweder durch eigene Schuld in diese Lage geraten sind oder durch die Ungerechtigkeit anderer bzw. der gesellschaftlichen Verhältnisse[3]. Tertium non datur. Pädagogik, die mehr will als diesen Status quo zu bestätigen, muss einen neuen sozialen Ort, ein »Zielmilieu«, voraussetzen oder schaffen können, das es lohnend erscheinen lässt, sich zu ändern – bzw. die vom sozialen Ort des Tantalus, des jugendlichen Straftäters oder einfach Chancenlosen geprägten »seelischen Vorgänge« wirksam zu verändern. Ob dieses »Zielmilieu« schon als Chance auf »Wechsel des sozialen Orts« (ebd., S. 267), als reale neue Zukunftschance, angeboten werden kann, ist nicht entscheidend. Es kann zunächst auch als affektive Bindung an ein pädagogisches Milieu entstehen, welches den »Affektstätten« (ebd., S. 271) des Herkunftsmilieus Paroli bietet, worauf dann neue Ziele in der Realität aufbauen können. Wesentlich ist, ob

---

3 Nach Bernfeld ist dieses Modell nicht für eine kleine Minderheit, sondern für »eine sehr breite Schicht der gesamten Bevölkerung« relevant, und zwar gerade auch in einer demokratischen Leistungsgesellschaft, in der »jeder einzelne, von an sich nicht bedeutsamen legalen Einschränkungen abgesehen, tun und lassen kann, was er will, in der der Tüchtige, Begabte, der ›Brave und Glückliche‹ jede beliebige Stufe sozialen Ansehens und kultivierter Triebbefriedigung erreichen kann« (Bernfeld 1931, S. 317). Eben deshalb aber »wirken die ökonomisch und sozial bedingten Entbehrungen im Proletariat und Kleinbürgertum als ›ungerecht‹ oder selbstverschuldet« (ebd., S. 318).

»es gelingt, den Kindern (und Jugendlichen) eine Umwelt zu schaffen, die sie allmählich so bindet, dass sich in ihr Triebverzichte lohnen« (ebd., S. 272).

Nun zur Psychoanalyse: Auch die Psychoanalytiker, die – wie beschrieben – das Subjekt und die in ihm wirkende moralische Ordnung der Gesellschaft als Bezugspunkt gewählt hatten, entwickelten eine ambivalente Haltung zur Frage des Verhältnisses des Subjekts zu »seiner« Realität. Freud vertrat zunächst ein »pragmatisches, positivistisches Realitätsverständnis« (Bruns 2000, S. 601). Für ihn existierte die Wirklichkeit unabhängig von menschlicher Wahrnehmung und es lag für ihn auf der Hand, dass von dem Individuum die Ich-Leistung zu fordern sei, das faktisch Gegebene anzuerkennen und dessen Wahrnehmung von Vorstellungen und Erinnerungen unterscheiden zu können.

Aber mit der Aufgabe der Verführungstheorie ersetzte er, wie er in einem Rückblick lakonisch schreibt, die »praktische« durch die psychische Realität (1914) und machte diese zum Gegenstand der Psychoanalyse. Zwar hielt Freud daran fest, dass es jenseits menschlicher Erkenntnis (und Realitätsprüfung) eine »objektive Realität« gebe. Aber ihm war doch bewusst, dass Menschen je nach eigenen Bedürfnissen und Fantasien die Realität ausdeuten und dementsprechend gestalten. Zum Beispiel schrieb er, dass der Realitätsprüfung häufig das Motiv zugrunde liege, »in der Erinnerung vorhandenes, Befriedigung versprechendes Objekt in der Außenwelt wieder zu suchen« (zit. n. Bruns, S. 600). Diese konstruktivistisch anmutende Konzeptualisierung gründet schon in Freuds Idee von den »zwei Prinzipien des psychischen Geschehens«, die er 1911[4] vorstellte. Dort hatte er die Begriffe »Lustprinzip« und »Realitätsprinzip« eingeführt. Das Lustprinzip ist nach seiner Auffassung von beiden Prinzipien das genetisch frühere, ursprünglichere, das das Kind schrittweise aufgeben, genauer: zurückdrängen muss, weil es sich mit der Enttäuschung konfrontiert sieht, dass seine Wünsche nicht unmittelbar befriedigt werden. So sieht es sich gezwungen, die Realität anzuerkennen, um in ihr bestehen zu können. Aber das Lustprinzip bleibt wirksam, es äußert

---

4 »Formulierungen über die zwei Prinzipien des psychischen Geschehens«, GW VIII, S. 230–238.

sich in den Fantasien und in der subjekthaften Ausgestaltung der äußeren Realität.

Auf diese Weise entwickelt sich ein dialektischer Zusammenhang von Individuum und Realität: Das Individuum leidet unter Schuldgefühlen, weil es repressive Normen der Gesellschaft internalisiert hat. Andererseits entwirft es diese Normen selbst und orientiert sich dabei an verinnerlichten Arbeitsmodellen über sich und menschliche Beziehungen. So verliert sich zwar Freuds positivistische Idee von der Realität. Aber diese Realität verschwindet ja nicht, sie tritt nunmehr dem Subjekt als gedeutete Realität gegenüber, sie wird unbemerkt zu einem Abbild seiner selbst. Im Hinblick auf die psychoanalytisch-therapeutische Praxis wurde aus der Parteinahme für das Innerseelische und seinem Leiden an der Realität die Frage an das Subjekt: Welche Realität hast du dir zurechtgeschnitzt? Und je mehr die zurechtgeschnitzte Realität von intersubjektiven, subkulturellen oder institutionellen Kontexten unterstützt wird, desto schwieriger, aber auch notwendiger kann es sein, auf dieser Frage zu insistieren. Dies kann aber nur tun, wer für sich selbst die Frage nach der Realität auf die Tagesordnung setzt – nicht um das eigene Realitätsverständnis dem Gegenüber zu oktroyieren oder auch nur zu thematisieren, wohl aber um es performativ sichtbar zu machen und es als Orientierungspunkt neben das zurechtgeschnitzte, schwankende oder auch abwehrend-verschanzende Realitätsverständnis des Gegenübers zu stellen. Die Relevanz dieser Argumentation für unsere Thema ist: Wo reale Schuld vorliegt, ist die Wahrscheinlichkeit umgedeuteter Realität besonders hoch.

Schuldbewusstsein kann demnach entweder bedeuten, an etwas jeweils als real Angenommenem schuldig geworden zu sein und dies als reale Schuld zu wissen. Es kann aber auch bedeuten, nur zu befürchten oder von unverstandenen Ängsten geplagt zu *meinen* oder unbewusst zu empfinden, schuldig geworden zu sein, genau damit aber die Realität zu verfehlen. Psychoanalyse kann in ihrer Arbeit mit Patienten die Frage nach den Konsequenzen aus realer Schuld einklammern. Sie kann aber nicht Menschen bei der Aufklärung ihres Schuldbewusstseins zu helfen versuchen, ohne das erste vom zweiten zu unterscheiden, also ohne Annahmen darüber zu machen, was sie als »reale« Schuld sieht. Sie kann nicht *nicht* moralisch urteilen. Natürlich kann und soll sie sich dabei alle Zurückhaltung auferlegen, soll weder ihren Klienten die Lebensführung vorschreiben, noch »Gesundheitsfanatiker« (Freud) spielen in den Fällen, in denen eine Neurose helfen mag, ein vielleicht ungerechtes Schicksal zu ertragen. Aber auch in der Anwendung solcher Regeln moralischer »Indifferenz« (Freud) stellt sie sich auf einen moralischen Standpunkt. Denn sie mutet ihren Klienten Fähigkeiten zu moralischen Entscheidungen zu und macht Annahmen und Deutungen zu diesen Fähigkeiten, indem sie zu helfen versucht, neurotisches Schuldbewusstsein und Realität (also auch reale Schuld) unterscheiden zu können.

Fazit: Das Schuldverhältnis von Individuum und Realität lässt sich zu keiner Seite hin auflösen. Weder ist das Individuum je nur ein Opfer noch der einsame Täter. Wie können sich Analytiker und Pädagogen orientieren? Beide fordern die Anerkennung der Realität, der Pädagoge stellt sie hin (die Realität soll imponieren), erlaubt aber dem Zögling, sie auszudeuten. Der Analytiker nimmt die Fantasien zum Ausgangspunkt, fragt aber dann doch: Was hast du aus dem gemacht, das dir da begegnete?[5] Vielleicht besteht der Unterschied zwischen psychoanalytischem und pädagogischem Zugang nur darin, dass sie die Virtualisierung der Welt in einem sehr unterschiedlichen Ausmaß erlauben. Die Frage ist jeweils: Was ist als das Dritte verhandelbar? Genauer gesagt: Was ist der jeweilige Verhandlungsgegenstand? Für den Psychoanalytiker ist es: Was ist für dich – und für mich – Realität? Pädagogen sollten darauf für sich auch eine Antwort wissen, aber die Frage nicht zum Verhandlungsgegenstand machen. Ihr Verhandlungsgegenstand sollte eher sein: Was sind deine Chancen angesichts deiner realen Lage und wie entstehen Chancen für das, was du sein möchtest? Im ersten Fall ist die »Virtualisierung der Welt« (analytische Situation) der Ort dieser Verhandlung. Im zweiten Fall ist der Ort eine pädagogisierte (oder auch inszenierte) Welt, die als solche nicht nur Virtualisierung, sondern immer auch zugleich Zumutung und Ins-Spiel-Bringen von Realität ist. Weder die Psychoanalytiker noch die Pädagogen haben die Aufgabe, Verfehlung von Realität durch moralischen

---

5 Ödipus wurde schuldig, weil er hätte wissen können, wer ihm da begegnete, aber er wollte es nicht sehen, er wollte seine Deutung der Wirklichkeit durchsetzen. Später wurde er ein Seher – und blind.

Druck oder gar strafende Sanktionen zu verhindern. Aber sie haben auch nicht die Aufgabe, vor deren Folgen zu schützen, sondern ihre Klienten zu stärken, sich mit diesen Folgen auseinanderzusetzen Das gilt auch für die Anerkennung von Schuld.

Kurzbeschreibung der Beiträge

Nach einer Einleitung der Herausgeber, welche die bisherigen Überlegungen ausbaut (Teil I), folgen zunächst Beiträge von zwei renommierten Psychoanalytikern, die schon bisher in ihren Publikationen gezeigt haben, dass Phänomene und Typologien von Schuld – und nicht nur von Schuldbewusstsein – unabweisbar Aufgabe psychoanalytischer Theoriebildung und Kasuistik geworden sind (Teil II). Mathias Hirsch und Ludwig Haesler entfalten Argumente, weshalb auch die analytische Praxis die Fähigkeit zur Verhältnisbestimmung von realer Schuld oder doch Verantwortung und Schuldgefühl unabdingbar braucht. Das Schwerste dabei, so resümiert Hirsch seinen Beitrag, ist »eine dialektische Doppelsicht sowohl der traumatischen Einwirkung als auch der intrapsychischen Konflikte sowie ihrer jeweiligen Abwehr einzuhalten und im Durcharbeiten ihrer gegenseitigen Bedingtheit ein realistischeres Bild der historischen und gegenwärtigen Realität eines Menschen zu gewinnen«.

Es folgen Beiträge zur Kasuistik der therapeutischen sowie pädagogischen Arbeit mit Tätern, die oft zugleich Opfer anderer sind (Teil III). Das ist zunächst eine Einführung in die Praxis des an der FU Berlin entwickelten »DENKZEIT-Trainings« mit jugendlichen Straftätern (Beitrag Friedmann und Wolter) mit der Falldarstellung eines jungen Mannes, der getötet hat. Es folgen Kommentare (Beiträge von J. Körner und B. Müller) zu dieser Fallgeschichte, die daran verallgemeinernde Überlegungen aus psychoanalytischer und sozialpädagogischer Sicht knüpfen. Michael B. Buchholz diskutiert mit Bezug auf seine im Psychosozial-Verlag publizierte Studie zum Selbstbild verurteilter Sexualstraftäter die Rolle des impliziten Wissens in der therapeutischen Auseinandersetzung über reale Schuld. Die in diesen Beiträgen beschriebenen therapeutischen und pädagogischen Strategien haben gemeinsam, dass sie nicht versuchen, im direkten Zugang ihre Klienten zu bewegen, den Ursachen ihres Schuldbewusstseins näher zu kommen, um so die Einsicht zu gewinnen, eigene und fremde Schuld unterscheiden zu können. Sie versuchen eher zu einer Art Selbstreflexion von außen zu befähigen, Mentalisierung und Abstraktionsleistungen bezüglich der eigenen Gefühle zu ermöglichen, anstelle von Verdrängung oder blindem Agieren.

Die Beiträge von Schröder, Gerspach und Rendtorff (Teil IV) haben gemeinsam, dass sie die Problematik von Schuld und Schuldgefühlen auf unterschiedliche institutionelle Ordnungen und deren Wirkungen als »soziale Orte« der Individuen beziehen. Schröder versucht dies in Bezug auf den gesellschaftlichen Umgang mit Adoleszenz und ihr psychosoziales Moratorium. *Wie es Chancen zu einer kreativen Gestaltung der Generationenbeziehungen und der Verarbeitung von darin eingelagerten Schuldproblemen bietet, so werden Lösungen Chancen, aber auch individuell mit schweren Hypotheken belastet und damit zu Herausforderungen pädagogischer Intervention, deren Chancen am Beispiel von Jugendarbeit gezeigt werden.* Gerspach versucht Ähnliches im Beziehungsviereck zwischen der Institution Schule, Kindern, ihren Eltern und intervenierenden klinischen Experten am Beispiel des Umgangs mit dem Modemedikament Ritalin, den er analysiert und empirisch beschreibt. Barbara Rendtorff bezieht sich wie Schröder auf das Generationenverhältnis, thematisiert es aber speziell unter dem Blickpunkt der Geschlechterordnung.

Der letzte Block (Teil V) steht für die notwendige Horizonterweiterung der Diskussion, die verhindert, dass Schuld und Schuldgefühle nur als individuelle, seien es moralische oder pathologische Phänomene, diskutiert werden. Drei Perspektiven wurden dafür gewählt – stellvertretend für viele andere, die ebenfalls relevant wären. Zum einen untersucht der Theologe Bongardt, wie in einer Gesellschaft argumentiert werden kann, in der theologische Aussagen über Schuld, Verantwortung, Vergebung etc. nicht mehr beanspruchen können, autoritativ Deutungen von Wirklichkeit zu liefern, sondern sich in einer wertepluralen Gesellschaft damit auseinandersetzen müssen, nur eine Stimme unter anderen zu sein. Zum zweiten, in dem Beitrag von Walkenhorst, ein Versuch in juristischer und kriminalpädagogischer Perspektive über Jugendgerichtsbarkeit, Jugendstrafe und ihren Vollzug nicht nur vom »Standpunkt des Richters« (Bernfeld) aus zu reden, sondern die Fragen der Folgenverantwortung jugendgerichtlicher Praxis ernst zu nehmen, sie nicht an die Pädagogen, Strafvollzugsbeamten oder Seelsorger abzuschieben. Schließlich greift der Beitrag Micha Brumliks die Tradition der analytischen Sozialpsychologie zur »Schuld der Väter« auf, insbesondere im Anschluss an Alexander Mitscherlichs Topos von der »Unfähigkeit zu trauern«. Er gibt dieser Diskussion allerdings insofern eine überraschende Wendung, als er die »Söhne«, nämlich die Protagonisten der 68er Bewegung und der gesellschaftlichen Kritik jener Unfähigkeit aufs Korn nimmt. Er zeigt, dass deren Kritik auf halbem Wege stehen blieb, als sie die Väter eher als »Papierväter« denn als reale innere Repräsentanzen vom Sockel holte. Die »Schuld der Väter« droht so zu einer Mythologie des Abgewiesenen zu werden, statt sie als Erbe durchzuarbeiten.

Literatur

Bernfeld, Siegfried (1927): Zur Psychologie der »Sittenlosigkeit« der Jugend. In: Bernfeld, Siegfried: Sämtliche Werke Bd. 11. Weinheim (Beltz), 1996, S. 177–181.

Bernfeld, Siegfried (1929): Der soziale Ort und seine Bedeutung für Neurose, Verwahrlosung und Pädagogik. In: Bernfeld, Siegfried: Sämtliche Werke Bd. 11. Weinheim (Beltz), 1996, S. 255–272.

Bernfeld, Siegfried (1931): Die Tantalussituation – Bemerkungen zum kriminellen Über-Ich. In: Bernfeld, Siegfried: Sämtliche Werke Bd. 11. Weinheim (Beltz), 1996, S. 303–321.

Bruns, Georg (2000): Realitätsprinzip, Realitätsprüfung. In: Mertens, W. & Waldvogel, B. (Hg.): Handbuch psychoanalytischer Grundbegriffe. Stuttgart (Kohlhammer).

Dörr, Margret & Aigner, Josef C. (Hg.) (2009): Das neue Unbehagen in der Kultur und seine Folgen für die psychoanalytische Pädagogik. Göttingen (Vandenhoeck & Ruprecht).

Freud, Sigmund (1912): Ratschläge für den Arzt bei der psychoanalytischen Behandlung. GW VIII, S. 375–387.

Freud, Sigmund (1930): Das Unbehagen in der Kultur. GW XIV, S. 419–506.

King, Vera (1995): Die Urszene der Psychoanalyse. Adoleszenz und Geschlechtsspannung im Fall Dora. Stuttgart (Verlag Internationale Psychoanalyse).

Nohl, Herman (1949): Die pädagogische Bewegung in Deutschland und ihre Theorie. Frankfurt a. M. (Verlag Schulte-Bulmke), 7. Aufl. 1970.

I Der psychoanalytische Blick auf das Verhältnis von Schuld und Schuldgefühlen

Schuld und Schuldgefühl aus psychoanalytischer Sicht

Mathias Hirsch

Die Psychoanalyse beschäftigt sich mit dem Intrapsychischen, das heißt der Dynamik der inneren Instanzen. Im Zusammenhang mit dem Schulderleben eines Menschen geht es ihr um die Einwirkungen des Über-Ich auf das Ich, die sich als konstruktiv-regulierendes oder irrationales, unrealistisches Schuldgefühl bemerkbar machen. Längst aber hat sich die Psychoanalyse fortbewegt von einer »Ein-Personen-Psychologie« (Balint 1969) zu einer »Zwei- und Mehr-Personen-Psychologie«. Reale Erfahrungen in Beziehungen der Vergangenheit und affektive Bedürfnisse und Impulse (Triebe) wirken zusammen. Wenn sich aber die Psychoanalyse von den inneren Prozessen hin zu den Objektbeziehungen und besonders ihren intrapsychischen Niederschlägen gewendet hat, kann sie nicht bei der Beschäftigung damit stehen bleiben, sondern muss auch die durch konkretes Handeln anderer oder sich selbst gegenüber entstandene *reale Schuld* anerkennen; auch schuldhafte reale Grenzverletzungen werden von unbewussten Motiven und Triebschicksalen mitbestimmt. Wenn sich auch Schuld im äußeren zwischenmenschlichen, Schuldgefühl dagegen im intrapsychischen Bereich ereignet, sind sie doch miteinander verwoben, wie es Haynal (1989, S. 326) ausdrückt: »Die Verbindung zwischen äußerer und innerer Wirklichkeit, dem Ereignis und seinem Einfluss auf die innere Welt des Menschen [ist] ein schwieriges und komplexes Problem.«

Lange hat die Psychoanalyse Schuldgefühl ausschließlich auf die ödipalen Regungen zurückgeführt (die Kleinianer auf den Todestrieb), bis Modell (1965, 1971) sozusagen in einem Quantensprung die Möglichkeit eines

Schuldgefühlkonflikts aufgrund nicht triebbedingter Bestrebungen wie Erfolgsstreben, also Autonomie, ein »eigenes Leben« führen wollen, beschrieb. Modell konzipierte so ein Trennungsschuldgefühl sowie ein Schuldgefühl aufgrund expansiver Bedürfnisse. Opfer verschiedenster familiärer und außerfamiliärer Gewalt entwickeln immer eine schwere Schuldgefühlsymptomatik aufgrund der Internalisierung traumatischer Gewalt, wie es Ferenczi (1933), der Schüler und Freund Freuds, zuerst beschrieben hat (vgl. Hirsch 1995). Gewalt-, aber auch Verlusterfahrungen schlagen sich als Introjekt im Selbst nieder und setzen das Werk des Täters selbstzerstörerisch fort. Hier ergibt sich nun ein direkter Zusammenhang zwischen Schuld und Schuldgefühl: *Die reale Schuld des Täters* (die jener nicht anerkennt) *wird zum Schuldgefühl des Opfers* (das unschuldig ist), weil das Introjekt wie ein feindlich verfolgendes Über-Ich Schuldgefühle macht. Neben massiven Traumatisierungen wirken gerade auch subtile Beziehungstraumata innerhalb der Familie des sich entwickelnden Kindes.

Vor 1897 hatte Freud angenommen, dass jeder psychischen Störung ein reales sexuelles Trauma zugrunde liegt. Es ging also um die schuldhafte Tat an einem unschuldigen Kind, das *damit* intrapsychisch fertig werden musste. Nach dem Aufgeben der Verführungstheorie aber trat die Bedeutung des Traumas zurück zugunsten des Primats der triebbedingten Konflikte und Fantasien des Kindes (des Patienten), für die niemand anders als dieses selbst verantwortlich sein konnte. So blieb in der Psychoanalyse lange ein Paradox unaufgelöst: Schuld ist zwar nicht ihr Gegenstand, aber dadurch, dass das Individuum (das Kind, der Patient) an seinen ureigenen, letztlich triebbedingten Konflikten mit einer durchschnittlichen und deshalb »unschuldigen« sozialen Umwelt leidet, wird er selbst zum »schuldigen Menschen«, wie es Kohut (1977) ausdrückt.

Schuldgefühl

Eine differenzierte, psychoanalytisch fundierte Systematisierung des Schuldgefühls gab es bisher nicht. Lediglich Weiss und Sampson (1986) hatten die erwähnten Arbeiten von Modell und die Niederlands zum Überlebenden-Syndrom ihrem Konzept eines Trennungs- und eines Überlebendenschuldgefühls zugrunde gelegt. Ich möchte folgende weitergehende Einteilung des Schuldgefühls vorschlagen (Hirsch 1997):

Erste Schuldgefühlgruppe: Basisschuldgefühl

Eine in der psychoanalytischen Praxis häufig anzutreffende Form des Schuldgefühls, das die *bloße Existenz* der betreffenden Menschen als schuldhaft erleben lässt, kann man *Basisschuldgefühl* nennen. Symptome wie Mutlosigkeit, Depression, Sich-nichts-Zutrauen, fehlendes Selbstwertgefühl bis hin zur Suizidalität wird man oft auf ein solches globales Schuldgefühl zurückführen können. Kogan (1990, S. 76) zum Beispiel schreibt: »Seit Beginn ihres Lebens fühlte sich Josepha der Mutter gegenüber schuldig. Sie war schuldig durch ihre bloße Existenz, da ihre Geburt die Verschlechterung des labilen Gesundheitszustandes der Mutter verursacht hatte.« »Eine Patientin aus meiner Praxis sprach von der ›Grundschuld‹ überhaupt geboren worden zu sein, und von der Pflicht der Wiedergutmachung: pflegeleicht sein, sich anpassen‹« (Hirsch 1987, 3. Aufl., S. 102). Eine andere: »Wahrscheinlich bin ich schuld, weil ich überhaupt geboren wurde!« In einer anderen Gruppe von Patienten manifestiert sich die Unerwünschtheit darin, dass das Kind die Bedürfnisse der Eltern erfüllen muss und dementsprechend Schuldgefühle wegen des Bedürfnisses einer Existenz im eigenen Recht entwickelt. In solchen Fällen ist auch die Nähe zum Trennungsschuldgefühl, das weiter unten behandelt wird, deutlich, und sicher gibt es hier Überschneidungen.

Trotz der zentralen Stellung des Ödipus-Komplexes gibt es aber doch manche Hinweise in der psychoanalytischen Literatur auf andere Schuldgefühlformen, auch auf ein solches Basisschuldgefühl. Zuerst ist Ferenczi (1929) mit seiner Arbeit *Das unerwünschte Kind und sein Todestrieb* zu nennen, die eine brillante Auseinandersetzung mit der Frage *Trieb versus Umwelt* ist. Ferenczi spricht von »unlustvolle[n] Erlebnisse[n] [...], die dem Patienten das Leben kaum mehr lebenswert erscheinen ließen« (S. 251). »Beide Patienten [Ferenczis] kamen sozusagen als *unwillkommene Gäste der Familie* zur Welt« (S. 252f., Hervorhebung im Original). In einem weiteren Fall von Suizidalität wurde die Patientin »als drittes Mädchen einer knabenlosen Familie höchst unliebsam empfangen [...]. Ihre Grübeleien [...] waren gleichsam nur die [...] Frage, warum man sie denn überhaupt zur Welt gebracht hat« (S. 253). Ferenczi stellt unser jüdisch-christliches Denken (»Du sollst Vater und Mutter ehren!«) und auch die Grundannahme der Psychoanalyse, dass das Kind aufgrund seiner ödipalen Triebkräfte primär schuldig auf die Welt kommt, auf den Kopf: »Das Kind muss durch ungeheuren Aufwand von Liebe, Zärtlichkeit und Fürsorge dazu gebracht werden, es den Eltern zu verzeihen, dass sie es ohne seine Absicht zur Welt brachten, sonst regen sich alsbald die Zerstörungstriebe« (S. 254). Nicht die Eltern haben also dem Kind zu verzeihen, sondern umgekehrt, das Kind den Eltern für den schuldhaften Akt der ungefragten Erzeugung seines Lebens!

Für den Ursprung des Basisschuldgefühls nehme ich zwei Formen des Nicht-Gewolltseins an:

1. Die Existenz des Kindes ist nicht gewollt. Verschiedene Faktoren begründen ein solches Schuldgefühl: Die Eltern »mussten« wegen der Schwangerschaft heiraten; die Geburt machte die Mutter krank; unehelich und nach einer Vergewaltigung geboren werden ist eine Schande; das Kind sollte eigentlich abgetrieben werden, oder es war so wenig wert, dass es später weggegeben wurde. Ein Versuch, das Basisschuldgefühl zu mildern, ist die *Rollenumkehr*, auch Parentifizierung genannt; das Kind arbeitet seine »Schuld« ab, indem es für die Eltern sorgt. Aber die übernommene Mutterrolle wird vom Kind nie ausreichend, die Mutter zufriedenstellend, ausgefüllt werden können. Das Kind fordert in der Identifizierung mit der Zuschreibung aber genau das von sich, kann es nicht erreichen und gibt sich die Schuld daran, sodass ein Schuldgefühl *aus der Rollenumkehr* entsteht.

2. Die Eltern wollten zwar ein Kind, aber es ist nicht das »richtige«; so wie es ist, wird es abgelehnt. Das liegt meist daran, dass es das »falsche« Geschlecht hat; noch immer sollte es eher ein Junge sein. Das ist sicher ein Faktor, der ein spezifisches weibliches Schuldgefühl begründet. Oder es handelt sich um ein »Ersatzkind«, das in den Augen der Eltern ein verstorbenes

Geschwister ersetzen soll, sodass es angesichts dieser nie zu erfüllenden Aufgabe ein Gefühl der Schuld entwickelt.

Schuldgefühl aus Vitalität

Außerhalb der Kleinianischen Psychoanalyse hat als erster Modell (1965, 1971) Schuldgefühle aufgrund vitaler Bestrebungen unabhängig vom Ödipus-Komplex beschrieben, Schuldgefühle wegen des Glaubens, mehr zu haben oder mehr haben zu wollen als der andere. Das sind Formen präödipaler Schuldgefühle, bei denen es um die Durchsetzung vitaler Bedürfnisse gegen das Liebesobjekt geht. Natürlich sind auch ödipale Wünsche Ausdruck von Vitalität. Aber heute würde man meines Erachtens nach den tatsächlichen Beziehungen fragen, innerhalb derer das Kind sie erlebt; wie ist die (sexuelle!) Beziehung der Eltern, wie wohlwollend oder feindlich stehen sie nicht nur den sexuellen, sondern allen Bestrebungen des Kindes, seiner Vitalität eben, gegenüber, wie werden *ihre* latenten oder gar offenen inzestuösen Wünsche an das Kind herangetragen? Im Zusammenhang mit Schuldgefühl würde dies bedeuten, dass die Abwehr der inzestuösen Wünsche *der Eltern* im Kind überhaupt erst ein »ödipales« Schuldgefühl erzeugt. Ebenso der Umgang mit den harmlosen *kindlichen* inzestuösen Tendenzen: Man muss doch fragen, was bestimmte Eltern eigentlich bewegt, harmlose kindliche Sexualität und ödipales *Spiel* derart streng zu ahnden, Schuldgefühle machend.

Scheitern am Erfolg I – Erfolg bedeutet Übertreffen

Erfolgreich zu sein macht innerhalb bestehender Beziehungen Schuldgefühle, wenn man glaubt, dass das vitale Bedürfnis nach Erfolg einen anderen zurücksetzt oder behindert. So entstehen Arbeitsstörungen und Prüfungsängste aus dem Schuldgefühl, den anderen zu übertreffen. Das Irrationale leitet sich her aus der Verknüpfung der *Bedeutung* des Erfolgs mit anderen – verbotenen – Bereichen, z.B. oraler Gier, Aggression oder sexuellen Bedürfnissen. Besser (erfolgreicher) leben, bedeutet so *auf Kosten* anderer zu leben, von denen man abhängig ist und deren Liebe man sich erhalten möchte. Der Ambivalenzkonflikt, der oft genug von den Eltern ausgeht, die einerseits wollen, dass die Kinder den Erfolg haben, den sie andererseits rivalisierend zu verhindern suchen, führt bei der Arbeitsstörung zu einem furchtbaren Kampf verschiedener gegensätzlicher Über-Ich-Anteile.

»Terrorismus des Leidens«

Als Terrorismus des Leidens hat Ferenczi (1933) den Terror beschrieben, den ein chronisch kranker Elternteil häufig auf ein Kind ausübt, auch in Form von hypochondrischen Ängsten oder ständigen Suiziddrohungen (vgl. z. B. Sachsse 1987). Wer krank ist, genießt eine quasi automatische Fürsorge und Absolution von jeder Verantwortung (vgl. Simmel 1932, S. 65). Damit ist das Kind konfrontiert: Auf ein »Sei still, Vater geht es wieder nicht gut!« kann es nicht anders reagieren, als sich zu unterwerfen und seine Vitalität zu unterdrücken, denn »Vater« könnte noch kränker werden, womöglich sterben. Die verständliche Wut kann sich aber gerade nicht äußern, weil durch sie eine Verschlimmerung eintreten könnte. Das Kind schafft sich zwei Methoden der Bewältigung seines Dilemmas: 1. Identifikation – es wird ebenfalls krank oder hypochondrisch, und 2. Anpassung – es entwickelt sich nicht nur zur »lebenslänglichen Pflegerin« (Ferenczi 1933, S. 312), sondern tut alles, um seinerseits »pflegeleicht« zu sein.

Das Überlebenden-Schuldgefühl

Das Überlebenden-Schuldgefühl setzt sich zusammen aus einem Schuldgefühl aus Vitalitätsbestrebungen und einem traumatischen Schuldgefühl. Es wird durch Introjektion der Gewalt verursacht. Die Überlebenden von Katastrophen und politischem Terror klagen sich an für ihr »Versagen«, andere nicht gerettet zu haben, obwohl absolut keine Möglichkeit auch nur der geringsten Beeinflussung gegeben war. Es kommt vor, dass sich KZ-Opfer beschuldigen, Angehörige *verlassen* zu haben, obwohl alle gleichermaßen ohnmächtige

Opfer der Selektion gewesen waren (vgl. etwa Niederland 1981, S. 420). Das Schuldgefühl verstärkt sich, wenn etwas gewünscht oder tatsächlich getan wurde, was dem Überlebenden real einen Vorteil verschafft hätte oder verschafft hat. Im letzten Fall würde ein Stück realer Schuld ein irrationales Schuldgefühl verstärken.

Trennungsschuldgefühl

Als Kern des Konzepts des Trennungsschuldgefühls kann man die Entdeckung Modells (1965) ansehen, dass Schuldgefühle auch durch Autonomiebestrebungen hervorgerufen werden können, die doch eigentlich positiv bewertet werden, wie Selbstständigkeit und Erfolg. Dem Trennungsschuldgefühl liegt die Annahme zugrunde, kein Recht auf ein eigenes, selbstbestimmtes (getrenntes) Leben zu haben, da Trennung die Schädigung oder Zerstörung des »Liebesobjekts« bedeute. Modell (1965, S. 342) gibt aber keinen Hinweis, wie es denn zu einer derartigen Fantasiebildung kommt. Heute wird man auch die Objekterfahrungen berücksichtigen, die zu Autonomie verbietenden Über-Ich-Introjekten führen. Es kann keineswegs ein irgendwie übersteigertes egoistisches Bemächtigungs- oder Beraubungsbestreben vonseiten des Kindes gesehen werden; die Wünsche, sich ein eigenes Leben einzurichten, erscheinen für den Betrachter durchschnittlich und legitim.

Das Zustandekommen der pathologisch übertriebenen Schuldgefühle legen bereits Weiss und Mitarbeiter (Weiss/Sampson 1986) in die Interaktion zwischen Eltern und Kindern. Die Aufgabe der Eltern wäre, die Entwicklung der Kinder zu fördern und sie ihren jeweiligen Bedürfnissen entsprechend loszulassen. Es wird von Weiss (1986) sehr deutlich gemacht, dass das Trennungsschuldgefühl auf einer Annahme beruht, die das Kind »aufgrund von *Erfahrungen* bildet, dass er den Elternteil verletzen wird, wenn er von ihm unabhängiger wird« (S. 50, Hervorhebung und Übersetzung M. H.). Die Fantasien und Ängste des Kindes im Zusammenhang mit seinen Loslösungsbestrebungen werden sich mit den realen Einwirkungen der Eltern mischen und sich gegenseitig verstärken, wenn sie gleichsinnig sind. Konflikte mit derartig übertriebenen Loyalitätsforderungen in Familien betreffen Kontakte des Kindes mit Menschen außerhalb der Familie (»Das ist kein Umgang für dich!«), Erfolg und berufliche Fortschritte (»Was brauchst du ein Studium [...]«), natürlich Sexualität, deren eine charakteristische Eigenschaft ist, dass ihre Objekte außerhalb der Familie liegen müssen, räumliche Trennung (»Du hast doch hier alles!«), natürlich Heirat (»Ich wünsche dir alles Gute, aber so eine gute Ehe wie Vater und ich wirst du nicht führen!«) und Schwangerschaft (»Du hast es zwar nicht leicht jetzt, mein Kind, aber das ist gar nichts gegen die Beschwerden, die ich hatte, als ich mit dir schwanger war!«).

Sexualität bedeutet Trennung – Sexualität und Schuldgefühl II

Es wurde schon erwähnt, dass Sexualität neben ihrer vitalen Qualität immer auch Trennung bedeutet, Trennung von den ersten Objekten, sei es bereits im masturbatorischen Akt, in dem sich schon das Kleinkind mit sich allein vollständig fühlt und vorübergehend auf die Eltern verzichtet, oder noch deutlicher durch die Wahl eines Partners. Das kann so weit gehen, dass sozusagen »den Eltern zuliebe« eine *inzestuöse* Partnerwahl leichter möglich ist als eine, die eine größere Trennung von den Eltern, insbesondere von ihrem Lebensstil, bedeuten würde.

Scheitern am Erfolg II – Erfolg bedeutet Trennung

Erfolg durch befriedigende Arbeit und noch sinnfälliger durch bestandene Prüfung bedeutet Trennung vom vorherigen Zustand. Eine Prüfung befördert jemanden von einem Identitätszustand in einen anderen, das Abitur macht in unserer Gesellschaft den Jugendlichen zum jungen Erwachsenen, trennt ihn für immer von der Kindheit. Eltern, die sich unbewusst gegen die Loslösung sträuben, wollen andererseits *bewusst* den Fortschritt ihrer Kinder. Das Doppelte findet sich auch in der Haltung eines Vaters, der, wenn das Kind freudig mit einer »Zwei plus« in der Mathematikarbeit nach Hause kommt, muffig ausruft: »Das hätte ja auch eine Eins werden können!« Indem der Vater einerseits das Beste für das Kind wünscht, entwertet und negiert er andererseits die Leistung, die das Kind nun gerade erzielen konnte, sein So-Sein, das heißt, auch sein So-Getrennt-Sein. Wenn ein solches Kind eine Lern- und Arbeitsstörung entwickelt, kann man darin nur eine Anpassung an das Doppelte des Vaters erkennen: Das Kind gibt dem Vater recht, jetzt hat er Grund zu schimpfen, das Kind bleibt, was es ist, ein abhängiges, dem Vater unterlegenes Kind, und gleichzeitig protestiert es durch die Verweigerung gegen die Nicht-Anerkennung seiner Selbst, lebt eine Aggression im Symptom aus, die allerdings wieder auf es selbst zurückfällt. Wie die Eltern sind die korrespondierenden Über-Ich-Anteile widersprüchlich, sie wollen einerseits den Erfolg und sabotieren ihn andererseits; aus einem solchen double-bind-artigen Widerspruch entsteht Arbeitsstörung. Man kann sich die widersprüchliche Haltung der Eltern den Fortschritten der Kinder gegenüber so erklären, dass ein Erfolg zwar erwünscht ist, aber unter der Bedingung, dass das Kind ihn nicht für sich, die eigene Identität und damit zur fortschreitenden Trennung verwendet, sondern dass der Erfolg *auf das Konto der Eltern* gebucht wird. Dem Kind gegenüber wird die Leistung entwertet, während sie Außenstehenden mit Stolz vorgeführt wird.

Traumatisches Schuldgefühl

Das Paradox, dass ein primär unschuldiges Opfer – ein Kind oder ein bloß wegen seiner politischen oder religiösen Überzeugung oder ethnischen Herkunft Gefangener – unter schweren Schuldgefühlen leidet, während der Täter weder Schuldgefühle hat noch irgendeine Schuld anerkennt, kann eigentlich nur damit aufgelöst werden, dass das Opfer den Täter lebensnotwendig braucht – das Kind seine Eltern, auch wenn sie es misshandeln und missbrauchen, und sogar das politische Opfer den Folterer, die erwachsene Frau den Vergewaltiger. Denn es ist sonst kein Mächtiger da, der stützen oder gar retten könnte. Das Opfer nimmt die Schuld auf sich, um sich den Täter als *Liebes*objekt zu erhalten. Die Entwicklung eines traumatischen Schuldgefühls kann aber auch konstruktive Anteile haben, Schuldgefühl nämlich als Versuch verstanden, das Unbegreifliche, Unvorhersagbare, Unbegründbare in einen begreifbaren Zusammenhang zu stellen, denn wenn man schuld war, hätte man vielleicht auch die Macht gehabt, Schuld zu *vermeiden* und sich anders zu verhalten, also etwas zu bewirken oder zu verhindern.

Verluste

Auch Verluste von Liebesobjekten können Introjekte verursachen, die Schuldgefühl erzeugen; verlorene Geschwister, aber noch vielmehr Eltern, müssen genügend betrauert werden, damit sie nicht als »untote« Introjekte tot-lebendig bleiben müssen. Die Trauerarbeit befreit Freud (1917e) zufolge den Trauernden von den Bindungen an das verlorene Objekt durch schrittweises Überbesetzen und Wiedererinnern, verbunden mit dem Affekt der Trauer, und macht das Ich frei für neue Objektbeziehungen. Ungenügende Trauer und Schuldgefühl entsprechen sich. Ob ein Verlust aber als Trauma fortwirkt, hängt wesentlich von der Reaktion der Umgebung ab. Die Eltern müssen selbst trauern können und dem Kind helfen, Schmerz und auch Wut über den Verlust auszudrücken (vgl. Schepker et al. 1995, S. 264) sowie die durch den Verlust hervorgerufene Angst des Kindes begrenzen.

Folter, Vergewaltigung und KZ-Haft

Schwere Traumatisierung bedeutet massive Grenzüberschreitung, ein Einreißen der Grenze zwischen Subjekt und Objekt, Täter und Opfer. Das Gewaltsystem dringt in das Opfer ein, nimmt von ihm Besitz; in einer elementaren Regression ist der Täter für das Opfer das einzig erreichbare narzisstisch stützende Objekt (Eissler 1968). Die Implantation des Bösen durch den Folterer – Amati (1990) nennt es »Durchtränkung« –, gefolgt von der Introjektion, dem Errichten einer entsprechenden inneren Instanz, beschreiben Amigorena und Vignar (1977, S. 610) folgendermaßen: »Das totalitäre Regime [...] dringt gewaltsam in die psychische Welt ein [...], etabliert sich als inneres System, [...] als Struktur des Subjekts.« So wird den Autoren zufolge die äußere Gewalt zur »tyrannischen Instanz« im Opfer selbst, das von dieser nun weiter entwertet und schuldig gesprochen wird – das Introjekt macht Schuldgefühle.

Das »Überlebenden-Syndrom« ist nicht nur Ausdruck einer vitalen Strebung, wie wir gesehen haben, sondern auch das Ergebnis traumatischer Introjektion. Es ist bestimmt von

1. einer Tendenz zum Rückzug, von Apathie, Hilflosigkeit, Unsicherheit, Mangel an Initiative und Interesse;
2. einem gravierenden und anhaltenden Schuldkomplex;
3. Somatisierungen und hypochondrischen Symptomen;
4. Zuständen von Angst und Erregtheit, die Schlaflosigkeit, Alpträume, motorische Unruhe und innere Spannung verursachen;
5. Persönlichkeitsveränderungen;
6. psychotischen oder psychoseähnlichen Störungen, insbesondere mit paranoiden Zügen (Niederland 1961).

Für Niederland (1966, S. 469) liegt dem Überlebenden-Syndrom das Überlebenden-*Schuldgefühl* (survivor guilt) zugrunde.

Schuld und Schuldgefühl

Derartige tragische Verknüpfungen, die aus einem ursprünglich unschuldigen Opfer einen schuldigen Täter machen, beruhen auf komplizierten Internalisierungs- und Identifikationsprozessen schwerer, oft mehrfacher Traumatisierung. Ich denke an eine Patientin, deren Existenz bereits unerwünscht war, denn sie sollte abgetrieben werden (Basisschuldgefühl), deren Vater sich suizidierte, als sie anderthalb Jahre alt war (Schuldgefühl aufgrund frühen traumatischen Verlusts), die dann Partnerersatz für die Mutter sein musste (Rollenumkehr), selbstverständlich damit überfordert war und entsprechend Schuldgefühle entwickelte. Aufgrund mangelnden Selbstwertgefühls und einer mit ungelebter Aggression verbundenen Vater-Sehnsucht erfolgte eine Partnerwahl, aus der eine derart unerträgliche Ehe resultierte, dass die Patientin ihre Kinder ebenso abrupt – schuldhaft – verließ, wie sie von ihrem

Vater – ohne Abschied – verlassen worden war. Eine solche Abfolge ist ebenso tragisch wie alltäglich; die Frage aber, wo ein irrationales Schuldgefühl aufhört und reale Schuld beginnt, ist hier bereits schwer zu beantworten. Natürlich gibt es keine Schuld des Fetus an seiner beabsichtigten Abtreibung, eines Kleinkindes am Selbstmord eines Elternteils. Muss man aber nicht von realer Schuld sprechen, wenn der als Kind sexuell missbrauchte Jugendliche seinerseits jüngere Kinder missbraucht? Auch kann man eine Verantwortung und damit Schuld sowohl für die Partnerwahl in meinem Beispiel als auch für das Verlassen der Kinder nicht übersehen, auch wenn die Schuld deshalb tragisch zu nennen ist, weil sie unausweichlich aufgrund der introjektartigen Programmierung durch mehrfache frühe Traumatisierungen entstanden ist.

Es gibt also eine *Schuld des Opfers,* allerdings meint der Begriff doch lediglich einen extremen Sonderfall von Schuld, die bereits zum bloßen menschlichen Sein gehört, da Handeln immer auch Schuldigwerden enthält. Der Begriff Verantwortung klingt sachlicher und weniger nach moralischer Forderung. Auch kann man das Anteilmäßige durch »Mitschuld« oder »Mitverantwortung« ausdrücken, das Opfer trägt einen Teil der Schuld oder Verantwortung, wenn es aufgrund von Identifikation zu schädigenden Handlungen kommt.

Für das Opfer familiären sexuellen Missbrauchs ist die Anerkennung, ja das *Denken* überhaupt des Mitgemacht-Habens, des Auch-gewollt-Habens des doch schrecklichen Angriffs auf die körperlich-psychische Integrität, die Anerkennung der Kollusion und der eigenen Lust am Inzest-Geschehen das Schwerste in der Therapie zu Entdeckende und zu Bearbeitende, verbunden mit größten Schuld- und Schamgefühlen. Ebenso bereitet es größte Schwierigkeiten, im Opfer oft unvorstellbarer Gewalteinwirkungen wie Folter oder KZ-Haft, Vergewaltigung und Kriegseinwirkung einen eigenen Anteil, eine Mitwirkung, also Mitschuld oder Mitverantwortung zu sehen. (Das hat Liliana Cavani in dem Film *Der Nachtportier* thematisiert, vgl. Hirsch 2008.) Grubrich-Simitis (1979, S. 1016) spricht von »Kollaboration mit dem Täter«. Es ist wie ein letztes Tabu, man wagt buchstäblich nicht daran zu denken. Doch gibt es Mechanismen der Internalisierung von Gewalterfahrung, die zu massiven Identifikationen mit dem Täter und der Gewalt führen. Für die

Opfer des Nazi-Terrors war oft die »Identifizierung mit der Nazi-Moral« (Bergmann 1995, S. 333; vgl. auch Bettelheim 1979) die einzige Möglichkeit zu überleben. Grubrich-Simitis (1979) sieht die »Identifizierung mit dem als omnipotent erlebten Angreifer« als »ein Gegenmittel gegen die [...] ständig drohende ›narzisstische Entleerung‹« (S. 999). Die Identifikation mit der verinnerlichten Gewalt (mit dem Introjekt) äußert sich entweder darin, dass das Opfer eben dieselbe Gewaltform gegen sich selbst richtet (das ist die Form der unterwerfenden Identifikation mit dem Aggressor, die Ferenczi meinte), also oft lebenslang Opfer bleibt, oder dass in einer Opfer-Täter-Umkehr die erlittene Gewalt nach außen gegen Schwächere gerichtet wird (sekundäre Identifikation). Meines Erachtens entsteht besonders im letzteren Fall Schuld, auch wenn das ursprüngliche Opfer keine Wahl hat. Überlebende von KZ-Haft externalisierten häufig in einer Art aggressiven Kontrollverlusts die internalisierte Gewalterfahrung, indem sie ihre Kinder – wegen deren selbstverständlicher Lebendigkeit – als Terroristen erlebten, sie nannten sie wütend »kleiner Hitler«, wie berichtet wird (Bergmann 1995, S. 342). Es liegt sicher eine Grenzverwischung von Täter und Opfer zugrunde – indem die Opfer des Terrors in ihren Kindern die Täter wieder erleben, machen sie diese zu Opfern, werden selbst zu Tätern.

Schluss

Die Psychoanalyse Freuds hat den Ödipus-Komplex konzipiert, als gäbe es den ersten Teil des Mythos nicht, in dem die Eltern das Kind töten wollten, als begänne »Schuld« (Schuldgefühl) bei den ödipalen Bestrebungen des Kindes. Devereux (1953, S. 139) dagegen lässt den Ödipus-Komplex in der Eltern-Generation beginnen: »Der Ödipus-Komplex scheint eine Konsequenz der Sensitivität des Kindes für die sexuellen und aggressiven Impulse seiner Eltern zu sein« (Übersetzung M. H.). Das heißt, wenigstens der pathologische Ödipus-Komplex wäre pseudo-ödipal, von den inzestuösen Wünschen *der Eltern* hervorgerufen (vgl. Hirsch 1993). Das Schwerste scheint zu sein, eine dialektische Doppelsicht sowohl der traumatischen Einwirkung als auch der intrapsychischen Konflikte sowie ihrer jeweiligen Abwehr einzuhalten und im Durcharbeiten ihrer gegenseitigen Bedingtheit ein realistischeres Bild der historischen und gegenwärtigen Realität eines Menschen zu gewinnen.

Literatur

Amati, Silvia (1990): Die Rückgewinnung des Schamgefühls. Psyche – Z psychoanal 44, 724–740.

Amigorena, Horatio & Vignar, Marcel (1977): Zwischen Außen und Innen: Die tyrannische Instanz. Psyche – Z psychoanal 33. 1979, 610–619.

Balint, Michael (1969): Trauma und Objektbeziehung. Psyche – Z psychoanal 24. 1970, 346–358.

Bergmann, Maria V. (1995): Überlegungen zur Über-Ich-Pathologie Überlebender und ihrer Kinder. In: Bergmann, Martin S.; Jucovy, Milton E. & Kestenberg, Judith S. (Hg.): Kinder der Opfer, Kinder der Täter. Psychoanalyse und Holocaust. Frankfurt a. M. (Fischer).

Bettelheim, Bruno (1979): Surviving and other essays. New York (Knopf). Deutsch: Erziehung zum Überleben. Stuttgart (Deutsche Verlagsanstalt), 1980.

Devereux, George (1953): Why Oedipus killed Laios. A note on the complementary oedipus complex in Greek drama. I. J. Psycho-Anal. 34, 132–141.

Eissler, Kurt R. (1968): Weitere Bemerkungen zum Problem der KZ-Psychologie. Psyche – Z psychoanal 22, 452–463.

Ferenczi, Sándor (1929): Das unwillkommene Kind und sein Todestrieb. Schriften zur Psychoanalyse. Bd. II. Frankfurt a. M. (Fischer), 1972.

Ferenczi, Sándor (1933): Sprachverwirrung zwischen den Erwachsenen und dem Kind. Schriften zur Psychoanalyse. Bd. II. Frankfurt a. M. (Fischer), 1972.

Freud, Sigmund (1917e): Trauer und Melancholie. GW X, 427–446.

Grubrich-Simitis, Ilse (1979): Extrem-Traumatisierung als kumulatives Trauma. Psyche – Z psychoanal. 33, 991–1023.

Haynal, André (1989): Die Geschichte des Trauma-Begriffs und seine gegenwärtige Bedeutung. Zs. Psa. Theorie u. Praxis 4, 322–333.

Hirsch, Mathias (1987): Realer Inzest. Psychodynamik des sexuellen Missbrauchs in der Familie. Berlin, Heidelberg (Springer), 3. Aufl. 1994. Neuauflage 1999, Gießen (Psychosozial-Verlag).

Hirsch, Mathias (1993): Latenter Inzest. psychosozial 16, 25–40.

Hirsch, Mathias (1995): Fremdkörper im Selbst – Introjektion von Verlust und traumatischer Gewalt. Jb. d. Psa. 35, 123–151.

Hirsch, Mathias (1997): Schuld und Schuldgefühl – Zur Psychoanalyse von Trauma und Introjekt. Göttingen (Vandenhoeck & Ruprecht).

Hirsch, Mathias (2008): Der Nachtportier. In: Hirsch, Mathias: »Liebe auf Abwegen« – Spielarten der Liebe im Film aus psychoanalytischer Sicht. Gießen (Psychosozial-Verlag), S. 107–123.

Kogan, Ilany (1990): A journey to pain. I. J. Psycho-Anal. 71, 629–640. Deutsch: Zs. Psa. Theorie u. Praxis 6, 1991, 62–78.

Kohut, Heinz (1977): Die Heilung des Selbst. Frankfurt a. M. (Suhrkamp), 1979.

Modell, Arnold H. (1965): On having the right to a life: An aspect of the superego's development. I. J. Psycho-Anal. 46, 323–331.

Modell, Arnold H. (1971): The origin of certain forms of pre-oedipal guilt and the implications for a psychoanalytic theory of affects. I. J. Psycho-Anal. 52, 337–346.

Niederland, William G. (1961): The problem of the survivor. In: J. Hillside Hosp. 10, 233–247. Und in: Krystal, Henry. (Hg.) (1968): Massive psychic trauma. New York (Int. Univ. Press).

Niederland, William G. (1966): Ein Blick in die Tiefen der »unbewältigten« Vergangenheit und Gegenwart. Psyche – Z psychoanal 20, 466–476.

Niederland, William G. (1981): The survivor syndrome: Further observations and dimensions. JAPA 29, 413–425.

Sachsse, Ulrich (1987): Selbstbeschädigung als Selbstfürsorge. Zur intrapersonalen und interpersonellen Psychodynamik schwerer Selbstbeschädigung der Haut. Forum Psa. 3, 51–70.

Schepker, Renate; Scherbaum, Norbert & Bergmann, Frank (1995): Zur pathologischen Trauer bei Kindern nach dem frühen Tod eines Elternteils. Kinderanalyse 3, 260–280.

Simmel, Ernest (1932): Über die Psychogenese von Organstörungen und ihre psychoanalytische Behandlung. In: Hermanns, Ludger & Schultz-Venrath, Ulrich (Hg.): Psychoanalyse und ihre Anwendungen. Ausgewählte Schriften. Frankfurt a. M. (Fischer), 1993.

Weiss, Joseph (1986): Unconscious guilt. In: Weiss, Joseph; Sampson, Harold & the Mont Zion Psychotherapy Research Group: The psychoanalytic process. New Haven, London (Guilford Press).

Weiss, Joseph; Sampson, Harold & the Mont Zion Psychotherapy Research Group (1986): The psychoanalytic process. Theory, clinical observation and empirical research. New York (Guilford Press).

Von der Angst vor Vernichtung, Rache und Vergeltung zum Gewissen

Psychoanalytische Überlegungen zur Entwicklung von Schuldbewusstsein und Verantwortungsgefühl

Ludwig Haesler

Mit den Begriffen *Schuld, Schuldgefühl, Schuldbewusstsein, Gewissen* und *Verantwortungsgefühl* sind fundamentale Kräfte menschlicher Motivation angesprochen, die für unser Verständnis der individuellen wie auch der kollektiven Steuerung und Regelung des menschlichen Zusammenlebens von zentraler Bedeutung sind. Deshalb kommt ihnen naturgemäß auch im Theoriegebäude der Psychoanalyse eine zentrale Stellung und Bedeutung zu. Allerdings kommt es in der psychoanalytischen Theoriediskussion immer wieder auch zu Kontroversen, wie wir die Entstehung und Entwicklung von Schuldbewusstsein und Schuldgefühlen und deren Stellung und Funktion im Gesamt der Persönlichkeit zu verstehen haben, und nicht zuletzt auch, wie die Frage um das Verhältnis von *realer Schuld* (in einem strafrechtlichen Sinne) zum Schuld-*Gefühl*, zum Schuld-*Bewusstsein*, zum *Gewissen* und Verantwortungs-*Gefühl* zu beantworten sei. Nicht selten werden Letztere ausschließlich als *intrapsychische* dynamische Prozesse verstanden und gleichsam als *bloß virtuelle Schuldphänomene* der *realen Schuld* gegenübergestellt. Damit wird aber der Begriff des Schuldgefühls auf das bloß Psychoneurotische eingeengt (vgl. etwa Hirsch 2000, 2008). Freud hat die Begriffe Schuldgefühl, Schuld und Schuldbewusstsein, Letzteres nicht zuletzt auch als Bewusstsein einer im Psychischen repräsentierten realen Schuld, aus gutem Grund weitgehend synonym verwendet. Denn auch eine real im strafrechtlichen Sinne gegebene Schuld bedarf der *Repräsentanz im Psychischen*, um überhaupt als solche *erlebt* zu werden. Die unterschiedlichen Modi und Erscheinungsformen der dynamischen

Schuldverarbeitung, des Schulderlebens und des Schuldbewusstseins, die auf das Engste mit den Begriffen der Vergeltung und Strafe – psychodynamisch gesehen mit der *Angst vor Vergeltung und Strafe* – verbunden sind, wandeln sich im Laufe der Persönlichkeitsentwicklung in grundlegender Weise. In diesem Sinne lässt sich eine Entwicklungslinie ziehen, die von archaischen, existenziell erlebten *Ängsten vor Vernichtung* über strukturiertere *Ängste vor vernichtender Rache und Vergeltung* bis hin zum differenzierten *Schuldbewusstsein, Gewissen* und *Verantwortungsgefühl* führt, mit dem wir gemeinhin beim gesunden erwachsenen Subjekt zu rechnen haben, auch wenn ein solches erwachsenes Subjekt unter starkem Schulddruck, um psychisch zu überleben, nicht zuletzt auch in regressiver Weise auf archaischere Verarbeitungsformen der Schuld zurückgreifen kann. Diese dynamischen Verhältnisse von realer Schuld, Schuldgefühlen und Schuldbewusstsein sollen im Folgenden näher untersucht werden.

Schulderleben, Schuldbewusstsein und Schuldgefühl

Um die Phänomenologie des Schulderlebens, von Schuldbewusstsein und Schuldgefühlen näher anschaulich zu machen, sei hier auf den Text der Einleitungsarie der Kantate »Mein Herze schwimmt im Blut« von Johann Sebastian Bach (BW 199) zurückgegriffen, ein Text, der uns mit seiner drastisch prallen barocken Rhetorik die zentralen Elemente des Schulderlebens besonders anschaulich zu machen vermag:

> Meine Herze schwimmt im Blut
> Weil mich der Sündenbrut
> In Gottes heil'gen Augen
> Zum Ungeheuer macht.
> Und mein Gewissen fühlet Pein
> Weil mir die Sünden nichts
> Als Höllenhenker seien.

Verhasste Lasternacht
Du, du allein hast mich
In solche Not gebracht!
Und du, du böser Adamssamen
Raubst meiner Seele alle Ruh
Und schließest ihr den Himmel zu.

Ach unerhörter Schmerz
Mein ausgedorrtes Herz
Will ferner mehr kein Trost befeuchten.
Und ich muss mich vor dem verstecken,
Vor dem die Engel selbst ihr Angesicht verdecken.

Dieser Text eines Sünden- und Schuldbekenntnisses, eines in deutscher Sprache formulierten *Kyrie eleison* enthält theologisch gewendet alle Elemente dessen, was die Begriffe *Schuld*, *Schulderleben* und *Schuldbewusstsein*, nicht nur in einem religiösen Sinne, inhaltlich umreißen: Der seine Schuld bekennende und sich selbst anklagende sündige Mensch bringt hier zum Ausdruck, wie sehr er sich in seiner Seele verwundet erlebt, wie sehr sein Herz schmerzt und seine Seele blutet, weil ihn sein schuldhaftes Handeln in den Augen dessen, auf den er in einer existenziellen Weise angewiesen ist, zum verachtenswerten »Ungeheuer«, zum Ausgestoßenen werden und ihn in seiner Schuldgewissheit von allem Trost, von aller essenziellen Verbindung abgeschnitten und sich totaler Vernichtung ausgeliefert erleben lässt: Dem Erleben *unerträglicher*, *vernichtender Schuld*.

Aber nicht nur das schuldhafte Denken und Handeln wie etwa »Ich habe gesündigt in Gedanken, Worten und Werken« allein sind für diese vernichtende Schuld ursächlich verantwortlich, sondern darüber hinaus auch etwas, das sich in einer grundsätzlichen Weise mit der Existenz des schuldigen Subjekts verbindet, nämlich jene aus der *Ur-* oder *Erbsünde* sich ergebende »Lasternacht« des elterlichen Zeugungsaktes, aus dem das Subjekt mit seinem Leben hervorgegangen ist – psychoanalytisch gesprochen die *Urszene*. Sie sich zu vergegenwärtigen und um sie bewusst, vorbewusst, aber auch unbewusst zu fantasieren wird zur Grundlage bewusstseinsfähiger, vorbewusster und unbewusster (i. e. S. psychoneurotischer) *Schuldgefühle*. Schließlich wird in dieses Sündenbekenntnis des Bach'schen Kantatentextes auch jener Ur-Akt menschlicher Erkenntnis, der Sündenfall Adams und Evas, wie ihn die hebräische Bibel beschreibt, mit eingeschlossen. Der Sündenfall ist religiös gesprochen die *Erbsünde*, die nach dem biblischen Text die Erkenntnis um den Unterschied von Gut und Böse, zugleich aber auch die Scham auslösende Erkenntnis um die Wirklichkeit eigener Nacktheit und damit die Bewusstheit der geschlechtlichen Differenz gebracht hat, mit allen damit verbundenen Folgen des Wissens um die Begrenztheit der eigenen Existenz, um die Tatsachen von Zeugung, um Lust und »Laster«, vor allem aber um den Tod. Diese Schuld aus eigenem Denken und Handeln wie auch aus der Erbsünde mit deren Folgen belastet die Seele des sich in dieser Kantate in seinem *Kyrie* Bekennenden. Sie versperrt zunächst den Zugang zur schuldaufhebenden Gnade, zur Hoffnung stiftenden Erlösung und hat ein Verdorren der Seele durch vernichtende Schuld und Scham zur Folge, die das schuldige Subjekt dazu nötigt, sich vor dem zu verstecken, der die verlorene, aber ersehnte Wiederherstellung der erlösenden Verbindung durch seine grenzenlose Gnade gewähren könnte. Zur überwältigenden Schuld tritt eine *vernichtende Scham hinzu*, die das unendliche Gefälle des vernichtenden Schulderlebens zwischen dem seine Schuld Bekennenden und dem um Vergebung Angerufenen noch vermehrt und überhöht, zwischen dem weltlichen Menschen und jenem angerufenen göttlichen Wesen, »*vor dem die Engel selbst ihr Angesicht verdecken*«.

Wenn man von der theologischen Dimension dieses Textes und der Texte der Kantate insgesamt einmal absieht, in deren Verlauf nach dem hier vorgestellten *Kyrie* der Prozess von der gnadenlos vernichtenden Schuld über die Sündenanerkenntnis, die Reue und schließlich die Vergebung und Erlösung von existenzieller Schuld durch göttliche Gnade vorgestellt wird, sodass das seine Sünden anerkennende Subjekt mit der Schlussarie, von seiner Schuld durch die Gnade der Vergebung entlastet »Wie fröhlich ist mein Herz [...]« zu singen vermag, dann lässt sich dieser Text jenseits aller religiösen Kontexte nicht zuletzt auch als eine ergreifende Beschreibung des *bewusstseinsfähigen* erdrückenden Schulderlebens und dessen Überwindung durch die Annahme der eigenen Schuldhaftigkeit als *verantwortete Schuld* lesen.

Allerdings hat uns die Psychoanalyse gelehrt, dass wir uns nicht allein auf die Betrachtung des Phänomenalen, des Bewussten und des Bewusstseinsfähigen beschränken dürfen, dass wir vielmehr dieses *bewusste* Schulderleben zugleich immer auch in dessen psychodynamischer Stellung und Funktion im psychischen Gesamt, das heißt, auch in dessen nicht bewussten, nicht bewusstseinsfähigen Bedeutungsdimensionen zu betrachten und in der Begegnung mit dem Schuld und Schuldgefühle Erlebenden, oder auch mit dem reale Schuld Ausblendenden gemeinsam zu erkunden haben. Das heißt aber folglich auch, dass wir über dieses bewusste, bewusstseinsfähige *Schuldbewusstsein* hinaus immer auch ein dynamisch wirksames *Schuld-Unbewusstsein* in Rechnung zu stellen haben. Dieses vermag auf jeweils spezifische Weise das bewusste Schulderleben dynamisch zu strukturieren, im Falle psychoneurotisch begründeter Schuldgefühle ein bewusstes Schulderleben weitgehend überhaupt erst auszulösen und im Falle eines real begründeten Schulderlebens dieses zu verstärken, abzuschwächen oder auch ganz aus dem Bewusstsein zu drängen.

Von einem solchen psychodynamischen Verständnis der Phänomenologie des Schuldbewusstseins und dessen Verhältnis zur realen Schuld her wird deutlich, dass sich die psychoanalytische Perspektive gerade nicht bloß auf die sogenannten psychoneurotischen Schuldgefühle, eine Art *virtuelle Schuld*, einengen lässt und dass ein solches Verständnis die Dimension realer Schuld gerade nicht vernachlässigt oder gar ausblendet. Denn

> »Das, was geschehen ist, kränkt mich nicht so tief,
> Allein das kränkt mich, was es mir bedeutet ...«,

wie es Goethe den Tasso treffend sagen lässt (Tasso 2279/80), bedeutet ja in Hinblick auf das Schulderleben und Schuldbewusstsein, dass die subjektive *Bedeutung* dessen, was realiter geschehen ist, und nicht das reale Geschehen allein das Schuldbewusstsein eines Subjekts bestimmt. Schließlich kann es ja auch geschehen, dass, wie es Kierkegaard treffend formuliert hat, ein Individuum in seiner Angst, für schuldig gehalten zu werden, obwohl es nicht schuldig ist, sich am Ende schuldig fühlt und auf diese Weise sich schuldig erlebend gleichsam schuldig wird (vgl. Kierkegaard 1844; Lewin 1994), das heißt, dass selbst der eigentlich unbegründete Schuldvorwurf ein Bewusstsein von Schuld mit allen damit verbunden Folgen wie bei der »realen« Schuld auszulösen vermag.

Diese *subjektive Bedeutung*, ihre psychodynamische Begründung und intrapsychische Gestaltung und wie diese das bewusste Erleben letztlich beeinflusst und bestimmt, steht aber auch in besonderer Weise im Mittelpunkt des psychoanalytischen Interesses, der allgemeinen Einsicht folgend, dass man nur über das Verständnis der *Bedeutung* der Dinge zum *Wesen* der Dinge vordringen kann (wenn man denn dorthin überhaupt je endgültig hingelangen kann). Daher kann *reale Schuld* im Sinne des Strafrechts überhaupt nicht im Mittelpunkt des Interesses der psychoanalytischen Perspektive stehen, da die psychoanalytische Perspektive sich ja in erster Linie mit der Dimension der Bedeutung, und das heißt nicht zuletzt auch mit der Bedeutung von Realität, der *inneren* wie der *äußeren*, befasst – und das heißt: auch mit der Bedeutung, die eine in strafrechtlichem Sinne reale Schuld für ein Individuum *subjektiv* gewinnt. Dies kann etwa als ein Schuldbewusstsein erscheinen, wie es der Text der Bach'schen Kantate vorstellt, aber eben auch als ein Nicht-Schuldbewusstsein, als eine so präsentierte »Schuldlosigkeit«, die besonders dann zu beobachten ist, wenn die reale Schuldhaftigkeit und Schuld überwältigende Dimensionen für das Subjekt annimmt. Von diesen Überlegungen her erübrigt es sich auch, klassifizierend zwischen »realen« und »weniger realen«, »unrealistischen«, »neurotischen«, »pathologischen« und »realistischen« oder gar »normalen« etc. Schuldvorstellungen differenzieren zu wollen, statt vielmehr der psychodynamischen Wirklichkeit eines gegebenen Schulderlebens oder auch Schuld-Nichterlebens bei dem jeweils betroffenen Subjekt gemeinsam erkundend nachzugehen. Eine solche psychodynamische Betrachtungsweise vernachlässigt die Dimension der realen Schuld in keiner Weise. Denn nur wenn die jeweilige defensiv-protektive Bearbeitung der eigenen Schuldwirklichkeit in der Begegnung mit einem anderen – durch das Gespräch, in der Konfrontation mit anderen Sichtweisen etc. – relativiert und damit auch das eigene, noch nicht als solches anerkannte (oder anerkennbare) schuldhafte

Handeln aus anderer/anderen Perspektiven als ein *so oder anders* betrachtet werden kann, kann erst eine Auseinandersetzung mit der Wirklichkeit realer Schuld und am Ende eine wirkliche Schuldanerkenntnis möglich werden. Denn je besser sich das schuldig gewordene Subjekt der reflexiven Position im Gespräch mit dem anderen bedienen lernen kann, umso mehr wird es in die Möglichkeit kommen können, Betrachtungsalternativen und, soweit ihm dies gegeben ist, auch Handlungsalternativen für sich zu entwickeln. Dies berührt die zentrale Frage nach dem angemessenen Zugang zum schuldig gewordenen Subjekt im Gespräch. Hierüber wird im Weiteren noch zu reden sein.

Zum Begriff der Schuld

Die phänomenologische und dynamische Vielfalt möglicher Schuldinhalte nötigt zu der Frage, ob es so etwas wie *die* Schuld bzw. *das* Schuldgefühl überhaupt als einen einheitlichen Begriff gibt und geben kann. *Die* Schuld und *das* Schuldgefühl gibt es wohl ebenso wenig wie *die* Scham. Es handelt sich vielmehr um jeweils übergeordnete Konstruktbegriffe, mithilfe derer die Vielfalt möglicher zwischenmenschlicher Begegnungserfahrungen, bei denen sich einer der Beteiligten, beide oder eine Vielzahl von Beteiligten schuldig fühlen oder sich schämen, unter dem gemeinsamen Oberbegriff der *Schuld* und *Scham* bzw. des Schuld- und Schamgefühls zusammengefasst sind. Diese Oberbegriffe lassen sich dann wiederum systematisch weiter differenzieren und durch entsprechende Unterbegriffe oder Begriffstypen weiter präzisieren. So lässt sich dann ein *Basisschuldgefühl* von einem *Schuldgefühl aus Vitalität*, ein *Trennungsschuldgefühl* von einem *traumatischen Schuldgefühl* und einem *Überlebensschuldgefühl* etc. unterscheiden, das man dann im Einzelfall jeweils identifizieren und entsprechend etikettieren kann. Der heuristische Wert einer solchen Übung des Identifizierens und begrifflichen Etikettierens für das Erleben und das erlebende Verstehen eines mit Schuld bzw. Schuldgefühlen belasteten Subjekts ist allerdings recht gering. Denn mit der klassifikatorischen Zuordnung eines Schulderlebens (oder auch eines Schuld Nicht-Erlebens) ist recht wenig oder gar nichts über die jeweils höchst einmaligen intrapsychischen dynamischen Bedingungen des Schulderlebens eines mit Schuld belasteten Subjekts, und vor allem so gut wie nichts über dessen *Gründe* und *Motive* gesagt, aus denen er auf seine jeweils höchst einmalige Weise mit einer Schuldbelastung umgeht.

Von der Struktur des Schulderlebens folgt das Schulderleben der Figur des »*Ich* fühle *mich* schuldig *gegenüber* einem *anderen* – sei dieser andere nun ein *realer* anderer, oder aber ein in den Gewissensstrukturen *verinnerlichter* anderer, demgegenüber sich das Subjekt schuldhaft verhalten hat. Das heißt, ein solches Sich-schuldig-Fühlen setzt eine Bewusstheit des Subjekts voraus, gleichsam die trianguläre Struktur eines *Ich, der ich mich in der Begegnung mit dem anderen sehe, erlebe und bedenke.* Eine solche (trianguläre) Bewusstheit ist, wie uns die Erfahrung lehrt, allerdings nicht ohne weiteres vorauszusetzen. Sie fehlt ja besonders häufig gerade bei schuldig gewordenen Jugendlichen, aber auch bei jenen, deren Schuld überwältigend groß ist, wie dies etwa besonders für überführte Mörder gilt. So lässt sich etwa das nicht enden wollende Rechtfertigen des Kindermörders Gaefgen, der wiederholt sogar dem Europäischen Gerichtshof eine Entscheidung mit dem Ziel abzuringen suchte, bei seinem Schuldurteil die strafrechtliche Erkennung einer »besonderen Schwere der Schuld« aufzuheben, auch als Ausdruck des Versuchs verstehen, der subjektiven Anerkennung der besonderen Schwere seiner realen Schuld auszuweichen. Wenn die Anerkennung eigener Schuld in einer absolut existenziellen Weise vernichtend niederdrückt, dann kann das betroffene Subjekt nicht anders, als einer solchen vernichtenden Auseinandersetzung um jeden Preis aus dem Weg zu gehen. Das heißt, hier haben wir es mit Phänomenen zu tun, die sich in der Regel aus einem *Konflikt*, aus einem – wenn auch nicht immer unbedingt bewussten – *Schuldkonflikt* ergeben.

Verinnerlichung, Introjekt, Über-Ich – Ich und Gewissen

Diesen Schuldkonflikten liegen dynamisch wirksame *Identifizierungen* spezifischer Art zugrunde, die Freud in seinem Strukturmodell (Freud 1923b) unter dem Begriff des *Ich-Ideals/Über-Ichs* zusammengefasst hat. Diese Identifizierungen unterscheiden sich in einer besonderen Weise von den übrigen Formen der Identifizierung. Denn anders als die weitgehend in das Selbstgefühl und in das Selbstbewusstsein eingehenden, das Selbstverständnis eines Subjektes bestimmenden und dessen Charakter gestaltenden Identifizierungen, die bildlich gesprochen durch eine Art *Inkorporierung* der Beziehungserfahrungen mit dem Primärobjekt in das Selbstgefühl aufgenommen und zur *Selbstrepräsentanz* werden, geschieht dies bei jenen Identifizierungen, die das Ich-Ideal/Über-Ich konstituieren, aus verschiedenen Gründen nicht bzw. nur in höchst begrenzter Weise. Es handelt sich bei diesen Internalisierungen des Ich-Ideals/Über-Ichs um *Verbote* und *Gebote*, die dem wachsendem *Ich-Selbst* dauerhaft gegenüberstehen und diesem Grenzen und Schranken auferlegen (*verbietende* Strukturen) und Zielsetzungen vorgeben (*gebietende* Strukturen). Sie bleiben diesem wachsenden *Ich-Selbst* äußerlich und bilden gleichsam eine Art »Fremdkörper« im System des *Ich-Selbst*, als eine Art *»Außen«* im *»Innen«*. Wenn man das in dieser Weise formuliert, hat man allerdings immer zu bedenken, dass es sich bei solchen abstrahierenden Konzepten seelischen Erlebens um *nicht-erlebnishafte Konstruktbegriffe* handelt, die von der Ebene abstrahierender, nicht erlebnishafter Modellvorstellungen in die Dimension des Erlebnishaften gleichsam zurückzuübersetzen sind, um am Ende erlebnishaft anschaulich zu machen, was mit diesen Begriffen der abstrahierenden psychoanalytischen Modelle an seelischem Erleben eigentlich gemeint sei.

Roy Schafer spricht in seiner umfassenden Monografie über die Internalisierung vom *Über-Ich* als einem *Introjekt*, das, ins Erlebnishafte übersetzt, eine Art *Tagtraumfantasie* repräsentiert, eine Art introjizierte Autorität, die als solche im *Ich-Selbst* nicht vollständig aufgeht und erst im Zuge der späteren Persönlichkeitsreifung in einer mehr oder weniger begrenzten Weise zu einer Repräsentanz im Selbstverständnis gelangt. J. Sandler sprach in diesem Zusammenhang der weitergehenden Integration solcher Ich-Ideal/Über-Ich-Strukturen in das Ich-Selbst-System von einer *Identifizierung mit dem Introjekt*, wobei allerdings diese Struktur ihren Introjekt-Charakter, das heißt ihren Charakter als »Außen im Innen« nie gänzlich verliert. Dieser theoretische Sachverhalt wird schnell an einem kleinen Beispiel aus Heines *Deutsch-land. Ein Wintermärchen* deutlich, einer Reisebeschreibung des Autors ins winterliche Deutschland, in der er, in Aachen an die Grenze gekommen, die paradierenden preußischen Soldaten folgendermaßen charakterisiert:

> Sie stolzen noch immer so steif herum,
> So kerzengerade geschniegelt,
> Als hätten sie verschluckt den Stock,
> Womit man sie einst geprügelt.

> Ja, ganz verschwand die Fuchtel nie,
> Sie tragen sie jetzt im Innern;
> Das trauliche Du wird immer noch
> An das alte Er erinnern.

Der »Stock«, die »Fuchtel im Innern« hören in dieser poetischen Beschreibung einer strukturbildenden Verinnerlichung nicht auf, das Subjekt mit Subordinationsbefehlen zu traktieren. Der »Stock«, die »Fuchtel« geben als ein *Außen im Innern* das Kommando vor, und das Subjekt hat, wie dies ihm einst eingeprügelt und von ihm verinnerlicht worden ist, zu gehorchen und zu folgen.

Schuld und Schuldgefühl als Vergeltungsangst

Die Ursprünge dieser Gewissensstruktur liegen im archaischen Dunkel der Lebensgeschichte des Individuums und haben dort nach Art eines *Alles oder Nichts* noch absolut existenziellen Charakter. Das heißt, die Entzweiung mit dem Halt gebenden Primärobjekt führt zu katastrophischen Vernichtungsängsten, die bei jeder Form der Versagung und/oder der Nicht-Übereinstimmung aufzubrechen drohen. Hier bilden sich die archaischen Vorläufer der späteren *Ich-Ideal/Über-Ich*-Gewissensstrukturen, die noch ganz dem Prinzip des Entweder-Oder, des Alles-oder-Nichts unterworfen sind. In der weiteren Entwicklung erfahren diese Gewissensstrukturen eine zunehmend differenzierende und strukturierende Formung und Umformung, aufgrund derer sich der Charakter der Ängste vor der drohenden Entzweiung mit der Primärperson bzw. der *Ich-Ideal/Über-Ich*-Gewissensstruktur verändert und von Entwicklungsschritt zu Entwicklungsschritt sichtlich abmildert: Von der existenziellen *Angst vor Vernichtung* zur *Angst vor Rache*, anfänglich weitgehend noch als total erlebt, hin zur *Angst vor Vergeltung*, deren Charakter mehr und mehr dem Talion-Prinzip (*Auge um Auge ...*) folgt, bis hin zur ausgeformten, in das *Ich-Selbst* integrierten *Ich-Ideal/Über-Ich-Gewissensstruktur*, deren Geboten und Verboten das Subjekt mit »reifem« Gewissen in einer autonomen Weise, als sein Handeln bestimmend und leitend, weitgehend zu folgen bereit ist. Das bedeutet allerdings nicht, dass es im Gefolge massiven Schuld- und Schuldkonfliktdrucks und im Gefolge der durch diesen massiven Schuldkonfliktdruck ausgelösten regressiven Prozesse nicht auch zu einer Reaktivierung archaischer organisierter Gewissensstrukturen kommen kann, die dann auch archaischer strukturierte Ängste zu reaktivieren imstande sind. Und das heißt auch, dass man, um sich im jeweiligen Fall über die aktuell dynamisch bestimmende Gewissensstruktur orientieren zu können, sehr genau die jeweils aktuell so erlebten bewussten, vorbewussten und unbewussten Sanktionsdrohungen und die diesen zugrunde liegenden Konflikte anzuschauen hat, um sich mit dem betroffenen schuldigen Subjekt über die Frage seiner Schuld und seines Schulderlebens in einer konstruktiven Weise verständigen zu können.

Psychoanalytische, und nicht selten auch philosophische Diskurse zur Schuld und zum Schuldgefühl zeigen eine auffällige Tendenz, diese Begriffe gleichsam als irreduzible Entitäten zu verstehen und zu behandeln. Dies führt zu mancherlei Missverständnissen, vor allem aber in die Gefahr, diese Begriffe auf unzulässige Weise zu verdinglichen. *Die* Schuld und *das* Schuldgefühl bzw. *die* Schuldgefühle erscheinen dann als eine letzte Begründung für ein innerseelisches Erleben, für eine bestimmte Haltung oder ein spezifisches Handeln, ohne dass noch darüber nachzudenken und anschaulich zu machen sei, was ein schuldig gewordenes oder sich schuldig fühlendes Subjekt auf seine spezifische Weise in Verbindung mit seiner Schuld, seinen Schuldgefühlen eigentlich *erlebt*, was diese ihm eigentlich *bedeuten*. Von der Phänomenologie des subjektiven Erlebens her betrachtet wird Schuld als ein Gefühl spürbar, das von einer mehr oder weniger intensiven Angst vor Sanktionen, von einer *Angst vor* Vergeltung bestimmt wird. Schuld konstituiert sich in diesem Sinne vor allem um eine solche *Angst vor*, und zwar vor den Folgen dessen, was in Verbindung mit einem schuldhaften oder als schuldhaft erlebten Denken und Handeln zur Bewusstheit von Schuld, und das heißt, zur *Angst vor Vergeltung* wegen eines eine solche *Angst vor* auslösenden Denkens und Handelns geführt hat. In diesem Sinne ist die *Angst* für Kierkegaard (1844) auch eine fundamentale Bedingung der *Schuld*. Schuldhaftes Denken und Handeln führt in eine subjektiv so erlebte Situation, die nicht mehr erlaubt, unbefangen und frei vor der Welt der anderen aufzutreten. Denn die Angst vor der Strafe des Rechts, vor der Haftung für das eigene schuldhafte Handeln, vor dem vergeltenden Hass der anderen, vor vernichtender Beschämung, Entwertung und/oder Ächtung etc. zieht am Ende alles weitere Denken und Handeln in den Dienst der Auseinandersetzung mit einer solchen Schuld bzw. einer solchen Vergeltungsangst. Daher gerät, wie es Kierkegaard formuliert hat, die Freiheit des gesamten Denkens und Handelns in der »Unfreiheit Dienst«, in den Dienst der Schuld und Schuldabwehr. Thomas Mann hat diese Angst des deutschen Volkes vor dem vergeltenden Hass, vor der Entwertung, Ächtung und der Vergeltung wegen des grenzenlos schuldhaften Handelns dieses Volkes in der Zeit der nationalsozialistischen Herrschaft auf den Punkt gebracht, wenn er in seinem *Dr. Faustus* (1947, S. 480–481) den Erzähler Serenus Zeitblom die Frage aufwerfen lässt:

> »Wie wird es sein, einem Volke anzugehören, dessen Geschichte dieses grässliche Misslingen in sich trug, einem an sich selber irre gewordenen, seelisch abgebrannten Volk, das eingestandenermaßen daran verzweifelt, sich selbst zu regieren, und es noch für das beste hält, zur Kolonie fremder Mächte zu werden; einem Volk, das mit sich selbst eingeschlossen wird leben müssen wie die Juden des Ghetto, weil ein ringsum furchtbar aufgelaufener Hass ihm nicht erlauben wird, aus seinen Grenzen hervorzukommen – ein Volk, das sich nicht sehen lassen kann?«

Karl Jaspers hat in vergleichbarem Sinne in seiner nur wenige Monate nach dem Kriegsende, im Herbst 1945 in Heidelberg gehaltenen Vorlesungsreihe zur *Schuldfrage* des deutschen Volkes nach der Naziherrschaft, die sich mit den in dieser Zeit im Namen Deutschlands verübten grauenhaften Verbrechen und mit der aus dieser Naziherrschaft erwachsenen moralischen, politischen und materiellen Katastrophe Deutschlands nach dem Zusammenbruch befasst und eine rückhaltlos der Wirklichkeit und Wahrheit verpflichtete Auseinandersetzung einfordert, vier grundsätzlichen Schuldkategorien differenziert, die sich durchaus auch aus der Perspektive der Auffassung von Schuld als einer Vergeltungsangst erschließen lassen: Bei der 1. *kriminellen Schuld* ist die Vergeltung und die damit verbundene Angst von den kodifizierten Gesetzen und Strafen für kriminell schuldhaftes Handeln bestimmt. Mit der 2. *politischen Schuld* sind die Konsequenzen angesprochen, die sich aus der Zugehörigkeit zu einer schuldhaft handelnden Gemeinschaft, eines schuldhaft handelnden Volkes ergeben: Die politische Haftung mit allen Konsequenzen, der das besiegte Volk angstvoll entgegensieht. Die 3. *moralische Schuld* konstituiert sich aus der Angst vor der mehr oder weniger so erlebten und vorgestellten vernichtenden Beschämung und Entwertung, angesichts des Eingeständnisses, kriminelle Handlungen der anderen, etwa die Plünderungen, die Enteignungen und die Brandschatzung jüdischen Besitzes und jüdischer Einrichtungen und schließlich die Deportation jüdischer Bürger mit angesehen und alles dies hingenommen und weggeschaut, am Ende gar von dem zurückgelassenen Eigentum der Deportierten profitiert zu haben. Schließlich bezieht sich die 4. *metaphysische Schuld* auf die am Ende schuldhaft erlebte Unmöglichkeit, angesichts des bestehenden schreienden Unrechts in der Welt, auf das man kaum oder überhaupt nicht Einfluss zu nehmen vermag und dabei, gleichsam wie die Biedermänner in Goethes *Osterspaziergang*, in geordneten und sicheren Verhältnissen leben zu können und dieser gesicherten Wirklichkeit nicht froh werden zu können. Diesem Konzept der metaphysischen Schuld steht auch Heideggers Begriff der *existentiellen Schuld* recht nahe, eine Schuld, die daraus erwächst, dass das Subjekt sich in seiner Existenz grundsätzlichen, existenziellen Entscheidungssituationen gegenüber sieht und mit seinen Entscheidungen, durch die er sein Leben bestimmt, zugunsten des einen und gegen das andere Mögliche votiert und aus einer solchen Entscheidung in seiner existenziellen Dilemma-Situation mit dem Verzicht auf das andere Mögliche und dessen Vernachlässigung zugunsten der eigenen Existenz sich in einer existenziellen Weise schuldig macht, das heißt, sich angstvoll schuldig mit der Möglichkeit auseinandersetzen muss, das, worauf es verzichtet hat, am Ende als das existenziell Sinnvollere, Bessere ansehen zu müssen, was aber mit seinem Entscheiden als Möglichkeit für ihn erlischt.

So lassen sich Schulderleben und Schuldgefühle als das umreißen, was als real begründete und/oder fantasierte Angst vor den Folgen realen und/oder fantasierten Denkens, Handelns und Seins in das innerseelische Erleben und in die zwischenmenschliche Begegnung eindringt; eine Ausgeliefertheit an die Schuld/Vergeltungsangst, die *aus eigener Kraft* aufzuheben dem Subjekt (und im Falle kollektiver Schuld auch dem Kollektiv) nicht möglich ist. Allerdings greifen schuldig gewordene Subjekte (aber auch Kollektive) immer wieder auf defensiv-protektive Möglichkeiten zurück, um dem unerträglich werdenden Schulddruck zumindest vom subjektiven Erleben her auszuweichen, indem sie die unerträgliche Schuld ausblenden und durch vielartige defensiv-protektive Modi der Verschiebung, der Verdrängung oder der Verleugnung abwehren. Die Art und Inhalte der von realem oder fantasiertem schuldhaften Denken und Handeln ausgelösten Vergeltungsängste sind dabei in ihrer jeweiligen Struktur und Intensität davon abhängig, auf welchem lebensgeschichtlich begründeten *Angstniveau* sich eine solche Vergeltungsangst eines sich schuldig erlebenden Subjekts abspielt bzw. auf welches Angstniveau etwa in defensiv-protektiver Weise regressiv ausgewichen wird, von welchem Angstniveau aus sich ein Subjekt mit seinen defensiv-protektiven Anstrengungen diesen Vergeltungsängsten entgegenzustellen sucht.

Das heißt aber für den pädagogisch-therapeutischen Verständigungszugang zum schuldig gewordenen Subjekt auch, dass wir in jedem Fall zu klären und darauf Antwort zu geben haben, auf welcher Ebene psychischen Funktionierens, *auf welchem Angstniveau* Schuld, Schuldgefühle, Schuldverarbeitung und Schuldabwehr erfolgen, auf welchem Angstniveau ein Schuld erlebendes bzw. Schuld abwehrendes Subjekt die sein Schulderleben bestimmende Vergeltung und Rache erlebt, von welchem Angstniveau aus und mithilfe welcher defensiv-protektiven Modi ein schuldig gewordenes Subjekt solche Ängste abzuschütteln bzw. aus dem Bewusstsein mehr oder weniger zu eliminieren sucht.

Zur Frage des Angstniveaus der jeweiligen Vergeltungsangst

Das heißt aber auch, dass wir unser Augenmerk zuallererst auf die jeweils gegebenen strukturellen Voraussetzungen, auf das vorherrschende *strukturelle Niveau* psychischer Organisation eines schuldverstrickten Subjekts zu richten haben, auf den Charakter der jeweils bestimmenden Vergeltungsangst sowie auf die Art und Weise, wie dieses Subjekt mit seiner Angst defensiv-protektiv umgeht. Die *Angst vor Liebesverlust* ist etwas anderes als die sogenannte *Kastrationsangst*, das heißt die Angst vor Beschädigung und entmannender Unterlegenheit im Kontext eines Rivalisierens. Die *Angst davor, fallen gelassen und ausgeschlossen zu werden*, die *Angst vor Trennung und Aussetzung* berührt wiederum weitaus existenzieller erlebte Angstbereiche, und mehr noch die *Angst vor einem Zerfall des eigenen Selbst*. Und schließlich ergibt sich bei der *Angst vor existenzieller Vernichtung* in einer von ausgeprägten Spaltungsprozessen bestimmten Konfrontation mit überwältigenden, existenziell bedrohlichen Schuldkonflikten die letztlich höchstmögliche Intensität des Angsterlebens. Von der psychischen Entwicklung des Angst- und Schulderlebens her gesehen ergibt sich somit eine Entwicklungslinie, die ausgehend von 1. *archaischen Vernichtungsängsten* in der Begegnung mit dem Objekt, über 2. die Angst vor einer totalen, generalisierten *Rache* wegen eines schuldhaften Denkens und/oder Handelns, über die 3. sich auf die schuldhafte Tathandlung beziehende Angst vor *Vergeltung nach dem Talionsprinzip*, 4. die *Angst vor Ausschluss und Fallen-gelassen-Werden*, 5. die *Kastrationsangst* und die *Angst vor dem Liebesverlust* vonseiten des Objekts bis hin zu 6. dem »reifen« Gewissen zu ziehen ist. Von einer solchen Entwicklungslinie her gedacht lässt sich nicht nur der im jeweiligen Fall vorherrschende Typus einer Schuld und des Schulderlebens gemäß einer gegebenen Typologie bestimmen, sondern in einer vertiefenden dynamischen Sicht vor allem auch die jeweils vorherrschenden intrapsychischen vorbewussten und unbewussten *Konflikte um die Schuld* eines schuldig gewordenen Individuums und sein defensiv-protektives Ringen mit seiner Schuldangst. Diese werden im gemeinsamen pädagogisch-therapeutischen Diskurs erschlossen und der gemeinsamen Reflexion zugänglich gemacht.

Allerdings sind nun in dieser Entwicklungsreihe psychischer Integration und Strukturierung mindestens die *Angst vor der Fragmentierung*, vor dem Zerschmettertwerden und Zerfallen, vor allem aber die *Angst vor Vernichtung* angesichts existenziell überwältigenden Schuld- bzw. Vergeltungsdruckes, in begrenzter Weise auch die *Angst vor Rache und Vergeltung* strukturell auf einer Ebene angesiedelt, die die Möglichkeiten einer bewussten Reflexion (»*Ich* setze *mich* mit *meinem* schuldhaften *Handeln* auseinander«) *nicht mehr* (etwa im Falle einer Regression, z. B. bei einer manifesten Depression) oder *noch nicht* (im Falle eines Entwicklungsdefizites) erlauben und daher auch nicht *a priori* einem triangulären reflexiven Diskurs zugänglich sind. Denn als existenziell erlebte Formen der Vergeltungsangst unterliegen gerade diese Formen der Schuld einem archaischen *Zweitheitsverhältnis* der *Ausgeliefertheit* an die fantasierte vergeltenden Instanz, einem existenziell so erlebten, meist durch Projektionen verstärkten persekutorischen Moment im Schulderleben. Das heißt, hier handelt es sich um vorreflexive intrapsychische Vorgänge, die nicht ohne weiteres *a priori* schon den Möglichkeiten eines klärenden konstruktiven, das heißt *triangulär* konstellierten zwischenmenschlichen Verständigungsdiskurses zugänglich sind, sondern die einem solchen Verständigungsdiskurs erst zugänglich gemacht werden müssen (vgl. Haesler 1999). Sie müssen in diesem Sinne erst aus einem solchen Zweitheitsverhältnis der *Ausgeliefertheit an den anderen*, an den inneren introjizierten anderen, oder aber auch an den das klärende Gespräch suchenden externen anderen, der nicht selten als ein mit Vernichtung drohender Beschuldiger wahrgenommen und meist in defensiv-protektiver Weise, unter Umständen auch mit exzessiver Aggressivität, abgewehrt wird, herausgelöst und in eine *trianguläre Beziehung der Reflexion mit dem anderen* übergeführt werden. Ohne eine solche Möglichkeit triangulärer Reflexion kann es nicht zu einer

Anerkenntnis des eigenen realen schuldhaften Handelns und der Bedeutung, die dieses für das Subjekt hat, kommen, im Sinne eines *»Ich* erkenne *mich an als jemand, der sich durch das eigene Denken oder Handeln schuldig gemacht hat«*, das heißt, *»Ich erkenne meine Schuld an.«* Diese komplexen Modi des Erlebens und Denkens um die eigene Schuld sind bei jedem einzelnen Fall von schuldigen bzw. schuldig gewordenen und sich schuldig erlebenden Individuen sehr genau zu untersuchen und zu analysieren. Hier steht nicht die diagnostische Einordnung des Einzelfalles in ein allgemeines klassifikatorisches System vordringlich auf der Agenda (»mit welchem Typ von Schuld habe ich es hier zu tun ...«). Es geht vielmehr um das Bemühen – geleitet von unserem Vorverständnis der höchst unterschiedlichen Dynamik jeweiliger Schuldzustände –, uns gemeinsam mit dem betroffen Subjekt zugänglich und begreiflich zu machen, wie das sich schuldig erlebende bzw. ein seine reale Schuld abwehrende Subjekt sich selbst erlebt und dieses Erleben in der Begegnung mit dem anderen, etwa einem pädagogisch-therapeutischen Gesprächspartner, in defensiv-protektiver Weise in der zwischenmenschlichen Begegnung dynamisch konstelliert und strukturiert.

Zur psychischen Dynamik des Phänomens der sogenannten »Schuldlosigkeit«

Von einer solchen psychodynamischen, entwicklungspsychologischen und strukturellen Perspektive her lassen sich auch jene Phänomene konstruktiv erschließen, die dem phänomenologisch orientierten Betrachter insbesondere bei vielen kriminell, das heißt »real« schuldig gewordenen Menschen und besonders häufig bei kriminellen Jugendlichen als eine mehr oder weniger ausgeprägt auffällige Schuldlosigkeit ins Auge springt.

Karl Jaspers (1945) hat in seiner Vorlesungsreihe zur Schuldfrage die Voraussetzung aller authentischen Auseinandersetzung mit der schuldhaften Wirklichkeit und der Anerkennung dieser Schuld mit den Worten angesprochen: *»Aber es darf keine Schranken geben durch schonende Zurückhaltung, keine Milde durch Verschweigen, keinen Trost durch Täuschung«* (S. 8). Die

Erfüllung einer solchen Forderung gilt gewiss nicht nur für die kollektive, sondern in gleichem Maße auch für die individuelle Auseinandersetzung mit einer Schuld. Wir wissen ja, wie schwer sich das Deutsche Volk in den Jahrzehnten nach dem Krieg mit dieser Auseinandersetzung getan hat (vgl. Haesler 1994, Kapitel 27, das sich mit der Auseinandersetzung mit den NS-Verbrechen im Nachkriegsdeutschland befasst). Aber wir wissen auch, wie schwer sich das individuelle schuldig gewordene Subjekt mit der Anerkennung seiner Schuld tut, wie schnell schuldig gewordene Subjekte bereit sind, sich mithilfe schonender Zurückhaltung, des Verschweigens und des Täuschens (der anderen und nicht zuletzt auch ihrer selbst) eine Schuldentlastung zu verschaffen. In Hinblick auf die Verantwortlichen für die Verbrechen des DDR-Regimes war es einzig Günter Schabowski, der nicht bereit war, diesen Weg für sich zu gehen.

Jegliche Schuldbelastung ist neben der Vergeltungsangst immer mehr oder weniger auch mit einem Moment einer Verletzung des narzisstischen Gleichgewichts verbunden, die dazu nötigt, wie dies etwa der eingangs zitierte Bach'sche Kantatentext mit seiner letzten Strophe formuliert und wie man dies bei schuldig gewordenen Angeklagten in Strafprozessen sehr häufig beobachten kann, sich tief beschämt vor der Öffentlichkeit zu verstecken. Thomas Mann hat dies ja im *Dr. Faustus* (S. 480/481) im Hinblick auf die Situation des deutschen Volkes nach dem Zusammenbruch 1945 in einer vergleichbaren Weise gesagt. Somit wird das Moment der Beschämung, die Verletzung des eigenen Selbstwertgefühls, des eigenen Stolzes zu einem Teilaspekt dessen, was das Subjekt als Vergeltung für sein schuldhaftes Handeln befürchten muss. Und dies zwingt das Subjekt (aber auch schuldig gewordene Kollektive) nicht selten in die Täuschung und Selbsttäuschung. Es kommt zu einer defensiv-protektiven Bearbeitung der Wirklichkeit dessen, was zur Schuld geführt hat. Nietzsche hat diesen Sachverhalt in bemerkenswerter Klarheit formuliert, wenn er in *Jenseits von Gut und Böse* (IV, 68, S.625) sagt: »›Das habe ich getan‹, sagt mein Gedächtnis. ›Das kann ich nicht getan haben‹, sagt mein Stolz und bleibt unerbittlich. Endlich – gibt das Gedächtnis nach.«

Eine solche Bearbeitung reicht von jenen von Karl Jaspers genannten Tendenzen der Betroffenen zur Täuschung und zum Verschweigen hin zu expliziten Abwehranstrengungen, wie diese uns aus der Arbeit mit unseren psychoneurotischen Patienten vertraut sind, Abwehranstrengungen, die nicht mehr ausschließlich nur von bewussten, sondern auch von unbewussten dynamischen Momenten und Bedingungen bestimmt werden, mit dem Resultat, dass das betroffene Subjekt am Ende an diejenige Wirklichkeit seiner schuldhaften Handlung, die es sich geschaffen hat, selbst glaubt. In der deutschen Nachkriegsgeschichte gibt es hierfür vielfältige Beispiele. Man denke etwa an Günter Grass und Walter Jens und deren Umgang mit ihrer wie auch immer zustande gekommenen Zugehörigkeit zur NSDAP, oder an jenen Germanisten, der seine schuldbeladene nationalsozialistische Vergangenheit wie eine falsche Kleidung abgelegt und ein völlig neues Leben bis zum Germanistikordinariat an einer deutschen Universität erfolgreich eingerichtet hatte, und in einer Art vertikalen Spaltung, wie diese von Freud (1927e und 1940e [1938]) sehr präzise beschrieben worden ist, die Bedeutung seines abgespaltenen NS-Vorlebens für sich weitgehend entzogen hatte. In dieser Weise kann sich die intrapsychische Bearbeitung im Rahmen der Schuldabwehr der ganzen Palette psychischer Abwehrmechanismen bedienen, wie diese auch bei den klassischen psychoneurotischen Abwehranstrengungen zu beobachten sind, von der *Affektisolierung, Intellektualisierung* und *Reaktionsbildung,* der *Entwicklung heteronomer Moralvorstellungen,* der *Dissoziation, Verschiebung* und *Verdrängung* bis zur *Verzerrung* und *Verleugnung* der schuldhaften Wirklichkeit, der *Verkehrung ins Gegenteil,* der *Spaltung* und der *Projektion.* Eine solche defensiv-protektive Bearbeitung wird besonders dort die Auseinandersetzung mit dem schuldhaften Handeln bestimmen, wo eine besondere Schwere der Schuld und die Erwartung einer drohenden gnadenlosen Strafe alle weiteren Perspektiven des Subjekts für sich aufzuheben tendiert und das Subjekt gleichsam zukunftslos werden lässt. Je schwerer eine gegebene Schuld ist, umso weniger wird es wohl möglich sein, diese rückhaltlos anzunehmen. Dies gilt insbesondere für extreme Gewalttäter und Mörder, die sich fast immer einen von defensiv-protektiven Anstrengungen bestimmten persönlichen Mythos um die eigene Tat bauen, der eine echte und umfassende Schuldanerkennung meist vermissen lässt, wie dies etwa auch bei vielen RAF-Terroristen der Fall ist, die sich hinter einer Art Gruppenmythos verschanzen, eine Art *Omerta* pflegen und jegliche Mitarbeit an der Aufklärung ihrer ungeheuerlichen Taten bis zum heutigen Tage verweigern. Und dies gilt sicher auch für jenen abgetauchten KZ-Kommandanten eines Nebenlagers von Buchenwald, dessen Wohnort in Wien vor einigen Jahren von Journalisten aufgespürt wurde und der, als ihn diese in seiner mit Brettern verbarrikadierten Wohnung aufsuchten, mit zwei Schäferhunden an der Hand an der mit vielfachen Schlössern und Ketten gesicherten Wohnungstür erschien und als Erstes unaufgefordert ausrief: »*Ich habe doch nichts gemacht ...*« – Letzteres ein eindrucksvolles Beispiel von *Verdrängung*, die ja das Verdrängte zwar dem Bewusstsein entzieht, ohne dass aber dessen dynamische Potenz und Wirkung verloren geht, sondern das sich in vielgestaltigen psychoneurotischen Symptomen, aber auch in der Art und Weise der Lebensgestaltung Ausdruck zu verschaffen vermag: Dieser Mensch hatte sich in seiner Wohnung mit Brettern vor den Fenstern verbarrikadiert und durch vielfältige Vorrichtungen vom mitmenschlichen Leben ausgeschlossen, offensichtlich in der immer wieder ins Bewusstsein drängenden Angst, dass die Verfolger seiner Tat sich an ihm rächen würden. So hatte er sich qua Verdrängung vor der verfolgenden Welt zu retten gesucht. Die Art, wie er sein Leben bewusst in so erlebter Schuldlosigkeit eingerichtet hatte, verriet allerdings umso deutlicher das von ihm Verdrängte, das heißt sein verdrängtes Schuldbewusstsein. Insofern ist auch das Phänomen der Gewissenlosigkeit und der Schuldlosigkeit überwiegend als ein Resultat von besonders ausgeformten defensiv-protektiven Anstrengungen einer bewussten, vorbewussten und unbewussten Bearbeitung zur Schuldentlastung zu verstehen. Sie wird von dem überwältigenden Ausmaß einer gegebenen Schuld bestimmt, aber auch von den jeweils gegebenen strukturellen Möglichkeiten eines Subjekts, mit einer solchen Schuld umzugehen und sie rückhaltlos anzuerkennen.

Allerdings ist eine phänomenale Schuldlosigkeit nicht in jedem Fall aus einer solchen defensiv-protektiven Bearbeitung, einer Schuld*abwehr*, zu begründen. In vielen Fällen blindwütiger Gewalttätigkeit und Zerstörung bis zur Bereitschaft, einen Widersacher auch zu töten oder wenigstens eine Tötungshandlung durch blindwütig ausgeübte Gewalt gegen jeden, der sich in den Weg stellt, gleichsam billigend in Kauf zu nehmen, legt die nähere

Betrachtung den Schluss nahe, dass hier fundamentale Gewissensstrukturen der Selbststeuerung überhaupt nicht hinreichend angelegt und entwickelt sind und für die Selbststeuerungsfunktionen mehr oder weniger fehlen. Dies ist bei vielen Schwerkriminellen, vor allem aber auch bei vielen zu extremer Gewalttätigkeit tendierenden kriminellen Jugendlichen zu beobachten. Bei diesen ist eine andere Art des pädagogisch-therapeutischen Zugangs erforderlich als bei jenen Schuldiggewordenen, die eine gegebene Schuld durch sekundäre defensiv-protektive Bearbeitung für sich zu mindern und zu mildern suchen. Um diesen Sachverhalt besser zu verstehen, müssen wir uns jene relevanten Grundkonstellationen der psychischen Entwicklung in Erinnerung rufen, die vor allem die grundlegenden Prozesse der Differenzierung von Selbst und Objekt betreffen.

Der Prozess der Differenzierung von Selbst und Objekt ist in seiner komplexen Natur vielartigen äußeren und auch inneren Belastungen ausgesetzt, die diesen Prozess der strukturellen Verinnerlichung einer solchen Differenzierung in einer Weise erschweren können, dass vielen Subjekten eine solche Verinnerlichung nur auf eine mehr oder weniger begrenzte Weise gelingt. Diese Beeinträchtigung der Selbst- und Objektdifferenzierung hat nicht selten erhebliche Folgen, die nicht zuletzt auch in vielfältigen Formen von klinisch als »Störung« erscheinenden klinischen Phänomenen und Symptomkonstellationen ihren Niederschlag finden, etwa bei *Depressionen* und *Suchterkrankungen*, bei *narzisstischen Persönlichkeitsstrukturen*, bei der *Anorexia nervosa* und *Bulimie*, bei *perversen* Phänomenen, in besonderer Weise vor allem aber auch bei Phänomen des *severe anti-social acting out*. Diesen klinischen Phänomenen liegt in der Regel eine dynamische Struktur zugrunde, die der englische Psychoanalytiker Mervin Glasser (1986, S. 9–18) unter dem Begriff des *core complex of perversion* beschrieben und zusammengefasst hat, ein Begriff, der zwar aus dem intensiven Studium der psychischen Dynamik perverser Phänomene hervorgegangen ist, der sich aber nicht auf die Perversionen allein eingrenzen lässt, sondern auch bei den anderen hier genannten klinischen Phänomenen, in besonderer Weise aber bei jenen Phänomenen, die wir unter dem Begriff der Neigung zu kriminellem und gewalttätigem Handeln zusammenzufassen gewohnt sind, dynamisch bestimmt ist.

Im Kern dieses *core complex* steht eine für das Subjekt unlösbar erscheinende Dilemmasituation. Diese erwächst aus der Verbindung einer überwältigenden, unbedingten Sehnsucht nach dem Objekt der Anlehnung und Vereinigung einerseits, und andererseits zugleich der Angst, mit einer solchen Anlehnung an dieses Objekt der Sehnsucht und Anlehnung von diesem Objekt am Ende in der eigenen Existenz bedroht, überwältigt und vernichtet zu werden. Denn aufgrund einer mangelnden Selbst- und Objektdifferenzierung kommt es im Gefolge einer Projektion des eigenen unbedingten, überwältigenden Verlangens auf das Objekt als ein *»wie ich dem Objekt, so das Objekt mir«* zu einer überwältigenden, von einer massiven reaktiven Aggressivität um der Selbsterhaltung willen begleiteten Beängstigung, die schließlich zu einer Absetzbewegung weg von dem Objekt der Sehnsucht nötigt, ohne dass die überwältigende Sehnsucht auf irgendeine Weise aufgehoben werden könnte. So bleibt das Subjekt im Spannungsfeld gefangen, zwischen seiner nicht aufhebbaren Sehnsucht nach dem Objekt der Anlehnung einerseits, und andererseits der Notwendigkeit, dieses Objekt der Sehnsucht, Anlehnung und Vereinigung meiden zu müssen. Dies ist ein Dilemma, das nur über spezifische und recht komplexe manipulative Manöver, die dem Subjekt am Ende die immer bedroht bleibende Herrschaft über die Begegnung zu sichern haben, leidlich aufzuheben ist. Zugleich wird aber durch solche dem Selbstschutz dienende manipulative Manöver die authentische Unmittelbarkeit und Intensität der ersehnten Begegnung mit dem Objekt relativiert und durch eine manipulativ beherrschte pseudoauthentische Inszenierung und Pseudoverbindung mit dem Objekt ersetzt. Eine solche manipulative Pseudoverbindung schließt aber jegliche konstruktive, von Wechselseitigkeit bestimmte Beziehung zum Objekt der Sehnsucht und Anlehnung in einer authentischen Begegnung mit diesem Objekt und damit einen konstruktiven Austausch um Übereinstimmung und Differenz aus. Auf diese Weise wird aber zugleich auch eine *hinreichende strukturbildende Verinnerlichung* und damit auch die Bildung von hinreichend funktionsfähigen *Über-Ich-* und Gewissensstrukturen erheblich erschwert oder gar unmöglich gemacht, die nur auf dem Boden eines wechselseitigen Verhandelns von Übereinstimmung und Differenz des sich entwickelnden Subjektes mit dem Objekt der Sehnsucht in einem konstruktiven reflexiven Diskurs, und das heißt im *triangulären Raum*, erfolgen kann.

Subjekten, die in ihrer Entwicklung aus äußeren Gründen (etwa erhebliche Vernachlässigung und Traumatisierung) oder aus inneren Gründen (etwa im Gefolge einer besonderen Intensität des Anlehnungsverlangens, die eine angemessene Kanalisierung dieses Verlangens in der Begegnung mit dem Objekt der Sehnsucht und Anlehnung erschwert) oder auch aus einer Mischung beider Faktoren einer solchen *core-complex*-Struktur verhaftet bleiben, mangelt es an elementaren Grundlagen der Regulierung und des Verhandelns von Übereinstimmung und Nicht-Übereinstimmung mit dem anderen. So erleben diese Subjekte eine Begegnung mit einem anderen, in der ja unvermeidlich auch immer Aspekte der Differenz aufbrechen, nach dem Prinzip des *Alles-oder-Nichts* bzw. *der andere oder ich.* Dies ist eine Konstellation, die ein bedrohliches Potenzial zu massiver Beängstigung, vor allem aber auch das Potenzial zu heftiger reaktiver Aggressivität im Dienste der Selbsterhaltung enthält und daher nicht selten in eine hemmungslose Gewalttätigkeit gegen den so differenten anderen umschlägt. Die grenzenlose Gewalttätigkeit der U-Bahn-Schläger in München, die auf jenen Mann einschlugen und eintraten, der sich ihnen mit der Aufforderung, das Rauchen zu unterlassen, in den Weg gestellt hatte, dürfte psychodynamisch gesehen sehr viel mit den hier skizzierten Mechanismen zu tun haben. Von einer solchen *core complex* Struktur her wird aber auch plausibel, warum gut gemeinte psychotherapeutische Bemühungen bei diesen Subjekten überwiegend ins Leere laufen müssen. Denn eine Psychotherapie, wenn diese denn erfolgreich sein will, muss neben dem Bemühen um eine Einstimmung und Übereinstimmung von Therapeut und betroffenem Subjekt immer auch die Differenz zwischen beiden im Hinblick auf das bisherige und das mögliche zukünftige Handeln des Subjekts ansprechen, erlebbar machen und benennen. Dieser »therapeutische« Wille des anderen, das therapeutische Bemühen, das betroffene Subjekt von A nach B bringen zu wollen, muss aber dem betroffenen Subjekt als eine mehr oder weniger existenziell bedrohlich erlebte, in der Dimension der Zweiheit verharrende Intrusion erscheinen, die entweder zur Auslösung einer mehr oder weniger aggressiven und offenen Ablehnung, oder aber zur manipulativen Neutralisierung der therapeutischen

Bemühungen durch das Subjekt führen, sodass eine solche gut gemeinte psychotherapeutische Zuwendung weitgehend wirkungslos bleiben muss. Ohne die Setzung von institutionalisierten Rahmenbedingungen für den pädagogisch-therapeutischen Umgang mit diesen Subjekten, ohne die Schaffung einer *triangulären Rahmenstruktur* kann es keinen Weg zum Erkennen, Reflektieren und Anerkennen der zurückliegenden und gegenwärtigen Realität und damit zu einem konstruktiven *Reflektieren über* und zum Erschließen von Alternativen gegenüber dem schuldig machenden bisherigen Handeln kommen, sodass das blinde *Reagieren* von einem *reflexiven Verhandeln der* Differenz *in der Differenz zum anderen* allmählich abgelöst werden kann.

Daher ist ja das *DENKZEIT*-Programm so relevant, weil bei diesem nicht so sehr die Zuwendung zum straffällig Gewordenen allein im Mittelpunkt des pädagogisch-therapeutischen Umgangs steht, sondern die Kanalisierung der unvermeidlichen Begegnungsängste mithilfe einer institutionalisierten triangulären Position, einer *position tierce (*vgl. Lacan 1973; Haesler 1999). Von den Erfahrungen mit Süchtigen, etwa bei den mit recht strikt durchorganisierten Rahmenbedingungen operierenden Selbsthilfevereinen wie z. B. jenem der *Anonymen Alkoholiker*, wie auch von der Arbeit mit Drogenabhängigen und Fettsüchtigen wissen wir, wie wichtig solche institutionalisierten triangulären Rahmenbedingungen für die Kohärenz der Gruppe und die Wirkung von deren Bemühungen ist, aus der süchtig abhängigen Verstrickung herauszufinden, und auf *identifikatorische* Weise *Strukturierung* aus solchen Rahmenbedingungen zu gewinnen. Diese Strukturierung erlaubt dem Subjekt mehr und mehr, seinen Umgang mit der Welt in einer zunehmend kanalisierteren Weise reflektierend, und das heißt immer auch, mit anderen gemeinsam reflektierend zu erschließen und das, was geschehen ist, schließlich anzuerkennen, auszuhalten und anzunehmen, gemäß dem, was Hannah Arendt zur »Bewältigung« der deutschen Nazi-Vergangenheit gesagt hat: »Vergangenheit kann man nicht bewältigen, und die schon gar nicht! Das einzige, was man tun kann, ist anerkennen und aushalten, dass es so und nicht anders gewesen ist«, um am Ende in einer verantworteten Schuld »das Böse böse nennen« und anerkennen lernen zu können (vgl. den Beitrag von M. Bongardt zu dieser Tagung).

Der eingangs zitierte Text der Bach-Kantate handelt von der Schuld, dem Schuld- und Reuebekenntnis und von der göttlichen Gnade. Diese göttliche Gnade kann dem, der in der Welt steht und lebt, durch Taufe und Glaube zugänglich werden und ihn in einer spirituellen Weise erlösen. Dennoch bleibt dem durch sein konkretes Handeln in der Welt schuldig gewordenen Subjekt für seine weltliche Existenz die lebenspraktische Frage, wie weit er mit seiner Schuldanerkenntnis und mit der Annahme der eigenen Schuld Gnade durch die Welt und für seine Lebensperspektive Gnade in der Welt finden und wie es möglich werden kann, etwa bei einer besonderen Schwere der Schuld, aus der oft so erlebten Vernichtungsecke eigener Schuldverstrickung, aus der Aussichtslosigkeit langzeitiger Strafe herauszufinden, und neuen Sinn und Hoffnung für sich und für das verbleibende eigene Leben und Zukunftsperspektiven zurück zu gewinnen. Dies ist naturgemäß für einen Jugendlichen, der auch nach Abbüßung einer langjährigen Strafe sein Leben noch weitgehend vor sich hat, anders als für einen straffällig Gewordenen in vorgerücktem Alter, dessen Zukunftsperspektiven angesichts der Schwere seiner Schuld und der Schwere des Strafmaßes eher eingeengt bleiben. In der Zeitschrift *Chrismon* (07.2008, S. 54) fand ich vor Kurzem einen bemerkenswerten persönlichen Bericht eines verurteilten 58-jährigen Mörders, der mithilfe eines *Naikan-Schweigeseminars* zu einer offenen Auseinandersetzung mit seinem schuldhaften Handeln, zu einer Anerkennung seiner Schuld, aber auch zu einer Anerkennung der Begrenztheit der ihm verbleibenden persönlichen Lebensmöglichkeiten gelangen konnte, ohne einer verzweiflungsvollen Resignation zu verfallen. So hatte er sich in diesem Seminar mit der Frage nach seinem eigenen Tun zu konfrontieren, mit seiner eigenen Verantwortung, mit seiner Tendenz, im Nachdenken über sein schuldhaftes Tun eher über die Bosheit der anderen und was diese ihm angetan hätten sich Gedanken zu machen als über die Schwierigkeiten, die er früher anderen bereitet hatte. So konnte er in der Auseinandersetzung mit sich selbst erkennen, wie sehr er sich als Opfer der anderen gefühlt, wie sehr er sich vom Opfer seiner Tat ungerecht behandelt gefühlt, wie sehr er damit sich selbst und seine Tat gerechtfertigt hatte. Auf diese Weise konnte er für sich begreifen und annehmen lernen, »was ich getan habe und dass ich dafür verantwortlich bin und niemand sonst ...«

Aus dieser Anerkenntnis fand er zu der Möglichkeit, für sich auch trotz der gravierenden Einschränkungen des ihm auferlegten Freiheitsentzuges innere Freiheit zu gewinnen und sich etwa auch seinen Mitgefangenen in einer konstruktiven Weise zuzuwenden:

>Bereut habe ich auch schon vorher, aber diese Reue hat zu nichts geführt. Ich hasste mich und wollte mich umbringen. Jetzt habe ich beschlossen, dass ich aus den Jahren, die mir noch bleiben, was machen will. Auch wenn mein Lebensraum hier im Gefängnis winzig ist, ich kann jede Menge tun: anderen zuhören, sie trösten, beraten, meine Kaffee- oder Tabakration mit ihnen teilen. Das ist meine Art, das Unerträgliche erträglich zu machen.«

Eine bemerkenswerte Erkenntnis und Schuldanerkenntnis dieses 58-jährigen Mannes, die ihm half, in einer Situation, die ihm für sein gegenwärtiges und zukünftiges Leben nur noch wenig Spielraum offen ließ, zu seiner eigenen Würde zurückzufinden.

Zusammenfassung

Der vorliegende Aufsatz versucht, die komplexen psychodynamischen Bedingungen des Schulderlebens und des Schuldbewusstseins, von Schuld und Schuldgefühlen zu erschließen und daher das Phänomen offenkundiger (bewusster) Schuldlosigkeit als von vielartigen intrapsychischen Bedingungen herbeigeführt verständlich zu machen. Der psychoanalytisch-pädagogische Umgang mit der Schuld muss darauf abzielen, durch die *verantwortete Schuld* zur Anerkennung und Annahme der Realität dessen zu finden, was geschehen ist, um für das zukünftige Handeln des schuldig gewordenen Subjekts Alternativen, das heißt einen Zugewinn an Freiheitsgraden, zu ermöglichen. Dazu müssen Bedingungen geschaffen werden, die mehr und mehr Möglichkeiten eines »Gespräches *über*« und damit der Reflexion erschließen, vermittels einer gewiss nicht nur auf den verbalen Diskurs beschränkten *triangulären Struktur der Begegnung*. Für deren Ermöglichung und Aufrechterhaltung hat der sich um die Begegnung mit dem Schuldiggewordenen bemühende psychoanalytische Pädagoge zu sorgen, letztlich mit dem Ziel, wie Freud (1923) dies formuliert hat, »dem Ich die Freiheit zu verschaffen, sich so oder anders zu entscheiden«, das heißt, so weit dies möglich ist, die Freiheit für Handlungsalternativen zu gewinnen.

Literatur

Arendt, Hannah (1960): Von der Menschlichkeit in finsteren Zeiten. Rede über Lessing. München (Piper).

Chrismon. Das evangelische Magazin. Frankfurt am Main.

Freud, Sigmund (1923): Das Ich und das Es. GW XIII, S. 325ff.

Freud, Sigmund (1927e): Fetischismus. GW XIV, S. 309ff.

Freud, Sigmund (1940e [1938]): Die Ich-Spaltung im Abwehrvorgang. GW XVII, S. 57.

Glasser, Mervin (1986): Identification and its vicissitudes as observed in the perversions. I. J. Psycho-Anal. 67, 9–18.

Haesler, Ludwig (1994): Psychoanalyse. Therapeutische Methode und Wissenschaft vom Menschen. Stuttgart (Kohlhammer).

Haesler, Ludwig (1995): Auf der Suche nach einer erträglichen Welt. Über den Umgang des Menschen mit der Wirklichkeit. Darmstadt (Wissenschaftliche Buchgesellschaft).

Haesler, Ludwig (1999): Die Struktur der Triangularität und ihre grundlegende Bedeutung für Sprache, Denken sowie für die menschliche Kultur. In: Gast, Lilli & Körner, Jürgen (Hg.): Psychoanalytische Anthropologie II. Ödipales Denken in der Psychoanalyse. Tübingen (edition diskord).

Hirsch, Mathias (2000): Schuld, Schuldgefühl. In: Mertens, Wolfgang & Waldvogel, Bruno (Hg.): Handbuch psychoanalytischer Grundbegriffe. Stuttgart (Kohlhammer), 2008, S. 671–677.

Jaspers, Karl (1965/1987): Die Schuldfrage. Von der politischen Haftung Deutschlands. München, Zürich (Piper).

Kierkegaard, Sören (1844/1992): Der Begriff der Angst. Stuttgart (Reclam).

Lacan, Jaques (1973): Schriften. Olten und Freiburg i.Br. (Walter).

Lewin, André (1994): »L'affaire Waldheim.« Un lynchage médiatique. Quelques réflexions personnelles sur l'affaire Waldheim. In: Panoramiques à l'occasion du 50'ième anniversaire des Nations Unies 15, 3. Trimester.

Mann, Thomas (1945): Doktor Faustus. In: Mann, Thomas: Werke. Taschenbuchausgabe in zwölf Bänden. Frankfurt a.M., Hamburg (Fischer), 1967.

Nietzsche, Friedrich (1885): Jenseits von Gut und Böse. In: Schlechta, Karl (Hg.): Friedrich Nietzsche. Werke in drei Bänden. Bd. 2. Darmstadt (Wissenschaftliche Buchgesellschaft), S. 563–769.

Schafer, Roy (1968): Aspects of Internalization. New York (Int. Univ. Press).

II Pädagogische Arbeit mit Schuldig-Gewordenen

Chancen und Grenzen der pädagogischen Arbeit mit Jugendlichen, die schuldig geworden sind

Ein Fallbeispiel aus dem DENKZEIT-Training

Rebecca Friedmann und Silke Wolter

1999 wurde Jürgen Körner (Freie Universität Berlin) beauftragt, die Wirksamkeit pädagogischer Arbeit mit delinquenten Jugendlichen und Heranwachsenden im Rahmen eines breit angelegten Forschungsprojektes zu evaluieren. Im Zuge dessen stieß er auf die Vorläufer des heutigen DENKZEIT-Trainings in London am »Brandon Centre«, und machte das Training wenig später in übersetzter und kulturell angepasster Form für den deutschsprachigen Raum verfügbar.

Das sozialkognitive Einzeltraining DENKZEIT wurde bis heute vielfach überarbeitet und einerseits wissenschaftlichen Erkenntnissen, andererseits praktischen Erfahrungen angepasst. Es zielt auf die Förderung sozialkognitiver Kompetenzen wie beispielsweise Empathie und Perspektivenübernahme, moralisches Urteilsvermögen, Fähigkeit zur Antizipation der Folgen eigenen Handelns, Entscheidungsfähigkeit und Affektdifferenzierung sowie Affektkontrolle. Es wurden in den letzten Jahren verschiedene Varianten des DENKZEIT-Trainings entwickelt. Es findet z. B. als sekundärpräventives Programm in Schulen Anwendung oder wird im Strafvollzug eingesetzt. Die »Originalvariante« zielt auf Jugendliche und Heranwachsende, die eine jugendrichterliche Weisung erhalten, das Training zu absolvieren.

Das DENKZEIT-Training unterscheidet sich in verschiedener Hinsicht von herkömmlichen Methoden zur Delinquenzreduktion:

1.   Es ist ein Einzelverfahren, in dem ein ausgebildeter Pädagoge[1] mit einem Jugendlichen in 40 Sitzungen zusammenarbeitet.

---

1   Weitere Informationen zur Weiterbildung zum DENKZEIT-Trainer sind im Internet unter www.denkzeit.com zu finden.

2. Die Sitzungen des DENKZEIT-Trainings sind in die drei Module »soziale Informationsverarbeitung«, »Affektkontrolle« und »Moralisches Denken und Handeln« aufgeteilt, die

3. manualisiert sind. Das Manual legt die ersten 24 Sitzungen in Zielen und Inhalten fest und gibt dem DENKZEIT-Trainer Hinweise zum Umgang mit den Übungen.

4. Das Verfahren ist ein kognitives Training auf psychoanalytischer Grundlage.

5. Auch die »Haltung« des Pädagogen unterscheidet das DENKZEIT-Training von anderen Maßnahmen. Die DENKZEIT-Trainer bieten dem Jugendlichen ein positives, belastbares »Arbeitsbündnis« an und achten

6. auf die Triangularität der gemeinsamen Arbeit, die immer auf das »Dritte«, das Training, bezogen bleibt. In den Sitzungen ist das »Dritte« durch das Manual symbolisiert.

Wir gehen davon aus, dass die Qualität früherer und gegenwärtiger Beziehungen Einfluss auf den Verlauf der Maßnahme hat. Wir glauben, dass es für den Jugendlichen wichtig sein kann, einen Erwachsenen vorzufinden, der sich wohlwollend, fordernd und respektvoll zeigt. Möglicherweise gelingt es dann, eine hilfreiche, wertschätzende Beziehung anzubieten und somit dem Jugendlichen die Chance zu eröffnen, positive Beziehungen kennen zu lernen, indem er sich mit einem Menschen identifiziert, der ihn nicht für sich verwendet.

Der Rahmen der Situation (vgl. Goffman 1980) wird durch die Vereinbarungen und das Setting konkretisiert. An den Jugendlichen werden klare Anforderungen gestellt und ihm werden noch vor Beginn die Konsequenzen erklärt, wenn er sich nicht an die Absprachen hält.

Wir wenden uns nun Markus zu und begleiten ihn durch die fast neun Monate des DENKZEIT-Trainings. Es werden Auszüge des Trainingsverlaufs und der damit anwachsende Informationsstand der Pädagogin und ihre Überlegungen dazu dargestellt (im Gegensatz zu den beiden vorangestellten Beiträgen in diesem Band, die sich auf eine Kurzdarstellung von Markus' Geschichte beziehen). Zur besseren Lesbarkeit haben wir uns für die Schilderung des Trainings aus der Perspektive der DENKZEIT-Trainerin entschieden, in diesem Fall Rebecca Friedmann, eine der Autorinnen dieses Textes[2]. Es werden sich theoretische Überlegungen mit der Darstellung der Sitzungsinhalte abwechseln.

Markus ist kein »Ideal-Jugendlicher« gewesen, an dem wir hätten zeigen können, wie gut die Methode funktioniert. Ziel war es vielmehr aufzuzeigen, dass die pädagogische Arbeit meist interessant, manchmal schwierig und hier und da auch strittig sein kann. Unser Anliegen ist es, die Komplexität und die Grenzen unserer Arbeit mit jungen Straffälligen deutlich werden zu lassen.

Wenn die Jugendlichen oder Heranwachsenden[3] ihrem DENKZEIT-Trainer das erste Mal begegnen, wissen sie oft nicht genau, was sie erwartet, und auch der DENKZEIT-Trainer verfügt über keinerlei sozio-biografische Informationen. Die Trainer kennen in der Regel nur das Geburtsdatum, die Meldeanschrift und die Bezeichnung der Straftat. In Markus' Fall lautete diese »gef. KV«, also gefährliche Körperverletzung.

Markus betrat den Raum, in dem ich saß und auf ihn wartete. Während er zum Stuhl griff, murmelte er: »Darf ich?«, und setzte sich mir an dem kleinen quadratischen Tisch gegenüber, ohne eine Antwort abzuwarten; meine Augen hielt er fixiert. Er wirkte, als würde er sich für eine Rolle in einem Werbespot bewerben, und nicht wie ein Jugendlicher, der zu einem DENKZEIT-Training verurteilt worden war. Mein Gegenüber schaute mich auffordernd an. Ein Lächeln breitet sich über das Gesicht des 20-jährigen aus: »Was kann ich denn für Sie tun? Was wollen Sie wissen?« Ich entschied mich, zunächst auf seine zweite Frage einzugehen und erklärte, dass ich daran interessiert sei, zu hören, was er zu berichten hat, er aber selbst entscheiden wird, wann er mir etwas von sich erzählt, und erläuterte, dass ich heute hier wäre, um mit ihm zu besprechen,

---

2 Für eine ausführlichere Beschreibung eines Trainingsverlaufs und eine umfassende wissenschaftliche Analyse eignet sich die Monografie von Körner und Friedmann (2005).

3 Im Folgenden ist zu Gunsten der Lesbarkeit nur noch von den »Jugendlichen« die Rede, gemeint sind junge Menschen bis 21, die aus juristischen Gründen in Jugendliche und Heranwachsende unterteilt werden.

welche Inhalte wir im DENKZEIT-Training bearbeiten würden. Dann sagte ich, dass er entscheiden müsse, ob er sich auf die obligatorischen Regeln einlassen könne. Die Jugendlichen dürfen beispielsweise nicht mehr als dreimal unentschuldigt fehlen oder mehr als 15 Minuten zu spät kommen, dann wird das Training vorzeitig beendet.

Mit dem Rahmen werden die eindeutigen Bedingungen beschrieben, unter denen das DENKZEIT-Training stattfindet. In einem Erstgespräch werden die formalen Bedingungen (Frequenz, Umgang mit Fehlzeiten und Entschuldigungen etc.) erklärt und die inhaltliche Arbeit, die Arbeit mit dem Manual, dem gemeinsamen Dritten, vorgestellt.

Die erste Frage, die mir Markus stellte, hörte ich weniger als tatsächliche Nachfrage als vielmehr eine Auskunft darüber, wie er die Situation wahrnimmt. Die Frage definierte die Situation zu einer, bei der einer der beiden Fachmann ist und ein anderer sich Rat oder Hilfe holte. Die Rollenumkehr (er als Helfer, ich als Hilfesuchende) versuchte er sowohl sprachlich als auch gestisch/mimisch darzustellen, mit seinem gewinnenden Lächeln, seiner betont lässigen Art und der scheinbaren Gelassenheit, mit der er einer für ihn ungewohnten Situation begegnete. Vielleicht versuchte er durch diese »Auftakt-Inszenierung« auch seine Angst zu kompensieren, die sich möglicherweise einstellt, wenn er wieder einmal einem Menschen begegnet, der vorzugeben scheint, mehr über ihn zu wissen als er selbst.

Trotz der vorliegenden Weisung, deren Nicht-Erfüllung in seinem Fall mit großer Wahrscheinlichkeit zu einer erneuten Inhaftierung geführt hätte, machen wir den Jugendlichen deutlich, dass sie mit der Aufnahme des Trainings eine Entscheidung treffen. Auch wenn eine andere Wahl vielleicht erhebliche negative Konsequenzen hätte, so bleibt es dennoch eine Wahl. Diese Tatsache soll den Jugendlichen bewusst werden und ihnen schon in der ersten Szene verdeutlichen, dass sie immer die Chance haben, Entscheidungen zu treffen und nicht in immer wieder ungewünschte Situationen »geraten«, ohne sich dagegen wehren zu können. Der Zwang, dem der Jugendliche durch die richterliche Weisung ausgesetzt ist, ist nicht als Strafe oder gar Rache gemeint, sondern vielmehr als Konsequenz seines vorhergehenden Verhaltens. Dennoch hat der Jugendliche auch in dieser Situation noch einen Spielraum zur Gestaltung seines Lebens: Er kann sich entscheiden, sich nicht einzulassen und wird dann möglicherweise erneut inhaftiert werden, oder aber er hält sich an die vereinbarten Regeln. So wird bereits mit dem ersten Kontakt eine Basis der gemeinsam geteilten Verantwortung geschaffen, die sich durch den gesamten Trainingsprozess zieht.

Sofern er sich auf den Rahmen und die Regeln des Trainings einlassen will, sind sowohl der Trainer als auch der Jugendliche diesen Vereinbarungen gleichermaßen unterworfen. Konsequenzen sollen nicht als willkürlich oder sadistisch wahrgenommen werden, sondern als das was sie sind: stabile und klare Rahmenbedingungen. DENKZEIT kann nur dann erfolgreich sein, wenn es beiderseits gelingt, eine verlässliche trianguläre Arbeitsbeziehung einzugehen.

Diese Einstellung versuchte ich Markus in den ersten Gesprächen zu verdeutlichen. Die erste Stunde endete mit einem kumpelhaften »Auf mich können Sie sich verlassen, Frau Friedmann«, als sich der kräftig gebaute, junge Mann auf die Tür zu schob, nicht ohne sich im Rausgehen noch mal umzudrehen, um mir charmant zuzulächeln.

Im Rückblick zeigen schon die ersten Sitzungen manchmal recht eindrucksvoll, welche Themen oder Haltungen sich durch das gesamte Training ziehen. In diesem Fall blieb in mir das Gefühl zurück, dass es schwer werden würde, mit dem Jugendlichen eine offene Arbeitsbeziehung einzugehen, von der er profitieren würde, und tatsächlich begleitete uns sein Misstrauen bis zur letzten Sitzung. Wenige Tage später begannen wir mit den Sitzungen des ersten Moduls »soziale Informationsverarbeitung«.

Wir wissen, dass deviante Jugendliche sich im Hinblick auf ihre »soziale Informationsverarbeitung« von nicht-delinquenten auf verschiedenen Ebenen unterscheiden (vgl. z. B. Lösel/Bliesener 2003). Dissoziale Jugendliche neigen zur selektiven Wahrnehmung aggressiver Hinweisreize, bewerten Situationen eher als feindselig und schreiben anderen Menschen häufig feindselige Absichten zu. Außerdem sind ihre Ziele eher egozentrisch und beziehen die Bedürfnisse des anderen kaum mit ein. Konfliktlösungsstrategien sind häufig begrenzt oder auf aggressive Reaktionsmuster reduziert. Diese Vorgänge sind ihnen in der Regel nicht bewusst.

Ziel des ersten Moduls ist es, die kognitiven und interpersonalen Aspekte des »Problemlösungsprozesses« zu bearbeiten (vgl. Schaubild). Dieser ist analog dem Schema von Crick und Dodge (1994) entwickelt worden. Die ersten Stufen, die auf un- oder vorbewusste Aspekte der sozialen Informationsverarbeitung zielen, werden vor allem unter dem Gesichtspunkt der Projektion und projektiven Identifizierung behandelt. Insofern unterscheidet sich das DENKZEIT-Training von den meisten anderen Trainingsprogrammen, die vorrangig Strategien im Umgang mit konflikthaften Situationen trainieren.

Zu Beginn des Moduls soll der Jugendliche gelöste und ungelöste Probleme benennen, an denen der Trainer und der Jugendliche dann gemeinsam eine Strategie zur kognitiven Analyse von Problemen entwickeln, indem die Ziele und Hindernisse erkannt, sowie möglichst viele verschiedene Handlungsalternativen und deren mögliche Konsequenzen durchdacht werden. Im weiteren Verlauf soll der Jugendliche prüfen, ob sich diese Handlungsentwürfe umsetzen lassen.

Erkennen, dass man ein *Problem* hat

Entscheiden, was das *Ziel* ist

Die *Hindernisse* erkennen

↓

Über *verschiedene Möglichkeiten* für eine Entscheidung nachdenken

Über die *Konsequenzen* der Entscheidungsmöglichkeit für sich und andere nachdenken

Eine *Entscheidung treffen*, nachdem die jeweiligen Konsequenzen bedacht wurden

↓

Einschätzen, wie die Handlung konkret ablaufen wird

Die Verantwortung für die Wahl der geeigneten Strategie liegt beim Jugendlichen, nachdem er in der Lage ist, die Konsequenzen seiner (möglicherweise auch antisozialen) Handlung abzuschätzen. Der DENKZEIT-Trainer tritt nicht als moralische Instanz auf, die Entscheidungen für den Jugendlichen bewertet.

Markus war nun also aufgefordert, Probleme zu benennen, die er erfolgreich gelöst hatte und weitere, die er noch lösen möchte, damit wir einerseits seine erfolgreichen Strategien erkennen können und anderseits Beispiele haben, um seine neuen Herangehensweisen zu testen und zu erweitern. Zunächst berichtete er davon, wie schwierig die Situation in der Jugendstrafanstalt für ihn gewesen sei und benannte damit eine Ambivalenz, die uns noch oft begegnen würde. Markus erklärte, dass er sich wohl gefühlt habe, weil alles »unter Kontrolle« war. Das Leben im Knast sei streng geregelt, es gäbe wenig Raum für eigene Entscheidungen und selbstverantwortliches Handeln – das erschien ihm hilfreich und angenehm: »Zuviel Freiraum ist schwierig.« Das war auch der Grund, warum er eine Haftlockerung zum Ende seiner Haft ablehnte. Anderseits ängstigte ihn das Gefühl des Eingesperrtseins und der ständigen Kontrolle so sehr, dass er fürchtete, es könne »aus dem Ruder laufen«. Der innere Druck nehme zu und manchmal, an schlechten Tagen, könne er sich kaum kontrollieren und reagiere schon bei Kleinigkeiten aggressiv.

Ein anderes benanntes Problem war der übermäßige Konsum von Alkohol und Drogen vor der Inhaftierung. Selbst in der JVA versuchte er, Alkohol herzustellen, obwohl er bei der Inhaftierung einen sehr unangenehmen Entzug hinter sich hatte und in der begleitenden Therapie den ernsthaften Entschluss gefasst hatte, nie wieder Alkohol zu trinken. Markus erklärte mir: »Einerseits weiß ich ja, dass das Zeug zerstörerisch ist, aber anderseits hängt ja meine Existenz ein bisschen davon ab.« Die enthemmende Wirkung und die Gefahr, die davon ausgehe, seien ihm sehr bewusst. Vor allem habe er unkontrollierbare aggressive Durchbrüche, wenn er getrunken hätte, könne sich dann kaum noch beherrschen und sich später manchmal nicht mal mehr daran erinnern.

Ich war verwundert über diese offene und reflexive Schilderung seiner Probleme zu Beginn unserer Arbeit. Immerhin offenbarte er mir, dass er zu viel Selbstverantwortung schwierig fand, gleichzeitig aber »Druck« empfinde, wenn man ihn seiner Freiheit beraubte, dass er Alkoholiker gewesen sei, ein Problem mit der Affektkontrolle hatte (zumindest, wenn er betrunken war) und dass es Phasen in seinem Leben gab, in denen er glaubte, seine »Existenz« hinge vom Alkoholkonsum ab.

In dieser Sitzung empfand ich, trotz der offenen Schilderung persönlicher Probleme, die Beziehung nicht als eine vertrauensvolle; er berichtete diese intimen Details, ohne innere Nähe herzustellen. Es war mehr eine Schilderung der Fakten und ich fragte mich, wie vielen Pädagogen und Therapeuten diese Geschichten schon eröffnet worden waren. Um nicht Gefahr zu laufen, mich mit ihm in der Analyse der sorgfältig vorgesprochenen Berichte zu verstricken und so in ein Frage-Antwort-Spiel abzugleiten (z. B. um zu erfahren, warum er Alkoholiker geworden war), versuchte ich die beschriebenen Erlebnisse als das zu nehmen, was sie sein sollten: Übungsbeispiele. Ich fürchtete, in eine ihm bekannte Situation zu geraten, in der er – inzwischen im Umgang mit »Helfern« geübt – Stationen seines Lebens aufzeigen und die immer gleichen Antworten geben würde, ohne dass er davon profitieren könnte.

In der dritten Sitzung eröffnete Markus mir, dass er mit 13 Jahren ins Heim gekommen sei, seine Mutter war krank gewesen und starb ein dreiviertel Jahr später, als er gerade 14 Jahre alt geworden war. Sie habe sich zu Tode gehungert und letztlich nur noch geraucht. Über seinen Vater erzählte er nichts.

Im DENKZEIT-Training sind die Übungen in ihren Inhalten und Zielen festgelegt und es gilt, diese aufeinander aufbauenden Übungen durchzuarbeiten. Die »Aufarbeitung« der Straftat oder biografischer Belastungen (wenngleich diese bei den meisten Jugendlichen ganz erheblich sind) sind nicht Gegenstand der gemeinsamen pädagogischen Arbeit.

Die anschließenden Sitzungen folgten dem immer gleichen Schema: Er war mehr oder weniger pünktlich, arbeitete freundlich mit und ging die Übungen mit mir durch. Innerlich schien er mir fern zu bleiben. Bei mir entwickelte sich fast das Gefühl der Dankbarkeit, wenn wir die Stunde erfolgreich hinter uns gebracht hatten. Oft hielt er kleine Probleme bereit, deren Lösung oder Analyse ich als Aufgabe hätte verstehen können, und er begann mir vorsichtig Komplimente zu machen. War das seine Art, sich langsam anzunähern oder nur eine weitere Form der Abwehr?

Seine Antworten hatten in diesen Sitzungen oft etwas Provokatives. In einer Übung wird der Jugendliche beispielsweise aufgefordert, Handlungsmöglichkeiten zu finden, um ein vorgegebenes Ziel zu erreichen. Markus wählte fast nur dissoziale oder gewalttätige Lösungen und beschwichtigte sie, sobald er sie ausgesprochen hatte. Ich fragte mich, ob er testen wollte, ob ich seine Fantasien aushalte oder ob er tatsächlich nur solche Einfälle hatte.

In der neunten Sitzung wagen wir mit dem DENKZEIT-Training den Versuch, die oftmals nicht bewussten negativen Zuschreibungen der Jugendlichen zu bearbeiten. Zunächst lesen die Trainer beispielsweise die folgende Übungsgeschichte vor:

»Hamudi ist in einer Familie aufgewachsen, in der die Kinder sehr oft verprügelt wurden. Oft wurde er geschlagen, ohne dass er wusste, was er Unrechtes getan hätte. Es konnte sogar passieren, dass er z. B. seinem älteren Bruder eine Geschichte erzählte, aber der gab ihm ganz plötzlich eine Ohrfeige. Als Hamudi älter wurde, wurde er immer vorsichtiger und misstrauischer. Wenn z. B. in der Schule ein anderer Schüler auf ihn zuging, ging er schnell weg, oder er wurde selbst aggressiv und bedrohte ihn. Leider passierte es immer häufiger, dass er andere Jugendliche verprügelte, obwohl die gar nichts getan hatten.«

Markus sollte nun erklären, warum Hamudi sich heute so verhält und wie das mit seinen frühen Erfahrungen zusammenhängen könnte. Er antwortete nicht auf die gestellte Frage und sagte, Hamudi sei wie er selbst. Dann erzählte er von der Straftat, die letztlich zur Inhaftierung geführt hatte: Markus lebte zu dieser Zeit im Heim, wo er, wie er erst viele Wochen später berichtete, nur wenige Freunde hatte, eigentlich war es für ihn wohl eher eine Notgemeinschaft, in der man sich, so gut es ging, in Ruhe ließ. Eines Tages erfuhr er von einem anderen Jugendlichen, dass Ivan, ein anderer Bewohner, über eine Freundin von Markus sehr abwertend gesprochen hatte und sie anschuldigte, etwas Verbotenes getan zu haben. Markus konnte schon der Schilderung des Freundes kaum folgen, so sehr geriet er darüber in Rage. Er stürmte die zwei Treppen nach unten, wo sich Ivan gerade zum Weg ins Badezimmer aufmachte. Markus schubste ihn ohne Vorwarnung und voller Wucht vor sich her in das Badezimmer und ergoss so viele Schimpfworte über ihn, wie ihm gerade einfielen. Dann schlug er ihn mit der Faust mehrfach aus voller Kraft auf Körper und Kopf. Das Opfer erlitt Brüche der Gesichtsknochen, Zahnverlust und hatte Platzwunden. Erst als Ivan blutüberströmt auf dem Boden lag, ließ Markus von seinem Opfer ab, kam zur Besinnung und sah, was er getan hatte. Bis dahin hatte er »nichts gefühlt«. Er kommentierte zur Erklärung: »Früher gab es nur mich und meine Freunde, die anderen waren mir egal.« Zu diesem Zeitpunkt war er bereits auf Bewährung, den Grund dafür kannte ich noch nicht.

Auch wenn ihm klar war, dass er völlig unangemessen reagiert hatte, er sogar vielmehr zu erkennen schien, dass er mit seinem Angriff nicht Ivan treffen wollte, sondern eine innere Stimme in sich zum Schweigen zu bringen versuchte, so konnte er solchen Erkenntnissen in affektiv geladenen Situationen kaum folgen. Er selbst beschreibt die projektiven Vorgänge, wie ich es besser nicht gekonnt hätte: »Ist doch klar, wenn andere lachen, dann gehe ich hin und schlage zu, weil ich denen beweisen will, dass ich nicht so doof bin, wie die denken. Aber heute weiß ich, dass ich eigentlich nur selber denke, dass ich doof bin.«

Ich war begeistert von seinen Gedanken; er schien eher überrascht und erklärte mir in seinen Worten, dass ihm solche projektiven Vorgänge vertraut waren und er diesen Sachverhalt als seine Gedanken wiedererkannte, er sie jedoch nie zuvor sprachlich hervorgebracht hätte, einfach weil er »darüber noch nie nachgedacht« hatte. Ich hielt diese Erkenntnisse über seine feindseligen Zuschreibungen, die er im anderen wiedererkennt und dort bekämpft, für eine besonders wichtige Errungenschaft. Sobald er zumindest an der Gewissheit über die Erniedrigung oder Beschämung durch andere zweifelte, hätte er die Chance, nicht seinem ersten aggressiven Impuls folgen zu müssen und die vermeintliche Quelle seines Unwohlseins vernichten zu wollen.

Etwa 10 Stunden später, im zweiten Modul, erkannte er einen ähnlichen spektakulären Zusammenhang zwischen der nach innen gerichteten Wut und der Projektion auf Objekte, die sich dafür anboten (in diesem Fall die Gruppe der Neonazis).

In den nächsten Sitzungen schien sich Markus' Blick geändert zu haben. Er wirkte ernster, konzentrierter und innerlich beteiligter. Der Erfolg der letzten Stunde (und vermutlich auch meine Begeisterung darüber) sollten uns durch die nächsten gemeinsamen Stunden tragen. Meine aufrichtige Anerkennung seiner Leistung spornte ihn geradezu an, so als versuche er, den »Glanz in meinen Augen« erneut sehen zu können.

Einige Stunden später fragte er zu Beginn wieder einmal, ob das, was er mir erzähle, Einzug in seine Jugendhilfeakte halten würde. Wie immer verneinte ich, ohne dass ich beabsichtigte, näher darauf einzugehen.

In dieser Sitzung sollte der Jugendliche sich der Folgen seines Handelns für sich und für andere bewusst werden. Sicher wusste Markus, dass jedes Handeln Folgen nach sich zieht, möglicherweise ist er aber ungeübt, die Vielzahl der Konsequenzen im Voraus zu bedenken. Das DENKZEIT-Manual sieht vor, dass ich Markus folgende Aufgabe stelle: er wird gebeten, in den vorgegebenen Beispielen die Perspektive zu wechseln und sich vorzustellen, welche Personen, außer dem Opfer selbst, noch beteiligt wären und welche Konsequenzen für sie entstehen. Zum Beispiel: »Sie klauen ein Auto und überfahren unabsichtlich eine Frau.« Obwohl der Jugendliche die Perspektive anderer Menschen normalerweise gut übernehmen konnte, antwortete er spontan: »Auch wenn ich jemanden umgebracht hätte, wäre das nicht schlimm gewesen, nur dass ich dann 15 Jahre im Knast wäre. [...]. Heute weiß ich auch, was der fühlt.«

Markus atmete vernehmlich ein, guckte an mir vorbei aus dem Fenster und begann zu erzählen, warum er glaubt, anders zu sein als andere Jugendliche. Dass Markus mit 13 Jahren ins Heim gekommen war, wusste ich ja schon und auch bekannt war mir der Tod der Mutter.

Jetzt erzählte er etwas ausführlicher. Markus und seine Mutter hatten kein gutes Verhältnis, obwohl er sie sehr liebte. Er deutete an, dass sie ihm wenig Grenzen aufzeigen konnte und mit der Erziehung ihres einzigen Kindes überfordert war. So kam es dann auch, dass sich Mutter und Sohn »eine Weile vor dem Tod« nicht mehr gesehen hatten. Die Mutter verweigerte die Nahrungsaufnahme und verstarb trotz der eingeleiteten Zwangsernährung. Schon das letzte Mal, als Markus sie gesehen hatte, war sie bis auf die Knochen abgemagert. Damals lebte sie noch mit dem Vater in der häuslichen Wohnung. Markus glaubte, er sei der Grund für den frühen Tod der Mutter: »Man hat immer Mit-Schuld.« Er habe ihr immer viel Kummer gemacht, deshalb habe sie nicht mehr essen können. Sein Vater gab ihm die Schuld am Tod der Mutter, »weil er als Kind so schwierig gewesen sei«.

Der Vater von Markus versuchte seinen Sohn »abzuhärten« und begegnete ihm mal mit sadistischer Strenge, mal mit Desinteresse und dann wieder mit willkürlichen körperlichen Angriffen. Einmal hat Markus – damals elf Jahre alt – auf dem Bauernhof, auf dem sie lebten, mit einem kleinen Kätzchen gespielt, das vor der Tür miaut hatte. Der Vater beobachtete die Szene eine Weile, ging ins Haus, um seine Waffe zu holen und zwang Markus, das Kätzchen zu erschießen. Markus versuchte sich zunächst zu weigern, aber der Vater blieb unerbittlich. Markus berichtet davon, dass er sich immer noch erinnert, wie die Überreste des

Kätzchens an der Wand klebten. Er musste sich übergeben, woraufhin der Vater lachend verschwand.

Er hatte ihm immer wieder gesagt, dass er sich wünschte, dass Markus nicht geboren wäre. Der Lieblingsspruch des Vaters dazu war: »Hätte ich doch nur ins Laub gefickt, dann wärst Du wenigstens eine Kröte und könntest keinen Ärger machen.«

Nach dem Tod der Mutter ging Markus regelmäßig zum Grab, um mit ihr dort zu sprechen. Er war sich sicher, dass sie im Himmel sei. Der Verlust und die vermeintliche Schuld darüber quälten ihn sehr. Er begann, sich mit Drogen und Alkohol zu betäuben und wurde schnell abhängig. Markus wollte nicht mehr am Leben bleiben und kam wegen des zunehmenden Substanzmissbrauchs und der Suizidalität in die geschlossene Abteilung der Psychiatrie. »Die haben alles versucht, mit Psychotherapie, sogar mit Medikamenten – sodass man ganz dusselig im Kopf wurde.« Markus sagt, dass er erst drei Jahre später bereit war, weiter zu leben.

Auch wenn mir klar war, dass Mitleid für unsere gemeinsame Arbeit keine geeignete Reaktion war, so blieb ich von dieser sachlich-distanzierten Schilderung sehr betroffen zurück. Einerseits fragte ich mich, wie ich ihn hätte verstehen können, ohne seine Geschichte zu kennen, und andererseits war ich ein wenig unsicher, ob ich mit dieser Stunde nicht den Rahmen des DENKZEIT-Trainings, das eine Bewältigung von traumatischen Erfahrungen nicht leisten kann, gesprengt hatte.

Wider Erwarten störte die Schilderung seiner frühen Sozialisationserfahrung die Arbeit nicht. Wir nahmen hier und da Bezug darauf, aber die Themen des Trainings ließen sich weiterhin gut umsetzen. Auffällig war, dass Markus in manchen Sitzungen plötzlich distanziert erschien, in anderen sehr nah. Über das ganze Training hinweg ließen sich diese Schwankungen beobachten und es gelang mir nicht, einen Auslöser auszumachen. Sie bezogen sich sowohl auf unsere Beziehung, als auch auf seine Antworten. Er schien mir oft sehr ambivalent und im dritten Modul sollte das noch deutlicher werden. Es machte mir Mühe, seinen plötzlichen Anfeindungen oder Annäherungen standzuhalten und nicht zum Spielball meiner Gegenübertragungsreaktion zu werden.

Wenige Wochen später war das zweite Modul »Affekte kontrollieren« erreicht. Wir wissen, dass aggressiv verhaltensauffällige Jugendliche oftmals nicht in der Lage sind, eigene und fremde Gefühle wahrzunehmen und zu benennen. Dieses Modul verfolgt deshalb das Ziel zu sensibilisieren und zu differenzieren. Durch eine konkrete Verbalisierung können die Gefühle bewusst wahrgenommen werden. Der Jugendliche soll in die Lage versetzt werden, Gefühle nach ihren Intensitäten zu kategorisieren und über diese äußere Strukturierung zu einer inneren Orientierung gelangen. Darüber hinaus lernt er, zwischen Wut als Gefühl und Gewalt als Handlung zu unterscheiden. Die Kontrolle aggressiver Affekte kann nur dann gelingen, wenn der Jugendliche in der Lage ist, sie differenziert wahrzunehmen. Um aggressive Affekte in konflikthaften Situationen nicht ausagieren zu müssen, kann es hilfreich sein, sie mit den dazugehörigen Körperwahrnehmungen zu verknüpfen, um sie so frühzeitig wahrzunehmen und sich einer drohenden unkontrollierbaren Situation zu entziehen. Die jungen Menschen sollen ihre Gefühle als Teil von sich wahrnehmen und nicht als eine fremde Kraft, die sie gleichsam von außen steuert. Jugendliche beschreiben solche Situationen als »da kommt die Glocke über mich« oder »alles wird rot und dann fühle ich gar nichts mehr«.

Zu Beginn des Moduls sollen die Jugendlichen aufzählen, welche Gefühle sie kennen. Normalerweise können die Jugendlichen, die zu uns ins DENKZEIT-Training kommen, nicht viele Gefühle benennen. Üblich sind Bezeichnungen wie: »allein in meiner Welt«, »aggressiv«, »gelangweilt«, »explosiv«, »Liebe«. Mehr als fünf bis sechs Begriffe können die meisten Jugendlichen nicht aufzählen.

Markus unterschied sich in dieser Hinsicht von anderen und war mit Recht sehr stolz darauf, dass er viele Worte für verschiedene Gefühle fand. Als er die Gefühlskärtchen, mit denen wir im DENKZEIT-Training regelhaft arbeiten und auf denen gestisch und mimisch Männchen dargestellt sind, die Gefühle ausdrücken, durchblätterte und versuchte, dafür Worte zu finden, legte er eines zur Seite. Auf meine Nachfrage erklärte er, dass dieses Kärtchen über allen liegen müsste, weil das sein »Grundgefühl« sei (vgl. Abb.1). Er benannte ein Kärtchen, das ich eher mit »abwehrend«, »ängstlich« oder »entsetzt« beschrieben hätte, mit

»blockierend«, und ergänzte dazu, dass er so seinem Vater gegenüber gefühlt hätte. Nach einer kurzen Pause, ergänzte er: »Nein, eigentlich bin ich so zu jedem« (vgl. Abb.2). Ein ebenso bekanntes Gefühl sei hiermit ausgedrückt, erklärte er, als er mir ein weiteres Kärtchen herüber schob. Die Karte zeigte ein sehr grimmiges Gefühlsmännchen. Er benannte sie »bitter« und erzählte, dass er sich nach den körperlichen Angriffen seines Vaters oft so gefühlt hätte (vgl. Abb.3).

Wie so oft im DENKZEIT-Training konnten wir mit den Gefühlskarten über einen Sachverhalt sprechen, über den wir uns ohne gemeinsame Bilder nie hätten verständigen können. Hätte Markus versucht mir zu erklären, was das Gefühl »bitter« für ihn bedeutet hätte, hätte ich es möglicherweise missverstanden, falls er sich überhaupt darauf eingelassen hätte. Ich hätte meine eigenen Bilder bemühen müssen und wäre vielleicht in die Irre gelaufen. Über diesen spielerischen Weg kann sich der Jugendliche ohne entsprechende Sprache ausdrücken und so seinem Trainer mitteilen, wie er sich gefühlt hat.

Abb. 1: »Grundgefühl«   *Abb. 2: Darstellung des*   *Abb. 3: Darstellung des*
von Markus   *Gefühls »Blockieren«*   *Gefühls »bitter«*

Es ergab sich ein paar Stunden später folgender (vielleicht etwas bemühter) Dialog:

ER: »Glauben Sie mir, ich wurde sehr geprägt.«

ICH: »Was würden Sie denken, wenn Ihr Vater Sie nicht verprügelt hätte?«

ER: »Dann würde ich bestimmt nicht zuschlagen, dann würde ich vielleicht auch nicht denken ›der hat's verdient‹. Sie z.B. wurden bestimmt nicht geschlagen, sonst würden Sie anders denken.«

ICH: »In der letzten Sitzung sagten Sie, Sie wollen auf keinen Fall so sein wie Ihr Vater.«

ER: »Bin ich auch nicht, ich schlage keine Kinder.«

ICH: »Dann haben Sie sich anders entschieden?«

ER: »Ja, ich bin nicht wie er.«

ICH: »Ist es dann nicht immer eine *Entscheidung*, zuzuschlagen?«

ER: »Ja, aber manche haben es verdient.«

Ich hatte versuchen wollen, Markus für die Entscheidung zu einer Handlung zu sensibilisieren. Ich wollte deutlich machen, dass er entscheiden kann, anders zu sein als sein Vater, nicht zuschlagen zu müssen, wenn die Wut kommt. Dazu braucht er allerdings eine kurze »Denk-Zeit«, um den Affekt nicht ungebremst in Handlung schwappen zu lassen (vgl. Streeck-Fischer 2004). Er würde auch weiterhin von »emotionalem Erinnern« geplagt sein, könnte aber vielleicht, so meine Hoffnung, ein Signal einbauen, das ihm verrät, wenn er sich in Gefahr befindet und nach kurzem Innehalten kognitive Aspekte der Entscheidung berücksichtigen. Die Traumatisierung selbst, die dem »emotionalen Erinnern« zugrunde liegt, können wir in einem pädagogischen Training nicht bearbeiten, den Umgang damit aber vielleicht ein bisschen verändern.

Wir konzentrierten uns, dem Manual folgend, auf ein besonders schwieriges Gefühl: die Wut in ihren verschiedenen Formen. Markus erzählte von Wut, die sich eher gegen ihn selbst richtet und von besinnungsloser, unkontrollierbarer Wut, so wie er sie zum Beispiel im Konflikt mit Ivan, aber auch in der folgenden Szene mit seinem Vater erlebt hatte:

Dieser hat Markus geprügelt, so lange er sich zurück erinnern kann.

Er ertrug die Übergriffe, indem er zu fliehen versuchte oder erstarrt abwartete, bis sein Peiniger sich beruhigt hatte und von ihm abließ. Dann kam eine unerwartete Wendung: Als er zwölf Jahre alt war, bastelte er mit seinem Vater in der Garage an dessen Auto. Wieder einmal konnte er es ihm nicht recht machen und der Vater griff sich Markus und schlug ihm ins Gesicht. Der Junge entwand sich und versuchte zu entkommen. Er stand mit dem Rücken zur Wand und sah den Vater auf sich zukommen. Er geriet in große Wut und schlug zum ersten Mal mit der Faust in das verblüffte Gesicht des Angreifers. Zwei Zähne waren ausgebrochen. Markus triumphierte, stieg sogleich auf den Fahrersitz des Autos, startete es und fuhr in der Garage vorwärts und rückwärts gegen die Wände, bis es völlig demoliert war. Zum ersten Mal hatte er sich gewehrt.

Eine ganz andere Szene, die seine Aggression beschreibt, erzählte er etwas später: Als seine Mutter starb, hätte er seine ohnmächtige Wut auf niemanden richten können, denn eigentlich hätte er sich selbst dafür verantwortlich gemacht, berichtete er. Wenn die Situation unaushaltbar wurde und die Aggressionen zunahmen, ging er los, um Neonazis zu provozieren, bis es schließlich zu körperlichen Auseinandersetzungen kam. Diese spezielle Gruppe wählte er, weil er die Erfahrung gemacht hatte, dass er bei ihnen leicht Aggressionen hervorrufen konnte. Im Grunde seien sie wie er, mutmaßte er viele Stunden später, als wir nochmals auf diese Szene zurückgekommen waren.

Er habe sich seit dem Tod der Mutter nie wieder richtig auf jemanden eingelassen, sondern vielmehr eine schützende Mauer errichtet.

ER: »Ich werde nie wieder jemandem vertrauen.«

ICH: »Es muss Ihnen absurd vorkommen, dass alle Sie therapieren wollen. Sie werden zu Gesprächen gebeten, sollen sich öffnen, aber Ihnen hilft die Mauer ...«

ER: »Bei Fr. X. schalte ich einfach auf Durchzug, und hier..., hier komme ich ja gern, das macht auch Spaß und ich will ja auch was lernen und ich will ja auch nicht immer 1000 Leute gegen die Mauer laufen lassen, einer muss ja mal drüber gucken.«

Seine wechselnde Mitarbeit war, im Laufe der vielen gemeinsamen Sitzungen, sehr auffällig und manchmal befremdlich: mal erzählte er private Details aus seinem Leben und erlaubte uns so, daran mit den Werkzeugen des Trainings zu arbeiten, mal wirkten die Sitzungen eher flach und voller Abwehr. Er antwortete dann plötzlich einsilbig und nicht bezogen auf die Differenzierungen der letzten Sitzungen (»Wie haben Sie das erlebt?« – »Normal halt«). Er erzählte Geschichten, die so wirkten, als wollte er mich unterhalten. Diese »Schwankungen« erscheinen mir charakteristisch für unsere Arbeitssituation und ich vermute, dass sie ebenso über den inneren Umgang mit Gedanken und Gefühlen Auskunft geben.

Er konnte im Laufe der folgenden Stunden eine individuelle Kategorisierung seiner Gefühle entwickeln, die ihn, wie er am Ende des Trainings sagte, selbst beeindruckt hatte. Er benutzte die Situation im Strafvollzug, um zu beschreiben, wie er mit Gefühlen umging. Die meisten seiner Gefühle hätten »Einschluss«, andere »Lockerung« und einige »Freigang« – ganz frei seien sie alle nicht. »Es gibt viele Gefühle, die wohnen zwar in mir, aber die sind eingeschlossen und mit mehreren Vorhängeschlössern davor und davor gibt es Wärter.« Ich frage nach dem Grund für diese Sicherung und Markus entgegnete, dass diese Gefühle auf keinen Fall frei gelassen werden dürften, weil sie so stark seien, dass er sich sonst umbringen müsse.

Er: »Es ist besser, nicht zu fühlen.«
Ich: »Denken Sie, dass ich das genauso sehe?«
Er: »Nein, Sie sind ein glücklicher Mensch, vielleicht haben Sie Kinder, weiß ich ja nicht, will ich auch nicht wissen, aber das gibt Ihnen vielleicht Freude.«

Er selbst wolle Freude nicht empfinden, »weil dann garantiert wieder einer kommt, der dir dann so richtig in den Arsch tritt«.

Mich erinnerte diese Aussage an seine Berichte aus einer der ersten Stunden, in der er mir geschildert hatte, dass er Drogen nahm, weil seine

»Existenz ein bisschen davon« abhinge. Ich beschloss, an dieser Stelle weiter darauf einzugehen und zu versuchen, ihm deutlich zu machen, dass es andere Formen des Umgangs mit intensiven Gefühlen gab, die weniger bedrohlich waren, und Markus zeigte, dass er die Perspektive wechseln konnte und sich darauf einließ, sich mit mir zu beschäftigen.

ICH: »Glauben Sie, dass ich ähnlich mit Gefühlen umgehe?«

ER: »Nein, Sie sind das Gegenteil von mir. Sie haben bestimmt Bauchkribbeln, wenn Sie sich verlieben und so.«

ICH: »Ist das für Sie verständlich?«

ER: »Ich bin ganz anders.«

ICH: »Fällt es Ihnen dann schwer, sich mit mir über Gefühle auszutauschen?«

ER: »Na ja, ich lerne ja dann.«

ICH: »Was lernen Sie?«

ER: »Ich lerne, dass das anders ist und so; so wie Sie sind, ist ja anders – jedenfalls weiß ich das. Also ich sehe dann, wie Sie sind.«

Die nächste Stunde sollte uns mit Situationen beschäftigen, die bei Markus Wut auslösen. Der Jugendliche berichtete: Er und seine Freunde hätten regelmäßig Autos gestohlen und im Ausland verkauft, um sich von dem Geld Drogen und Prostituierte leisten zu können. An einem dieser Tage fuhr Markus einen soeben gestohlenen Mercedes über die Landstraße, Richtung Grenze, wo ihn der Dealer erwarten sollte. Die Polizei erkannte den gestohlenen Wagen und nahm die Verfolgung auf. Markus gab Gas und raste vor den Polizisten davon. Den Verfolgern gelang es schließlich, die Jugendlichen einzuholen und von der Straße abzudrängen, wo Markus das Fahrzeug gegen einen Baum steuerte. Markus und seine Freunde blieben fast unverletzt und sprangen nach kurzer Schrecksekunde aus dem völlig zerbeulten Auto. Den Polizisten, der Markus stellen wollte, griff er voller Wut an, angeblich, weil ihm die Flucht nicht gelungen und das Fahrzeug nun nur noch Schrott war. Er erinnerte sich kaum noch an die Situation, nur daran, dass er von mehreren Männern gehalten werden musste, weil er völlig außer sich war und noch in der Zelle vor lauter Wut randalierte.

Die Verbindung zu der Garagenszene drängt sich förmlich auf – war das ein »traumatisches Erinnern«? Die Frage musste offen bleiben, aber dieses Beispiel machte deutlich, wie gefährlich eine solche extreme Wut für Markus ist. Er geriet in unkontrollierbare Zustände, in denen er meist kaum noch zugänglich war und die ihn retrospektiv sehr ängstigten.

Ziel der Sitzung war, ihm vor Augen zu führen, dass er diese (im Denkzeit-Training analog den Ampelfarben als »rote« Wut bezeichnete) extreme Aggression unbedingt frühzeitig, nämlich schon bei Auftreten der »gelben« oder »grünen« Wut, verhindern musste, weil er es noch nicht schaffte, »rote« Wut unter Kontrolle zu bekommen. Er hatte bisher den Eindruck, dass die »rote Wut« plötzlich und gewissermaßen von außen über ihn hereinbrach, ohne dass er etwas tun konnte. Wir konnten erarbeiten, dass er durchaus Handlungsalternativen hat, wenn er verstand, dass er in »grüner« oder »gelber« Wut präventiv handeln musste (z. B. sich entziehen), auch wenn er glaubte, er könne die Situation noch kontrollieren und sie sei deshalb unbedrohlich. Er sollte verstehen, dass die »grüne« und »gelbe« Wut gleichsam die Ankündigung der Eskalation sein kann.

Im Denkzeit-Training geht es uns nicht darum, die »rote« Wut zu analysieren und zugänglich zu machen. Zunächst halten wir es für praktikabler, wenn der Jugendliche erkennt, welchem Muster er folgt und wann die Situation gefährlich wird, um so eine Eskalation zu verhindern. Gleichzeitig erarbeiten wir Handlungsstrategien, die für den Jugendlichen gangbar sind. Es liegt auf der Hand, dass Vorgaben der Pädagogen selten hilfreich sind. Gut gemeinte Ratschläge, wie »Geh doch einfach weg« oder »Hör doch einfach nicht hin« oder gern auch »Der Klügere gibt nach…«, sind nicht mehr als eben das: gut gemeint. Sie verfehlen aber häufig die Realität des Jugendlichen, der vielleicht nicht weggehen kann, weil er dann vor seinen Freunden das Gesicht verliert und sich in seinem Kiez kaum noch sehen lassen kann, ohne zur Zielscheibe von Angriffen und Abwertungen zu werden. Über eine solche Realität kann uns nur der Jugendliche Auskunft geben und unsere Aufgabe ist, seine Schilderungen ernst zu nehmen; selbst wenn er scheinbar eine andere Wirklichkeit erlebt, als wir uns vorstellen können. Auch hier ist das DENKZEIT-Training nicht dazu geeignet, analytisch aufzuarbeiten und so eine Realitätsprüfung vorzunehmen. Wir nehmen die Jugendlichen vielmehr in ihrer komplexen Lebenssituation ernst, denn nur so können Sie in ihrer Welt neue Handlungsstrategien ausprobieren.

Das Modul 2 »Affekte managen« endet oft mit positiven Ergebnissen. Die Jugendlichen können Gefühle bei sich selbst und anderen differenzierter wahrnehmen und sie verbalisieren. Der Fortschritt der gemeinsamen Arbeit wird deutlich; 17 Sitzungen sind nun schon durchgearbeitet worden. Das sich anschließende und letzte Modul behandelt Aspekte des moralischen Denkens und Handelns.

Deviante Jugendliche unterscheiden sich von anderen häufig in ihrer moralischen Urteilsfähigkeit dahingehend, dass sie sich eher an ihrem egozentrischen Interesse als an konventionellen Normen orientieren (Blakeney/ Blakeney 1991). Sie urteilen im Hinblick auf das Stufenmodell von Kohlberg (1996) eher auf präkonventionellem Niveau, das meist mit der mangelnden Fähigkeit einer sozialen Perspektivenübernahme (Fonagy 1998) verbunden ist. Sie benötigen daher kognitive Kompetenzen (insbesondere die der Perspektivübernahme, die wir im ersten Modul ausführlich trainiert haben), um die eigene und fremde moralische Orientierung differenziert wahrnehmen zu können.

Überdies werden im Trainingsverlauf die oft »heteronomen« moralischen Einstellungen deutlich. Jugendliche, die die Normen hingegen verinnerlicht haben und sie situativ flexibel und unter Berücksichtigung der Interessen anderer anwenden, neigen sehr viel weniger zu delinquentem Handeln (Weyers 2004).

Ziel dieses Moduls ist es daher, sich zunächst der Wertvorstellungen und ihrer Herkunft bewusst zu werden, über moralische Fragen zu diskutieren, »richtig« und »falsch« als moralische Kategorien anzuwenden, Sensibilität für den »moralischen Gehalt« von sozialen Situationen zu entwickeln und einen Sinn in »konventionellen« Normen zu erkennen. Der Jugendliche soll in der Lage sein, einfache Kriterien für eigene Handlungsentscheidungen anzuwenden, das eigene Handeln zu bewerten, lernen, mit moralischen Dilemmata umzugehen und sich mit seinem Ideal auseinander zu setzen. Allerdings wissen wir, dass Jugendliche in ihren Kontakten mit Sozialarbeitern und Psychologen durchaus gelernt haben können, hochwertige moralische Begründungen für Handlungsentscheidungen zu formulieren. Ob ein Jugendlicher wirklich über eine höhere moralische Urteilsfähigkeit verfügt und diese Fähigkeit in seinem Handeln auch anwendet oder nur gelernt hat, sich so zu äußern, kann nur sein zukünftiges Verhalten zeigen.

Die Internalisierung normativer Vorstellungen gelingt nach unserem Verständnis nur dann, wenn der Trainer als deutlich erkennbares Gegenüber zur Verfügung steht. Der Jugendliche soll lernen, seinen eigenen begründeten Standpunkt zu finden, nicht aber so zu urteilen, wie es sein Trainer tut, der in der Klarheit und Reflektiertheit seiner Standpunkte als Vorbild dienen kann.

Markus ist stolz auf die zurückliegenden zwei Module und die Arbeit, die er hinter sich gebracht hat, symbolisiert in dem dicken Stapel von bearbeiteten Seiten des Manuals. Es ginge von nun an um »richtig« und »falsch« und darum, wie wir uns helfen können, wenn wir nicht wissen, was »richtig« und was »falsch« ist, erkläre ich zu Beginn. Vor allem aber wird es darum gehen, dachte ich weiter, ohne es zu sagen, ein sadistisches Über-Ich zu beschwichtigen und kontextbezogen und flexibel mit moralischen Regeln umzugehen und ich würde dazu meine authentische Einstellung zu moralischen Fragen zur Verfügung stellen, solange dies für Markus hilfreich scheint. So könnten wir verschiedene Einstellungen vergleichen, ohne uns jedoch mit ihnen zu verwechseln. Ich hoffte, all das würde Markus erfahren.

Gleich zu Beginn des Moduls soll der Jugendliche verstehen, dass es nicht darum gehen wird, sozial angepasste Antworten zu geben oder »die« richtige Regel zu finden, sondern begründet zu entscheiden. Wichtiger als eine sozial erwünschte Einstellung zu hören, ist uns, die Jugendlichen in der Entdeckung des Motivs ihres Handelns und in der Formulierung der Begründung zu trainieren. Zu Beginn lesen die DENKZEIT-Trainer den Jugendlichen strittige moralische Fragen vor (z. B. »Soll man einen Kampfhund einschläfern, weil er ein Kind gebissen hat?« oder »Soll die Todesstrafe wieder eingeführt werden?«) um sie mit dem Jugendlichen zu diskutieren und den jungen Menschen anzuregen, darauf begründet zu antworten.

Markus entschied bei solchen Fragen zunächst nach vermuteter sozialer Erwünschtheit. Er war in seiner Meinung starr und beharrte auf seiner Einstellung, ohne Gegenargumente entkräften zu können oder den Kontext mit einzubeziehen. Er schien geradezu verhärtet und festgelegt in seinen Äußerungen. Wir kamen zu der Frage: »Darf man Tiere töten, um ihr Fleisch zu verzehren?« und es ergab sich darüber ein Dialog, der seine so häufig auftretende Ambivalenz deutlich werden ließ. Zunächst antwortete er voller Überzeugung, dass das natürlich ganz in Ordnung sei und es kein Argument geben könne, was ihn davon abbrächte. Ich versuchte ihn erfolglos mit Gegenargumenten zu erreichen. Dann erzählte er mir, dass er schon als Kind dabei sein musste, als Schweine geschlachtet wurden und bezeichnete dabei, in auffällig aggressiver Weise, das Schlachtschwein als »Miststück« und davon, dass »man die Viecher töten muss«. Ich sprach ihn nicht direkt auf den starken Affekt und die vermutete Abwehr an, sondern entgegnete, dass es mich als Kind bestimmt sehr geängstigt hätte, wenn ich eine Schlachtung hätte erleben müssen. Er schaute eine Weile hinter mir aus dem Fenster, bis er leise antwortete, dass er danach oft wochenlang Alpträume hatte und die schrecklichen Geräusche bis heute nicht vergessen kann.

Sein Schuldgefühl wurde deutlich, er glaubte, den Schweinen ein großes Leid zuzufügen, wenn sie seinetwegen sterben mussten, und gleichzeitig aß er gern Fleisch. Ich mutmaßte, dass die Schweine, die er zu essen bekommt, heutzutage ganz anders geschlachtet würden, als er es erlebt hatte. Ich wollte seinen Fleischkonsum nicht weiter mit Schuld aufladen und ihm eine Brücke bauen, um sich aus der Erinnerung zu entfernen. Die Verknüpfung mit der Schuld am Tod der Mutter lag gefährlich nah. In einem therapeutischen Setting wäre es hier vielleicht möglich gewesen, mit ihm an seinen Schuldgefühlen zu arbeiten, doch im Rahmen des pädagogischen Trainings hielt ich dies nicht für sinnvoll. Ich wollte ihn nicht weiter mit seinen Erinnerungen beschäftigen, sondern zur eigentlichen Übung zurückkommen. Allerdings wollte ich seine Fantasien nicht unbeschwichtigt und ihn so mit der Idee zurückzulassen, dass Tiere (wie in seiner Erinnerung) qualvoll sterben, damit er ein Stück davon aufessen kann.

Um der Situation die Schärfe etwas zu nehmen sammelten wir Argumente auf der einen und auf der anderen Seite und stärkten damit auch seine Position. Dieses Beispiel war eines der wenigen, bei dem er relativ flexibel mit den Argumenten umgehen konnte und sie nicht gleich abgewiegelt hatte.

Immer wieder zeigt sich im pädagogischen DENKZEIT-Training die Grenze zu therapeutischer Arbeit. Die DENKZEIT-Trainer erfahren durch die ausnahmslos kognitive und schnelle spielerische Art, mit vorgegebenen Beispielen umzugehen, in der Regel schon nach 10 bis 15 Stunden gemeinsamer Arbeit, eine erstaunliche Nähe, in der Details zutage treten über Beschämungen, Traumatisierungen oder andere Belastungen, die im therapeutischen Kontext zur Auf- und Durcharbeitung dienlich wären. Dennoch konzentrieren sie sich auch bei solchen Schilderungen auf die Arbeit mit den Inhalten des Manuals. Diese Beispiele werden mit den Werkzeugen des Trainings bearbeitet, nicht aber gemeinsam analysiert oder gar gedeutet. Unbewusste Aspekte oder Motive werden nur auf der Verhaltensebene und zumeist im Handeln des Trainers beantwortet. Die Abwehr selbst wird nicht explizit bearbeitet.

Es zeigte sich in diesem neuen Modul schnell, dass Markus' moralische Ansprüche an sich absolut überhöht und nicht einzuhalten sind. Er rang in Dilemmasituationen mit sich, weil er in Beispielen, in denen es nur zwei richtige, aber keine eindeutig »richtigere«, gesellschaftlich angepasstere, Lösung gab, mit seiner heteronomen Moralvorstellung nicht weiter kam. Eines Tages brachte er eine schriftlich ausgefertigte Hausaufgabe an, die die Jugendlichen nach jeder Stunde aufbekommen.

Die Hausaufgaben sind in der Regel Denkaufgaben, die an den Inhalt der Sitzung anknüpfen. Sie dienen dazu, den Klienten über die Sitzung hinaus

mit den erarbeiteten Themen zu beschäftigen und die erarbeiteten Analyse-
methoden auf eigene Beispiele selbstständig anzuwenden.

Seine Hausaufgabe war, darüber nachzudenken, welche moralischen
Regeln für ihn gelten würden, und deshalb brachte er eine Aufzählung
mit moralisch hochwertigen, pauschalen, aber in Markus' Alltag kaum
erfüllbaren Regeln mit. Hier ein kurzer Auszug aus einer langen Liste,
der zeigt, welche Anforderungen der junge Mann an sich stellte:

➤ Man soll nicht fremdgehen.
➤ Man soll seine Familie achten.
➤ Man soll zu dem stehen, was man verbrochen hat.
➤ Man soll gegenüber älteren Menschen höflich sein, soweit auch diese
   nett sind.
➤ Man sollte seine Familie beschützen vor bösen Jugendlichen.
➤ Man soll keine Drogen nehmen, die einem schaden könnten.
➤ Man soll sich jeden Tag hygienisch sauber halten.

Mit dieser Auflistung von Ansprüchen, die Markus an sich stellt, wurde
einmal mehr deutlich, wie strikt und starr er sich sein moralisches Re-
gelwerk entworfen hatte.

Die Summe aller Antworten und Beispiele des Moduls zeigten ein
unbewegliches und gleichzeitig unbarmherziges Gewissen. Dieses geradezu sadistische Über-Ich konnte ihm in moralischen Konflikten
kaum ein praktikabler (und schon gar kein wohlwollender) Ratgeber
sein. Er begegnete insbesondere der Frage der Schuld mit einfachen
Rationalisierungen und manchmal auch Verleugnungen. Solche Rati-
onalisierung zeigte sich zum Beispiel in der Schilderung seiner Autodiebstähle: Markus hatte mit einigen Freunden regelmäßig teure Autos
gestohlen und ins Ausland gefahren, um sie dort zu verkaufen. Auf dem
Rückweg hatten sie Drogen und Alkohol besorgt, waren zu Prostitu-
ierten gegangen und hatten »Party gemacht«. Er fühlte sich dafür nicht
schuldig, weil die Autos »ja nur von reichen Leuten« waren. Sie waren
für die Diebstähle in Bezirke gefahren, die sie für »Villengegenden«

hielten und hatten nur teure Autos auserwählt. Eine »Ente« hätten sie nie gestohlen, erklärte er. Er rechtfertigte sein Verhalten damit, dass die Besitzer offenkundig genug Geld hätten, und fantasierte, dass sie sich regelmäßig ausschweifende und kostspielige Vergnügen gönnen würden. Außerdem glaubte er, dass die meisten dieser »Villenbesitzer« ohnehin (ungerechterweise) mehrere Autos hätten. Darüber hinaus entstünde diesen reichen Menschen nicht mal ein Schaden, denn sie bekämen das Geld ja von der Versicherung wieder. Als weitere Rechtfertigung zog er heran, dass derjenige, der sein »teures Auto zum Protzen auf der Straße rum stehen lässt«, selbst Schuld sei.

Ein weiteres Beispiel war ein Dialog über seinen Aufenthalt in der JVA:

ER: »Glauben Sie mir, ich habe das echt bereut, nach einem Jahr, da kann man einfach nicht mehr ständig daran denken.«

ICH: »Sind Sie wütend über die Situation?«

ER: »Ja, schon – immer ein bisschen – nicht doll, manchmal merke ich es gar nicht mehr.«

ICH: »Worauf sind Sie wütend?«

ER: »Auf den Staat natürlich!«

Allerdings gab es Momente, in denen ihm dennoch bewusst wurde, dass er sich schuldig gemacht hatte. Ob diese Einsicht allerdings konventionellem Niveau moralischen Denkens (vgl. Kohlberg 1996) entstammt, bleibt fraglich. Gleichzeitig scheinen seine Verleugnungsstrategien durch, wie in einem Gespräch, das nur wenige Stunden entfernt lag:

ER: »Wenn ich das abgesessen habe, dann ist das auch weg – zumindest einerseits.«

ICH: »Und andererseits?«

ER: »Na ja, man denkt schon daran, was man gemacht hat, aber mir ist das auch egal, aber wenn ich daran denke, frage ich mich, wieso ich das gemacht habe und dann fühlt man sich schuldig – so moralisch irgendwie.«

ICH: »Bereuen Sie ihre Straftaten?«

ER: »Nein, nur den Autodiebstahl. Das andere hat der (Ivan, Anm. d. Verf.) verdient.«

Markus zeigt eine interessante und in der Pädagogik wenig beachtete Problematik auf: Wie können Straftäter ihre reale Schuld verarbeiten? Reicht es, die Strafe abgesessen zu haben? Oder muss etwas aktiv getan werden? Wir begegnen im Laufe der Arbeit Jugendlichen, die sich weigern, einen Antrag auf vorzeitige Entlassung aus der JVA zu stellen, weil sie glauben, nur durch das »Absitzen« der gesamten (im Namen des Volkes ausgesprochenen) Strafe, nach der Entlassung auch moralisch wieder frei sein zu können. Doch was bieten wir schuldig gewordenen Jugendlichen an, um die Schuld anzunehmen, zu integrieren und ggf. wieder gut zu machen? Und wie bemisst sich überhaupt das Maß der Schuld? Die juristischen Gesetzestexte sind dazu wohl kaum geeignet.

Auch im DENKZEIT-Training können wir solche Fragen nicht generell beantworten und müssen es unseren ausgebildeten Pädagogen überlassen, individuelle Lösungen zu finden. Allerdings gehen wir davon aus, dass der Jugendliche nicht unschuldig ist, nur weil seine Beweggründe verständlich sind und sein Leben voller Beschädigungen verlief. Die meisten Jugendlichen, die zu uns ins Training kommen, haben es schwer gehabt, wurden wenig gefördert und hatten Eltern, die sich für ihre Kinder unzureichend interessierten. Dennoch sind diese Kinder nicht nur Ergebnis ihrer Sozialisation. Wir sind überzeugt, dass ihnen nicht damit gedient ist, sie als Opfer ihrer Verhältnisse zu betrachten, sondern als selbstverantwortlichen Menschen ernst zu nehmen. Sie leben nun einmal in konflikthaften Situationen und müssen sich in diesen zurechtfinden.

In einer unserer folgenden Sitzungen fragte mich Markus (wie eigentlich alle Jugendlichen im Verlauf des Trainings), warum ich mich für die Arbeit mit Straftätern entschieden hätte.

Ich versuchte ihm zu erklären, dass ich an anderen Menschen interessiert sei. Mich würden seine Ansichten und Einstellungen interessieren und ich würde gern verstehen, wie er sie entwickelt habe. Er entgegnete spontan, dass er mit den meisten Menschen schlechte Erfahrungen gemacht hätte und wir uns in diesem Punkt bestimmt unterschieden. In seinem Leben sei es hilfreich gewesen, fremden Menschen zunächst zu misstrauen. Wie hätte ich dieser Idee widersprechen können? Wägt man Kosten und Nutzen seines Misstrauens ab, so musste ich eingestehen, dass die Folgen eines erneuten Irrtums für ihn dramatisch zu sein schienen und deshalb die Kosten für ein ungerechtfertigtes Misstrauen aufwogen.

Vielleicht, so hoffte ich, würde Markus mit mir jemandem begegnet sein, der ihn nicht für seine Zwecke verwendet hätte. Jemand, der ihn aushält und sich stabil und transparent verhält und den Rahmen achtet. Vielleicht würde das weiter in ihm wirken und ihm helfen, Vertrauen zu entwickeln. Ein gutes Objekt, das er behalten und befragen könne. Vielleicht war das aber auch zuviel erhofft.

Wieder hatten Trainerin und Jugendlicher einen Abschnitt hinter sich gelassen und gelangten in das sogenannte »Freie Training«. Ziel des »Freien Trainings« ist, das Gelernte zu verfestigen und die »Werkzeuge« des DENKZEIT-Trainings auf Situationen anzuwenden, die dem Alltag des Jugendlichen entstammten. Die Sitzungen, die bisher zweimal pro Woche stattgefunden hatten, reduzierten sich auf eine Stunde pro Woche. Der DENKZEIT-Teilnehmer ist nun aufgefordert, eigene Beispiele mitzubringen, an denen Trainer und Klient gemeinsam arbeiten. Dabei wählen sie aus, mithilfe welchen Instrumentes das am besten gelingen kann. Mal kann der kognitive Problemlösungsprozess des ersten Moduls geeignet erscheinen, mal ist das Problem vielleicht eher affektiver Art und wird mit »Werkzeugen« des zweiten Moduls bearbeitet, mal handelt es sich um eine moralische Frage und man nähert sich der Antwort mit den Inhalten des dritten Moduls. Das Freie Training zielt auf den Transfer in die Lebenswelt des Jugendlichen, ohne den die Inhalte des DENKZEIT-Trainings nicht haltbar verankert werden können. Es ist unstrittig, dass sich die Wirksamkeit eines Programms erhöht, wenn es mit der Alltagsrealität verknüpft wird. In einem geschützten Rahmen mehr oder weniger künstliche Beispiele zu analysieren genügt nicht, um das Denken und damit

Handeln nachhaltig zu verändern. Der Jugendliche soll erfahren, dass die geübten Strategien dazu taugen, »echten« Problemen beizukommen und zu einer befriedigenden Lösung zu gelangen. Auch wenn alle Beispiele im DENKZEIT-Manual eine Identifizierung anregen und von der ersten Stunde an Raum vorsehen, auch eigene Beispiele zu bearbeiten, so ist das Freie Training explizit darauf angelegt, dem Jugendlichen die Verantwortung zur Lösung seiner Probleme zuzumuten.

Markus fiel es zu Beginn des letzten Teils schwer, eigene Beispiele mitzubringen und ich musste aufpassen, dass wir nicht in eine seichte Plauderei verfielen. Doch allmählich nahm er die neue Rolle an.

In der 33. Stunde kam er niedergeschlagen zum Training. Auf Nachfrage erzählte er, dass er frustriert sei. Er habe vier Tage damit verbracht, darüber nachzudenken, dass alles »so unübersichtlich« geworden sei, seit das Training begonnen habe: »Man weiß nie, also kann nicht sicher sein, was passiert oder was einer denkt – nur zu 80 %«; was ich als Erfolg ansah, fühlte sich für ihn wie das Gegenteil an und beschäftigte uns über mehrere Stunden. Mir schien, als würden sich in seine einfache, aber starre »Schwarz-Weiß-Einteilung« langsam einige Grautöne mischen. Wenn er seine inneren Objekte weniger drastisch in »gut« und »böse« einteilen würde, würden ihm sicher einige innere Konflikte erspart bleiben. Ich hoffte, dass er irgendwann etwas gnädiger mit sich und anderen Menschen umgehen könnte.

Ein großes Thema des »Freien Trainings« waren der Umgang mit und die Gedanken über seinen Vater. Zunächst hatte er Mühe auszusprechen, dass er seinen Vater hasst (»der ist ja immerhin mein Vater«). Er erzählte mir, dass er sich manchmal den Tod des Vaters herbeiwünschte und fantasierte, ihn zu töten. Ich konnte beide Gedanken gut nachvollziehen und es wurde ihm nur langsam leichter, die Gegensätze in sich auszuhalten.

Markus hatte allerdings Angst, dass er bei einem tatsächlichen Kontakt die Grenze zwischen Denken und Handeln nicht aufrecht halten könnte, wie so oft in Situationen, in denen es zu Körperverletzungen gekommen war. Auch das war gut nachvollziehbar und ich war beeindruckt, wie bewusst Markus über die Gefahr sprechen konnte. Wir versuchten Strategien zu finden, mithilfe derer er bei einem realen Kontakt mit dem Vater kontrolliert bleiben könne (z. B. eine Freundin mitnehmen, die beruhigend wirkte, den Vater in der Öffentlichkeit treffen oder bestimmte Themen aussparen). Er erzählte, dass er vorzeitig hätte entlassen werden können, wenn der Vater dem Wunsch seines Sohnes nachgekommen wäre, ihn bei sich aufzunehmen. Markus war wahnsinnig traurig und enttäuscht, malte sich in seiner Fantasie aus, was er ihm antun könnte und schwor, nie wieder Kontakt aufzunehmen. In einer späteren Sitzung erzählte er, er habe seinen Vater zufällig auf der Straße getroffen und sei mit ihm gemeinsam etwas trinken gegangen. Wie es war? »Schön.«

Die Ambivalenz bleibt. Vor allem, wenn Markus selbst glaubte, seinem Vater ähnlich zu werden, war er besonders wütend auf ihn. Einmal hatte der Jugendliche seine Freundin wegen einer Nichtigkeit brutal geschlagen; als ihm klar wurde, dass er im Begriff war, wie sein Vater zu handeln, ließ er sofort von ihr ab und zog sich erschrocken zurück.

Einmal mehr wurde mir die Grenze meiner Handlungskompetenz deutlich. In einer Therapie hätte er die Traumatisierung aufarbeiten und vielleicht mit seinem Vater Frieden schließen können, im DENKZEIT-Training konnte er nur Strategien entwickeln, um mit den bedrohlichen Situationen besser umzugehen. Die Gründe dafür wurden jedoch nicht »behandelt«.

Das Freie Training ist auch die Zeit des Rückblickes und der Verabschiedung und wir fragten uns, ob und wann er begonnen hatte, sein Leben zu ändern. Er antwortete spontan: »Das war der Knast. Da geht man unter, wenn man sich nicht mit den anderen beschäftigt, dann hat man 30 bis 40 Feinde. Was soll ich damit?« Zeigt diese Aussage nicht mehr als deutlich, dass pädagogische Arbeit manchmal auch darin bestehen kann, die gesellschaftlichen Grenzen deutlich aufzuzeigen?

In einer der letzten Sitzungen zeigte er mir, dass wir mit dem DENKZEIT-Training nicht nur ein hartes Stück Beziehungsarbeit hinter uns gebracht hatten (normalerweise brach er Maßnahmen plötzlich ab und auch bei uns gab es ja Tendenzen, sich zu entziehen), sondern die Inhalte des Trainings mit seinen Erfahrungen und Gedanken verknüpft hatte. Er habe im Grunde nichts Neues gelernt (»das war alles schon in mir«), nur hatte er darüber vorher noch nicht nachgedacht, jetzt sei es »klarer« geworden. Das war wohl ein Erfolg.

Allerdings bleibt die Frage, welche konkreten Fortschritte Markus durch das Training hatte machen können, unbeantwortet. Gab es (messbare) Veränderungen? Oder können solche Reifungsprozesse nicht gemessen werden? Reicht es, eine gute Beziehung zu erleben? War unsere Beziehung dafür tragfähig genug? Und wäre es nicht ebenso hilfreich oder hilfreicher gewesen, wenn er eine nette Freundin hätte, die ihn hier und da begrenzt und liebevoll mit ihm umgeht?

In der letzten Sitzung bringt er mir seine letzte selbst gewählte schriftliche Hausaufgabe mit. Er habe aufgeschrieben, wie er sich im Laufe des Trainings gefühlt hatte, weil er auf diese Frage in der letzten Stunde nicht richtig geantwortet hatte. Hier ein Auszug aus seinem Text: »Ja, um auch diese Frage zu beantworten, wie ich mich gefühlt habe bei den Sitzungen immer. Na ja, ab und zu geborgen und manchmal fühlte ich mich nicht betrogen, lustig war es auch.«

Unser Abschied war gekommen: Ich übergebe Markus das Zertifikat, das alle Jugendlichen am erfolgreichen Ende des Trainings bekommen. Er sei stolz, dass er es geschafft habe, und ein bisschen froh sei er auch, dass er nicht mehr kommen müsste. Dann begann er mich zu trösten. Ich solle nicht traurig sein, ich könne ihn ja auch anrufen, wenn ich wollte, er würde sich auch mal melden. Wie zu Beginn des Trainings vertauschte er die Rollen und sprach vielleicht das aus, was er gern gehört hätte. Er stand auf, gab mir die Hand und lächelte mich an: »Tschüß Frau Friedmann ...« »Tschüß, Herr O., ich wünsche Ihnen alles Gute!« Dann nahm er sein Zertifikat und ging zügig aus der Tür.

Das »Freie Training« endet mit dem Abschied. Die Beziehung endet. Der Rahmen des Trainings sieht 40 Sitzungen vor und ebenso wie das Training den vereinbarten, gemeinsamen Regeln unterworfen ist, ist auch das Ende unverrückbar. Selbstverständlich gibt es einige Jugendliche, für die es hilfreich wäre, noch weiterhin mit dem DENKZEIT-Trainer zusammenzuarbeiten. Nicht für alle ist die künstliche Zahl von 40 Einzelsitzungen ideal, doch wir glauben, dass ein klares Ende und ein respektvoller Abschied für den Jugendlichen eine gute Erfahrung sein kann. Auch in der letzten gemeinsamen Szene wird deutlich, dass sich der Trainer unbeirrbar an den Rahmen hält. Das Training endet, wie in der ersten Sitzung bereits besprochen, und der Trainer bleibt den gemeinsamen Regeln unterworfen. Wir glauben, dass eine Verlängerung (und damit ein Rahmenbruch) der gemeinsamen Arbeit auch dazu führen könnte, dass der Jugendliche den Inhalt in Frage stellt. »Wenn diese Grenze verrückbar war, waren es die anderen dann nicht auch?«, wird er sich vielleicht fragen und möglicherweise wird damit rückwirkend die Beziehung vergiftet.

Doch was hat Markus gelernt? Reicht es, dass er sich »manchmal nicht betrogen« gefühlt hat oder ab und zu »Spaß« hatte? Wir wissen aus umfangreichen Evaluationen, dass das DENKZEIT-Training im Sinne einer Delinquenzreduktion signifikant wirksam ist(vgl. Körner 2006), doch so wichtig diese Frage auch ist, so sehr drängt sich eine andere in den Vordergrund, nämlich: Für *wen* ist das Training geeignet? Auch wenn wir das DENKZEIT-Training für eine fundierte, wirksame und auch ansonsten großartige Methode halten, so glauben selbst wir nicht, dass es die »allheilbringende« Methode ist. Müssten wir nicht vielmehr herausfinden, welche Jugendlichen sich davon ansprechen lassen und welche lieber eine andere Maßnahme zugewiesen bekommen sollten?

Wirken Maßnahmen besonders gut, in denen sich die Jugendlichen besonders wohl gefühlt haben? Wir glauben das nicht. Wenn wir Markus befragen, ob er sich jetzt wohler fühlt als vor dem Training, dann wird er sagen, dass alles etwas verwirrender ist (»man kann sich nie sicher sein, was einer denkt«). Wir glauben auch nicht, dass man die Jugendlichen direkt befragen kann. Sie würden entweder sozial angepasst antworten, oder mutig sein, wie ein anderer Jugendlicher, der vor dem DENKZEIT-Training ständig in aggressive Auseinandersetzungen geriet, weil er sich provoziert fühlte und in seiner letzten Stunde bedauernd zugab: »Ich habe mich nicht geändert, nur die anderen, die sind anders geworden. Die sind nicht mehr so auf Streit aus.«

Welche innere Bewegung Markus durch das DENKZEIT-Training gemacht hat und ob das DENKZEIT-Training die beste Maßnahme für ihn war, werden wir vermutlich nie erfahren.

Literatur

Blakeney, Charles D. & Blakeney, Ronny A. (1991): Understanding and reforming social misbehavior among behaviorally disordered adolescents. Behavioral Disorders 16, 120–126.

Crick, Nicki R. & Dodge, Kenneth A. (1994): A review and reformulation of social information-processing mechanism in children's social adjustment. Psychological Bulletin 115, 74–101.

Dodge, Kenneth A. (1993): Social-cognitive mechanisms in the development of conduct disorder and depression. Annual Review of Psychology 44,559–584.

Fonagy, Peter (1998): Frühe Bindung und die Bereitschaft zu Gewaltverbrechen. In: Streeck-Fischer, Annette (Hg.): Adoleszenz und Trauma. Göttingen (Vandenhoeck & Ruprecht), S. 91–127.

Goffman, Erving (1980): Rahmen-Analyse. Ein Versuch über die Organisation von Alltagserfahrungen, Frankfurt a.M. (Suhrkamp).

Kohlberg, Lawrence (1996): Die Psychologie der Moralentwicklung. Frankfurt a.M. (Suhrkamp).

Körner, Jürgen (2006): Wirksamkeit ambulanter Arbeit mit delinquenten Jugendlichen. DVJJ, Zeitschrift für Jugendkriminalrecht und Jugendhilfe 3, 267–275.

Körner, Jürgen & Friedmann, Rebecca (2005): Denkzeit für delinquente Jugendliche. Theorie und Methode dargestellt an einer Fallgeschichte. Freiburg i.Br. (Lambertus-Verlag).

Lösel, Friedrich & Bliesener, Thomas (2003): Aggression und Delinquenz unter Jugendlichen. Untersuchungen von kognitiven und sozialen Bedingungen. München, Neuwied (Luchterhand).

Streeck-Fischer, Annette (2004): Selbst- und fremddestruktives Verhalten in der Adoleszenz – Folgen von Traumatisierung in der Entwicklung. In: Streeck-Fischer, Annette (Hg.): Adoleszenz – Bindung – Destruktivität. Stuttgart (Klett-Cotta), S. 10–41.

Weyers, Stefan (2004): Moral und Delinquenz. Moralische Entwicklung und Sozialisation straffälliger Jugendlicher. Weinheim, München (Juventa).

Was erwarten wir in der Arbeit mit Menschen, die schuldig geworden sind?

Versuch einer psychoanalytisch-pädagogischen Perspektive auf den Fall Markus

Jürgen Körner

Die Psychoanalyse als klinische Methode befasste sich von Anfang an mit den schweren, folgenreichen Schuldgefühlen ihrer Patientinnen und Patienten. Im Mittelpunkt standen insbesondere die »klassischen« Trieb-Abwehr-Konflikte, die, nachdem Freud die Traumatheorie in eine Konflikttheorie verwandelt hatte, vollständig intrapsychisch verstanden werden konnten: Die Patienten fühlten sich schuldig für eine fantasierte Tat oder auch nur für eine Absicht oder einen Wunsch, der sie in Konflikt mit internalisierten Normen gebracht hatte. Auch wenn reale, »auslösende« Ereignisse die Konfliktdynamik angestoßen hatten, wie z. B. im Fall »Katharina« (Freud 1895) oder auch im Fall der »Dora« (Freud 1905), entfaltete sich die Konfliktdynamik doch zwischen einer Fantasie einerseits und einem internalisierten, strengen Verbot andererseits. Die »klassischen« Neurosen, die Zwangsneurosen und die hysterischen Neurosen bis in die 60er und 70er Jahre des vorigen Jahrhunderts waren von solchen Trieb-Abwehr-Konflikten geprägt. Dabei waren es durchaus nicht nur sexuelle Fantasien, welche in Konflikt mit inneren Verboten traten. Der Begriff der »Individuationsschuld« kennzeichnet z. B. das Schuldgefühl angesichts des eigenen Wunsches, sich von der primären Bezugsperson abzulösen und eigene Wege zu gehen. Und im Falle des »Kleinen Hans« beschreibt Freud (1909) einen kleinen Jungen, der auch von Schuldgefühlen geplagt wird, die ihren Ursprung in seinen aggressiven Wünschen gegenüber dem eigenen Vater hatten.

Die Patienten, die unter einem Trieb-Abwehr-Konflikt leiden, fühlen sich also schuldig, aber diese Schuldgefühle wurzeln durchaus nicht in bösen Taten, sondern ein maßlos strenges Gewissen oder innere »Objekte«, also streng urteilende Personen, stellen schon die Absicht oder auch nur den Gedanken an eine böse Tat unter schwere, zuweilen sadistische Strafandrohung. Dieser Konflikt kann so ängstigen, dass der Patient zu radikalen Abwehrmaßnahmen greift, um – wenigstens im Bewussten – ungeschehen zu machen, was nicht erträglich wäre. Im Krankheitsfalle greift er zusätzlich auf Symptome zurück, die den inneren Konflikt still stellen, aber manchmal – wie beim »Kleinen Hans« – in entstellt-symbolischer Form zum Ausdruck bringen. In einfachen Fällen kann es in der psychoanalytischen Therapie dann genügen, die inneren, unbewusst wirkenden Verbote bewusst zu machen und dem Patienten zu helfen, sie zu relativieren. Der Patient soll darin ermutigt werden, die bislang gefürchteten und unterdrückten Teile seines Selbst in sich wahrzunehmen und gegen die verbietenden Einsprüche seines Über-Ichs bzw. seiner internalisierten Beziehungspersonen zu verteidigen.

Diese »triebfreundliche« Haltung der Klinischen Psychoanalyse ließ sich verallgemeinern zu einer pädagogischen Idee: Die vielfachen psychoanalytischen Erfahrungen in der Arbeit mit Patienten, die unter Triebeinschränkungen gelitten hatten, begründeten eine pädagogische Idee antirepressiver Erziehung. Die Hoffnung war, dass sich die Kinder, die von strengen, kulturell erzeugten Verboten verschont würden, zu freieren, weniger schuldbeladenen Persönlichkeiten entwickeln würden. Sigmund Freud schrieb schon in seinem *Unbehagen in der Kultur* (1930) darüber, dass die Individuen in einer hoch entwickelten Zivilisation immer weitergehenden Einschränkungen unterworfen sind und vielleicht Zweifel entwickeln könnten, ob diese Opfer in einem akzeptablen Verhältnis zum Glücksversprechen einer Gesellschaft stünden. Herbert Marcuse hat diesen Gedanken in *Triebstruktur und Gesellschaft* (1965) aufgegriffen und zu einer seinerzeit viel beachteten Kulturkritik weiterentwickelt.

Die Psychoanalyse befasst sich also nicht mit realer Schuld, sondern mit jenen Schuldgefühlen, die als Folge einer inneren, verbietenden, zuweilen auch sadistischen Instanz aufkommen. Psychoanalytiker sind daher stets unsicher über das angemessene Verhältnis von realer Schuld und Schuldgefühlen. Das gilt sowohl in den Fällen sehr starker Schuldgefühle, aber auch dann, wenn ein Individuum – wie im Falle des Jugendlichen Markus – angesichts mutmaßlich schwerer Straftaten doch nur schwache Schuldgefühle zu empfinden scheint. Der Jugendliche Markus hatte ja im Falle seines brutalen Angriffs auf den anderen Jugendlichen im Heim mehrfach betont, dass der es »verdient« habe.

Die Psychoanalyse bleibt also gegenüber realer Schuld indifferent. In der klinischen Arbeit lässt sie offen, wie eine Tat oder auch nur eine Absicht bewertet werden sollte. Gesellschaften, die sehr darauf angewiesen sind, dass die normative Orientierung der Menschen nicht in Frage gestellt wird, bewerten diese indifferente Haltung der Psychoanalyse als subversiven Angriff auf ihre Tugenden. Deswegen – und nicht nur, weil sie als »jüdische« Wissenschaft galt – war die Psychoanalyse in der Nazizeit als gefährlich eingeschätzt worden, und auch in der DDR wurde sie weitgehend verboten, weil man ihren subversiven Charakter sehr wohl erkannt hatte.

Nun ist es eine Stärke der Psychoanalyse, dass sie im individuellen Falle und auch in der Betrachtung gesellschaftlicher Entwicklungen die »Kosten« einer *stark triebeinschränkenden*, repressiven Erziehung aufdeckt. Die Studien über den »autoritären Charakter« von Horkheimer und Adorno (Adorno 1973) sind als derartige Dekonstruktion zu lesen: Autoritäre Unterdrückung führt zur Unterwerfungsbereitschaft und Neigung, abgewehrte Aggressivität auf Randgruppen und überhaupt Andersartige zu lenken. In dieser Stärke, in diesem Wertrelativismus aber liegt auch eine Schwäche der Psychoanalyse: Sie kann nämlich zur Begründung von Moral nichts beitragen. Sie dekonstruiert, auf welchen Wegen ein Mensch tugendhaft wird oder nicht und in welchem Maße Schuldgefühle dabei eine Rolle spielen, aber sie kann selbst nichts zur Rechtfertigung von Tugenden beitragen und auch nichts zur Grundlegung einer Erziehung zur Tugendhaftigkeit. Jede Pädagogik, die die Erkenntnisse der Psychoanalyse über Entwicklung und Fehlentwicklung von Menschen einbezieht, sollte dieser Begrenzung gewahr sein: Zur Begründung und Herbeiführung von Erziehungszielen taugt die Psychoanalyse nicht.

Im Falle des Jugendlichen Markus könnte die Psychoanalyse vermutlich dazu beitragen, die Geschichte seiner Entwicklung und Fehlentwicklung zu dekonstruieren. Aber sie wäre überfordert, wenn sie eine Veränderung des Jugendlichen erreichen sollte. Was also könnte sie dann beitragen für die pädagogische Arbeit mit Markus, in diesem konkreten Fall?

Hier nun könnte sich erweisen, dass die »Schwäche« der Psychoanalyse, nämlich ihre Indifferenz gegenüber realer Schuld im therapeutischen und auch im pädagogischen Kontext, zu einer Stärke werden könnte: Denn die Frage, wie schwer die Schuld des Jugendlichen Markus wiegt und wie er diese Schuld verarbeiten könnte, tritt – zumindest für den Augenblick – zurück hinter die Frage nach der Bedeutung seiner Taten in seiner Innenwelt. Dann könnte jenes »der hat es verdient« möglicherweise als eine unbewusste Botschaft an den Vater verstanden werden, der es damals schon »verdient« hatte, dass Markus ihm zwei Zähne ausschlug, und der, schuldig geworden am Tod der Mutter, selbst vielleicht den Tod verdient hat. Oder die Wut des Jugendlichen Markus, von den Polizisten gestellt worden zu sein, wäre aus der Angst geboren, nun doch eine »Kröte« zu sein, die wieder einmal »Ärger gemacht« und schwere Prügel verdient hat.

Ein solches Verständnis braucht der psychoanalytisch orientierte Pädagoge nicht nur, um die Tat zu deuten und ihren latenten Sinn zu verstehen, sondern auch, um eine eigene Haltung in seiner Beziehung zu dem Jugendlichen zu finden. Ausgangspunkt hierfür ist die Frage, welche Rolle der Pädagoge auf der inneren Bühne seines Klienten, des Jugendlichen in diesem Falle, spielen soll. Der Pädagoge weiß, welche Personen auf dieser inneren Bühne bereits vorkommen: Ein Vater als sadistisches Introjekt, eine Mutter als Ikone, die sich zu Tode hungerte und die es unerträglich schmerzen würde, wenn sie von den Untaten ihres Sohnes erführe. Außerdem tritt dieser Sohn selbst auf seiner eigenen inneren Bühne auf, er weiß von sich, dass er böse ist, aber er will doch irgendwie leben und will kein Frosch sein.

Auf dieser inneren Bühne des Jugendlichen wird auch der Pädagoge einen Platz finden müssen. Markus wird ihm wohl kaum die Rolle eines vertrauenswürdigen, vielleicht sogar liebevollen oder gar bewundernswerten Menschen zuschreiben wollen. Dazu fehlen ihm in seiner wüsten inneren Welt die Vorlagen, die positiven Arbeitsmodelle, auf die er in seiner Beziehung zum Pädagogen zurückgreifen könnte. Wahrscheinlicher ist es also, dass Markus in dem Pädagogen auch eine Person sehen will, die es vielleicht »verdient« hat, zumindest vorsichtshalber, weil er annimmt, dass ein Irrtum, eine Enttäuschung nach positiver Beziehungserwartung subjektiv ungleich schmerzhaftere Folgen hätte als ein gegenteiliger Irrtum (Körner/Wysotzki 2006). Der Pädagoge sollte also zunächst damit zufrieden sein können, wenn er in der inneren wüsten Welt des Jugendlichen »überlebt«, wie Winnicott meinte. Er muss versuchen, die Zumutungen der Rollenzuschreibungen hinzunehmen und auch damit rechnen, dass der Jugendliche versuchen wird, seine negativen Erwartungen an Pädagogen auch in diesem Falle eingelöst zu finden, sei es, dass er ihn provoziert, sei es, dass er ihn dazu verführt, auf die Forderung zu verzichten, die Realität des Rahmens anzuerkennen.

Zunächst geht es also um die Haltung des »Überlebens«. Wie könnte aus dieser Haltung eine Bewegung, eine Veränderung werden? Solange Markus seinen sadistischen Vater als dominantes Introjekt mit sich herumträgt, wird er wohl versuchen, Menschen, die es in ähnlicher Weise »verdient« haben könnten, anzugreifen und vernichten zu wollen. An dieser Stelle aber könnte die psychoanalytisch begründete pädagogische Arbeit ansetzen: Dem Jugendlichen zu helfen, die wüste Welt seiner inneren Objekte zu befrieden, indem er schrittweise akzeptiert, dass in dieser inneren Welt nicht nur grausame und willkürliche Menschen vorkommen müssen. Wenn es dem Pädagogen gelingt, vom Jugendlichen als bedeutungsvoller anderer überhaupt akzeptiert zu werden, dann wäre ein erster Schritt zur Befriedung dieser inneren Welt getan.

Aber wie kann das geschehen? Der Pädagoge könnte den drängenden Übertragungen und projektiven Identifizierungen dadurch ausweichen, dass er sich in seiner Haltung gegenüber dem Jugendlichen auf etwas Drittes, auf die gemeinsame Arbeit, etwa auf die Ziele eines Programms, bezieht. Ein Arbeitsbündnis ist auch in der Hitze der Übertragung dann stabil, wenn sich in ihm nicht nur zwei subjekthaft gestaltete Beziehungsentwürfe begegnen, sondern wenn die Beteiligten wissen, dass es gemeinsame Aufgaben gibt, die ihrer Beziehung ihren Sinn und ihrer Arbeit eine Richtung verleihen. Konkret: Wenn der Pädagoge mit seinem Jugendlichen ein Programm durcharbeitet, dann soll der Jugendliche lernen, dass sich der Pädagoge in seinen Beiträgen an diesem Programm und den dort vorgeschriebenen Zielen orientiert, dass er also nicht willkürlich oder gar sadistisch handelt. Der Jugendliche muss erkennen können, dass die Aufgaben der gemeinsamen Arbeit nicht dem Pädagogen »gehören«, sondern dass dieser sich ebenso dem Programm unterwirft wie er es von dem Jugendlichen erwartet. Damit bringt er – *Pars pro Toto* – die Realität zur Geltung, die von sich aus Beachtung fordert und deren Missachtung Konsequenzen nach sich zieht.

Zurück zur Frage des Umgangs mit eigener Schuld: Die Schuld des Jugendlichen Markus war regelmäßig – nimmt man einmal die Autodiebstähle von dieser Aufzählung aus – Schuld an anderen Menschen. Er schien wenig Mitgefühl zu empfinden, weder im Falle des Polizisten noch im Falle des Jugendlichen, den er so schwer verletzte. Was könnte Markus bewegen, sein Verhältnis zu seiner Schuld, zu seinen Taten zu überdenken und möglicherweise anders zu bewerten? Erfahrungsgemäß hilft es wenig, wenn ein Jugendlicher verhaltenstheoretisch fundierte Programme durchläuft, und ganz sinnlos ist es nach aller Erfahrung, ihn in autoritär geführten Einrichtungen zu dressieren, denn nach Abschluss dieser Programme ist die Rückfallquote sehr hoch, weil der Jugendliche die ihm aufgezwungenen Normen nicht verinnerlicht hat. Sie sind ihm äußerlich, fremd geblieben, und der Jugendliche kann sie, wenn die Verhaltenskontrolle nachlässt, auch leicht wieder von sich werfen.

Auch genügt es nicht, dem Jugendlichen kognitive Kompetenzen, z.B. die Fähigkeit zur Realitätswahrnehmung, zur Abschätzung von Handlungsfolgen und zur Kontrolle der eigenen Affekte zu vermitteln, auch wenn diese Fähigkeiten eine notwendige Voraussetzung sind, um überhaupt sozial bezogen handeln und solche Handlungen vermeiden zu können, mit denen er sich schuldig machen würde. Die Fähigkeit eines Jugendlichen, über einen gewalttätigen Übergriff gegen andere Schuld zu empfinden, gründet nicht allein (und nicht einmal überwiegend) in isolierten kognitiven Kompetenzen, sondern in dem Motiv, den anderen Menschen zu achten, psychoanalytisch gesprochen: ihn als einen liebenswerten anderen, als gutes »inneres Objekt« in sich abbilden zu können und zu wollen.

Dieses Ziel, den Jugendlichen anzuregen, seine »working models« über soziale Beziehungen zu ändern, geht über die Aufgabe, ein stabiles Arbeitsbündnis einzurichten, weit hinaus, und es ist sehr schwer zu erreichen. Denn warum sollte der Jugendliche mit seinem unsicher-vermeidenden, wenn nicht gar desorganisierten Bindungsmuster seine inneren »working models« von sozialen Beziehungen korrigieren? Gewiss muss der Versuch scheitern, einem Jugendlichen gezielt »korrigierende emotionale Erfahrungen« (Alexander 1956) zu stiften. Insbesondere dann, wenn ein Pädagoge versucht, in der Beziehung zu seinem Jugendlichen aktiv-betont die Rolle eines zugewandten, freundlichen und sympathischen Menschen zu spielen, wird er eine Korrektur der Arbeitsmodelle keinesfalls erreichen. Der Jugendliche würde das »Rollenspiel« durchschauen und für sich zu nutzen wissen.

Aber wie könnte es gelingen, einen Jugendlichen zur Änderung seiner inneren Modelle sozialer Beziehungen anzuregen, wenn man nicht in ein therapeutisches Setting wechseln will oder kann? Hierzu lassen sich nur Vermutungen anstellen. Sie gründen in den Erfahrungen, die in der Anwendung des DENKZEIT-Trainings – auch mit Markus – gemacht wurden und beziehen sich auf die wiederkehrende Beobachtung, dass ein Training der kognitiven Kompetenz der »theory of mind« (ToM) (Fonagy et al. 2004) auch die emotionale Qualität der Beziehungen verbessert. Dieser Effekt überraschte zunächst, weil es in der Psychologie lange Zeit und bis heute noch üblich war, Kognitionen und Emotionen voneinander getrennt zu betrachten, zu beforschen und mit Klienten isoliert zu trainieren. Und in der Tradition dieser Aufteilung musste man durchaus befürchten, dass ein Training der Perspektivenübernahme zwar dazu führen könnte, dass sich ein Jugendlicher in einen anderen – ein Opfer oder auch in einen Polizisten oder einen Warenhausdetektiv – gut hineinversetzen lernte, aber diese Kompetenz nur mehr dazu verwendete, sich nicht mehr erwischen zu lassen. Die gewachsene ToM-Kompetenz würde ihn noch nicht veranlassen, sozial bezogen urteilen und handeln zu wollen.

Die Erfahrungen in der Anwendung des DENKZEIT-Trainings lassen nun aber vermuten, dass dieser Befürchtung ein Irrtum zugrunde liegt. Es ist nämlich wahrscheinlich gar nicht möglich, einen anderen – z. B. einen DENKZEIT-Trainer – in sich abzubilden, ohne ihn zugleich emotional zu besetzen. Wenn ein Jugendlicher den Mut aufbringt, einen Pädagogen wirklich als den anderen, den eigenständigen Menschen – und nicht als Abziehbild seiner eigenen negativen Erwartungen – zu sehen, dann wird er diesem auch eine positive Bedeutung zuschreiben. Eine »theory of mind« schließt ja nicht nur die Erkenntnis ein, dass andere Menschen intentional handeln, sich also von Absichten und Zielen leiten lassen, sondern auch das Verständnis, dass jeder Mensch seine soziale Situation immer subjektiv mit ganz eigenen Deutungsperspektiven bewertet und ausgestaltet. Kann man diese Fähigkeiten erwerben, ohne sich für einen anderen Menschen zu interessieren?

Vermutlich nicht. Werner Greve schreibt 2007 in seiner Kritik an dem bisher vernachlässigten Zusammenhang von Bindung und Moral, dass individuelles moralisches Urteilen und Handeln offenbar nicht nur kognitive Kompetenzen, sondern auch Beziehungsfähigkeit voraussetzt. Emotionen und Kognitionen repräsentierten nach seiner Auffassung »eher unterschiedliche Perspektiven [...] als kategorial verschiedene Welten« (S. 259). Und wenn er das Argument anführt, dass ein emotional gefärbtes Arbeitsmodell menschlicher Beziehungen »schlechterdings nicht ohne kognitiven Gehalt vorstellbar« sei (S. 258), so lässt sich aus psychoanalytischer Perspektive – gleichsam aus der Gegenrichtung blickend – hinzufügen, dass eine Vorstellung von einem bedeutsamen anderen nicht ohne einen emotionalen Gehalt denkbar ist. Entscheidend ist allerdings, ob es gelingt, in dieser Vorstellung den anderen »für sich« abbilden zu können und nicht danach zu modellieren, wie er »für mich« sein soll: ein gefürchteter, vielleicht sadistischer Mensch, der »es verdient hat«, dass er vernichtet wird.

Die Frage nach dem Umgang mit schwerer Schuld ist damit noch nicht beantwortet. Sie wurde ersetzt durch die Frage, wie hilfreiche psychoanalytisch-pädagogische Beziehungen eingerichtet werden können. Hilfreich ist es gewiss nicht, dem Jugendlichen ein moralisches Bewusstsein aufdrängen oder andressieren zu wollen. Es genügt aber auch noch nicht, dem Jugendlichen zu helfen, bestimmte kognitive Kompetenzen – wie Perspektivenübernahme oder Theory of Mind – weiterzuentwickeln, obgleich diese Kompetenzen zweifellos notwendige Voraussetzungen für sozial bezogenes Handeln sind. Der Jugendliche soll sich identifizieren, aber nicht mit den Werturteilen des Pädagogen, sondern mit seiner Funktion, seiner Denkweise und seiner Methode, Probleme zu analysieren und zu eigenständigen Schlussfolgerungen zu kommen. Ob der Jugendliche nicht nur die kognitiven Fähigkeiten, sondern auch das Motiv zu sozial bezogenem Handeln entwickelt, wird davon abhängen, ob er den Pädagogen als einen Menschen »für sich« zu akzeptieren und zu achten lernt. Diesen Lernprozess kann man wohl nicht absichtsvoll herbeiführen, aber man kann hoffen, dass der Jugendliche in der Auseinandersetzung mit dem Pädagogen um einen gemeinsamen Lerngegenstand auch eine emotionale Bindung entwickelt. Denn niemand kann einem anderen erlauben, in wichtigen Fragen einflussreich zu sein, ohne ihn emotional zu besetzen.

Literatur

Adorno, Theodor W. (1973): Studien zum autoritären Charakter. Frankfurt a.M. (Suhrkamp).

Alexander, Franz (1956): Psychoanalysis and Psychotherapy: Developments in theory, technique, and training. New York (Norton)

Fonagy, Peter; Gergely, György; Jurist, Elliott L. & Target, Mary. (2004): Affektregulierung, Mentalisierung und die Entwicklung des Selbst. Stuttgart (Klett-Cotta).

Freud, Sigmund (1905): Bruchstück einer Hysterie-Analyse. GW V, S. 161–286.

Freud, Sigmund (1909): Analyse der Phobie eines fünfjährigen Knaben. GW VII, S. 241–377.

Freud, Sigmund (1930): Das Unbehagen in der Kultur. GW XIV, S. 419–506.

Freud, Sigmund & Breuer, Joseph (1895): Studien über Hysterie. GW I, S. 75–312.

Greve, Werner (2007): Die Entwicklung von Moral – Ursachen und Gründe. In: Hopf, Christel & Nummer-Winkler, Gertrud (Hg.): Frühe Bindungen und moralische Entwicklung. Weinheim, München (Juventa), S. 254–272.

Körner, Jürgen & Wysotzki, Fritz (2006): Die Rolle der Übergeneralisierung bei der Neurosenbildung. Forum Psa. 22, 321–342.

Marcuse, Herbert (1965): Triebstruktur und Gesellschaft. Ein philosophischer Beitrag zu Sigmund Freud. Frankfurt a.M. (Suhrkamp).

Was erwarten wir in der Arbeit mit Menschen, die schuldig geworden sind?

Der Fall Markus in sozialpädagogischer Perspektive[1]

Burkhard Müller

»Reale Schuld ist nicht Gegenstand der Psychoanalyse« (Hirsch 1997, S. 65), sondern die Verarbeitung der seelischen Folgen, sei es realer, sei es imaginierter Schuld im Schuldbewusstsein. Pädagogik soll, nach Herman Nohls berühmter Formel, die objektiven Forderungen von Kultur und Gesellschaft »umdrehen« zur Frage nach dem Sinn, den diese Forderungen für »das subjektive Leben des Zöglings« haben (vgl. Nohl 1970, S. 127). Beides wird schwierig, wenn es um Adressaten geht, die mit den realen Folgen von Schuld konfrontiert sind, als Opfer, als Täter oder als beides zugleich. Die Herausforderungen der Ungewissheiten einer »relationalen Professionalität« (Köngeter 2008) steigern sich hier notwendigerweise, auch weil es sich um Klienten handelt, die man sich kaum nach Erfolgswahrscheinlichkeit aussuchen kann und bei denen die Bewältigung aktueller Konflikte auf schwierige Weise mit der Bearbeitung alter Wunden und Verstrickungen verwoben ist. Dem entspricht ein professionelles Handlungsverständnis, das im Modell des spezialisierten Dienstleistungsexperten nicht mehr beschreibbar ist (Olk 1986), sondern eher

---

1 Die folgende Interpretation des Falles bezieht sich auf eine Darstellung der Biografie von Markus und der Zusammenarbeit mit ihm, welche seine DENKZEIT-Trainerin, Frau Friedmann, auf der ursprünglichen Tagung vorgetragen und als Text für die Kommentare zur Verfügung gestellt hat. Dieser Text kann aus Gründen des Datenschutzes hier nicht veröffentlicht werden. Die Interpretation bezieht sich auf diesen Text – ohne eine darüber hinausgehende Kenntnis des Falles –, um daran exemplarisch eine sozialpädagogische Sichtweise zur Diskussion zu stellen. Sie überzeichnet dabei den Unterschied zu einer psychoanalytisch-pädagogischen Sichtweise, beansprucht aber nicht, die vorgestellte praktische Fallbearbeitung zu reinterpretieren oder zu kritisieren.

mit Metaphern wie Fährtensucher, Bergführer, Erforscher lebensfeindlicher Wüstenregionen beschreibbar ist (Müller 2005). Haltungen der Achtsamkeit (Müller 2008a), der Geduld und der Fähigkeiten zur Bewältigung des Unvorhersehbaren sind hier die entscheidende Ausrüstung. Dies gilt für den psychoanalytischen Pädagogen wie für die Sozialpädagogin[2] gleichermaßen. Ich konzentriere mich im Folgenden auf die sozialpädagogische Option und kommentiere aus dieser Sicht die mir vorliegende Kurzfassung des Berichtes über Markus. Dabei kann es nicht darum gehen, sich eine fiktive Bearbeitungsweise und Lösung des Falles Markus auszudenken und schon gar nicht darum, die im Beitrag von Friedmann/Wolter geschilderte und beeindruckende Arbeit mit ihm zu kritisieren. Ziel ist eher, allgemeine Gesichtspunkte zur sozialpädagogischen Arbeit mit Jugendlichen zu gewinnen, die, wie er, Opfer verantwortlich zu machender Täter und zugleich selbst an anderen schuldig gewordene Täter sind.

Sozialpädagogische versus psychoanalytisch-pädagogische Optionen

Exemplarisch ist der Bericht über Markus für Fälle, in denen der Grad der Ungewissheit und das Risiko, sich darin zu verlieren, allzu groß erscheinen; insbesondere weil die Hoffnung trügerisch wäre, dieses Risiko durch gründlichere Fallanamnese und -diagnose minimieren zu können. Bei Markus kann zwar eine diagnostisch-typologische Zuordnung des Falles zu anderen Fällen von jugendlicher Gewalt (Körner 2008) nützlich sein. Aber die Frage: »Was tun?« ist mit sorgfältiger Anamnese und Diagnose allein nicht zu beantworten. Dies können vermutlich nur weitere Details zu dem liefern, was schon in dem kurzen Fallbericht klar vor Augen liegt: Er zeigt Ursachen für ein offenkundig schwer beschädigtes Leben als Folge der Taten eines sadistischen Vaters, der sich an seinem Sohn (und wohl auch an dessen Mutter) auf höchst

---

2 Männliche und weibliche Sprachformen werden hier und im Folgenden abwechselnd gebraucht; gemeint sind i. d. R. beide Geschlechter.

brutale und zynisch demütigende Weise schuldig gemacht hat, ihn selbst zur Mittäterschaft zwang. Der Bericht zeigt ein Bild von Markus' Beziehung zu seiner Mutter, an deren Tod er Mitschuld zu haben glaubt, wie ihn auch sein Vater schuldig spricht; die aber selbst an ihm objektiv schuldig wurde, weil sie ihn nicht beschützt, keine Hilfe geholt und ihn am Ende mit einer Art Selbstmord auf Raten alleine gelassen hat. Auch mögliche familiäre Vorbilder für seine Fluchtversuche in Drogen und Suizid würden die Anamnese nur detaillierter, nicht klarer machen.

Eher unterbelichtet ist im Bericht die Geschichte der Fall*bearbeitung*: Wie geschah es, dass Markus »mit 13 ins Heim kam«? Was waren die Anlässe dafür, sowohl in der Familienkonstellation als auch in institutionellen Bearbeitungsversuchen, die ihn vielleicht von Kindergarten und Grundschule an begleiteten? Auch sagt der Bericht nicht, was die Heimkarriere, das Verlegt- und Abgeschobenwerden (Freigang 1986) – in die Kinder- und Jugendpsychiatrie und zurück (oder an andere Orte) –, für ihn selbst bedeutete, welche Wiederholungen des Alleingelassenwerdens sie implizierte. Beschrieben wird nur, wie Markus die Behandlungen durch die KJP an der von ihm errichteten »Mauer« scheitern ließ. Dass er diese »Mauer« erst dort errichtet hat, ist unwahrscheinlich. Wahrscheinlich gab es, wie in vergleichbaren Fällen beschrieben (Freyberg/Wolff 2005, 2006), schon vorher und nachher Erfahrungen des wechselseitig aneinander Scheiterns von Klienten und Helfern, die das Lebensmotto »Ich werde nie wieder jemandem vertrauen« mit zementierten. Etwas Lockerung im Gefüge der »Mauer« scheint zum Zeitpunkt des Fallberichts allerdings doch erreicht zu sein. Dies kann durch die Knasterfahrung, wie Markus selbst sagt, oder durch das Denkzeittraining geschehen sein. Mehr zu wissen über die Verlaufskurve der bisherigen Interventionen könnte immerhin vor der Illusion schützen, ein Neuanfang, wenn es nur die »richtigen« therapeutischen oder pädagogischen Interventionen sind, sei so einfach möglich (Freyberg/Wolff 2006, S. 152ff.). Auch die Täterkarriere von Markus ist lückenhaft dargestellt, ebenso seine aktuellen Einstellungen dazu, die ja für das Verhältnis von Schuld und Schuldgefühl vor allem interessant sind. Schließlich ist zu berücksichtigen, dass der Bericht nicht als dokumentiertes Selbstzeugnis (z.B. ein narratives Interview) interpretiert werden kann, sondern Darstellung einer Pädagogin ist und durch deren pädagogische Intentionen wie auch Gegenübertragungen geprägt sein kann.

Man kann diese Informationsgrundlage für unzureichend erklären. In sozialpädagogischer Perspektive empfiehlt sich dennoch, statt diese Beschränktheit der Informationen zu beklagen, sie als reale Arbeitsbedingung zur Kenntnis nehmen. Denn erstens ist der Normalfall bei fast jeder sozialpädagogischen Fallarbeit (Supervision, Praxisberatung, Fallseminar), dass der Gegenstand des Nachdenkens immer ein nur begrenzt informierender und subjektiv gefärbter Bericht (Müller 2008b) ist, der eine Aporie zeigt. Ihn gilt es nicht aufzufüllen, sondern als Ausgangspunkt ernst zu nehmen und im Diskurs so zu transformieren, dass Handlungsoptionen erkennbar werden, die es zunächst nicht sind[3]. Zweitens überschreitet es ohnehin sozialpädagogische Kompetenz, sich tiefenhermeneutisch an die unbewusste Dynamik hinter dem bewusst Berichteten heranzutasten. Sie mag darin ergänzungsbedürftig sein (vgl. Körner in diesem Band), muss sich aber doch in der Regel mit dem begnügen, was *bewusst* gesagt und als Gefühlsausdruck erkennbar ist. »Wilde Psychoanalyse« (Freud) hilft ihr nicht weiter. Ich interpretiere im Folgenden in diesem Sinn den Bericht und beschränke mich dabei auf Passagen, die mit dem Thema Schuld und Schuldgefühle zu tun haben, immer aber unter dem Gesichtspunkt, ob damit implizite Aufforderungen zu soziapädagogischem Handeln verbunden sind – und welche vermuteten Handlungsaufforderungen kritisch zu prüfen sind.

Die erste schon zitierte Sequenz, in der von Schuld die Rede ist, betrifft den Tod der Mutter, an dem der Vater Markus die Schuld gibt »weil er als Kind so schwierig gewesen« sei. Markus' relativierende Zustimmung »man hat immer Mitschuld« mag eine angelernte Floskel sein. Aber in der Fantasie, seine Mutter würde sich »im Grab umdrehen« wenn sie ihn im Knast sehen könnte, wird klarer, dass er eine Schuld ihr gegenüber wirklich empfindet.

---

3 Der kasuistische Raum (Hörster 2005), der dafür verfügbar sein muss, ähnelt darin, bei allen Unterschieden, der analytischen Situation, dass er »Chancen der Virtualisierung« (Körner/ Müller 2004) erzeugt. Es ist ein Raum, «in welchem Gewünschtes, Verdrängtes, Erhofftes als mögliche Wirklichkeit gefühlt und gedacht werden kann, *ohne* sogleich außenwirksame Wirklichkeit sein zu müssen« (Körner/Müller S. 133).

Ich vermute, dass viele Sozialpädagogen dazu neigen würden, gerade hier zu intervenieren, um Markus zu überzeugen, dass er in *dieser* Hinsicht am wenigsten Anlass zu Schuldgefühlen habe. Auch die Deutung, er identifiziere sich hier mit der vom Vater erzwungenen Opferrolle, riecht nach wilder Analyse. Beides scheint mir auf sozialpädagogischen Aktionismus hinauszulaufen. Viel wichtiger wäre, der Selbsteinsicht und Ambiguitätstoleranz mit Respekt zu begegnen, die Markus im Verhältnis zu seiner Mutter zum Ausdruck bringt, aber auch zu akzeptieren, dass ihm dies, bezogen auf die eigenen Straftaten, erstmal nicht gelingt.

Was bleibt dann als sozialpädagogische Option, wenn man von unbewussten Opferfantasien absieht und Markus' eigene Sicht seiner Täterschaft betrachtet? Der Dialog mit ihm zeigt zunächst einmal exemplarisch das (sozialpädagogische) Dilemma, an seiner beschädigten Identität nichts ändern zu können und doch Entscheidungen einfordern zu müssen, die eben dies voraussetzen. Markus selbst sieht wohl einen Zusammenhang zwischen sich als Täter und seiner Rolle als Opfer seines Vaters: Wäre er »nicht verprügelt worden« würde er »nicht zuschlagen«. Aber diese Erklärung ist keine Einsicht, sondern rechtfertigt für Markus, dass er vom aktuellen Konfliktpartner denkt, »der hat's verdient«. Er hasst seinen Vater und wünscht sich dessen Tod. Aber er sagt auch sehr klar: »Ich bin nicht wie er.« Die Pädagogin kommt mit diesen widersprüchlichen Aussagen in Schwierigkeiten. Sie appelliert moralisch an seine Handlungsfreiheit, interpretiert aber gleichzeitig die Aussagen von Markus mit der analytischen Figur »Identifikation mit dem Aggressor«. Dafür gibt dessen Selbstbeschreibung auch Anhalt. Die Pädagogin definiert diese aber sogleich in eine Entscheidungsfrage um: Sie formuliert so, als habe Markus gesagt, er *wolle* nicht so sein wie der Vater. Markus antwortet: »Bin ich auch nicht, ich schlage keine Kinder«, und weist die Unterstellung zurück. Der inhaltlich falsche Anschluss seines Redezuges ist formuliert; als habe er als Frage gehört: »Sind Sie nicht so wie Ihr Vater?« Diese (nicht explizit gestellte, aber offenbar gehörte) Frage, welche jene analytische Figur als Deutung unterstellt, zielt auf die Einsicht des erwachsenen Markus, sich von seiner Identifikation mit dem Vater-Aggressor loszusagen. Diese Identifikation deutet die Pädagogin explizit (wenn auch in Frageform) als Entscheidung *für* das »Zuschlagen«. (Damit zeigt sie zugleich, dass Markus richtig gehört hat). Er verweigert sich dieser Deutung aber a) mit der zweimaligen Betonung, er sei *nicht* wie sein Vater, und b) mit der Auffassung, »manche haben es verdient«.

Die Frage ist nun: Muss dies als Widerstand interpretiert, also die Deutung der Pädagogin als die im Kern treffende bestätigt werden? Oder können beide Aussagen von Markus zunächst einmal auch als kognitive Standpunkte schlicht akzeptiert werden: Er *ist* nicht wie sein Vater *und*: Manche haben's verdient? Die Frage ist dabei nicht, ob die Aussagen von Markus oder die Deutung der Pädagogin näher an der Wahrheit über Markus sind, sondern welche davon eher die Chance bieten, dass sich im Umgang mit und von Markus etwas ändern kann. Ich würde Sozialpädagogen raten, sich primär an die Aussagen von Markus zu halten. Dessen ambivalente Gefühle gegenüber seinem Vater sind zwar offenkundig, etwa wenn er einerseits »wahnsinnig traurig und enttäuscht« auf dessen Weigerung reagiert, eine vorzeitige Entlassung zu ermöglichen, und doch mit ihm nach der Entlassung ein Bier trinken geht; und andererseits sagt, er hasse seinen Vater und wünsche seinen Tod. Diese Gefühlsambivalenz als Anknüpfungspunkt zu nehmen, um das Verhältnis von introjizierter Schuld des Vaters und eigener Täterschuld zu bearbeiten, legt aber analytisch-therapeutische, nicht eine sozialpädagogische Arbeitsweisen nahe. Für eine sozialpädagogisch produktive Antwort scheint es mir dagegen fruchtbar, dem Hinweis von Markus zu folgen, er könnte sich selbst in der Begegnung mit diesem Vater vielleicht nicht mehr kontrollieren. Dies Problem kann jedem normal fühlenden Menschen bei einem solchen Vater zugestanden werden. Dieses Markus spüren zu lassen, wäre die erste sozialpädagogische Aufgabe. Aus dieser Sicht sind Versuche, solcher Wut durch Vermittlung von Einsicht in eigene Schuldverstrickung den Wind aus den Segeln zu nehmen, wenig glaubwürdig. Umso notwendiger ist dann aber die Unterstützung von Ansätzen, mit dieser als berechtigt anerkannten Wut kontrolliert, statt blind um sich schlagend, umzugehen. Das Problem, dass Markus auch dieser Unterstützung von Selbstkontrolle Widerstand entgegensetzt, ist damit aber noch nicht vom Tisch.

Die Pädagogin spiegelt seine Metapher der »Mauer« gegen Therapieversuche als verständlichen Widerstand: »Es muss Ihnen absurd vorkommen, dass alle Sie therapieren wollen.« Ist es aber nur Widerstand, wenn er auf »Durchzug« stellt – oder nicht auch vernünftige Verteidigung seiner moralischen Integrität? Ist die Beschreibung der therapeutischen Situation der KJP durch die Pädagogin (»Sie werden zu Gesprächen gerufen, sollen sich öffnen, aber Ihnen hilft die Mauer.«) nur eine einfühlsame Spiegelung der Gefühle von Markus oder kann sie auch als Bestätigung einer angemessenen Haltung verstanden werden? Jedenfalls scheint es die (mir einleuchtende) Auffassung von Markus zu sein, dass keine Therapie oder Pädagogik, die auf ein wie immer geduldig angesteuertes »Sich-Öffnen« hinausläuft, ihm helfen könne, sondern nur die »Mauer« verstärke. Diese Mauer, »dass er nicht mehr fühlt«, als Überlebensstrategie (weil er »sonst nicht mehr da wäre«) anzuerkennen, ist aus sozialpädagogischer (und sicher auch aus psychoanalytischer) Sicht unabdingbar. Nur dann ist es aussichtsreich, die »Mauer« geduldig durchlässiger zu machen.

Was ergibt sich weiter, wenn man die Selbstdeutungen von Markus erst einmal ernst nimmt und nicht als Symptome seiner Störung versteht? Zum Zeitpunkt des Berichts ist er immerhin bereit zuzulassen, dass »einer mal« über die Mauer »drüber guckt«. Seine Bereitschaft, »was lernen« zu wollen, ist für ihn aber keine Folge therapeutisch geförderter Selbsteinsicht. Dies drückt sich im Bericht auch in den Passagen aus, die auf seine Straftaten und Aggressionen Bezug nehmen. Dass er »zuschlägt«, wenn andere über ihn lachen, ist für ihn klar. Nur die Einsicht, dass er nur *fälschlich* annahm, die andern hielten ihn für doof, hält ihn davon ab. Die ihm zugetragene Abwertung einer Freundin dagegen rächt er erbarmungslos, ohne Schuldeinsicht: »Das hat der verdient«, sagt er.

Folgt man weiter seinen eigenen Hinweisen, »warum er sich verändert« habe, so stößt man auf einen Satz, der jedenfalls für Sozialpädagogen sehr anstößig klingt: »Das war der Knast. Hier geht man unter, wenn man sich nicht mit den andern beschäftigt, dann hat man 30 bis 40 Feinde. Was soll ich damit?« Nimmt man die Aussage ernst, dann waren weder die Strafe noch die den Jugendknast begleitenden pädagogischen oder therapeutischen Angebote Anstoß zum »was lernen«. Es waren die andern Insassen, von denen 30 bis 40 zu »Feinden« werden, wenn man sich nicht mit ihnen beschäftigt. Inhalt des Lernanstoßes war also nicht Anregung zur Selbsteinsicht, sondern ein Zwang, sich *mit anderen* zu beschäftigen. Das sind Leute, die an dem innerlichen Leiden von Markus vermutlich wenig Interesse haben, allein schon, weil sie mit sich selbst genug zu tun haben. Nimmt man das als Hinweis, wie seine Einsichtsfähigkeit zu fördern wäre, so könnte man daraus ableiten: Versuche, Markus zu bewegen, über sich selbst nachzudenken, sind zunächst wenig ergiebig. Ihn zu ermutigen, sich mit anderen zu beschäftigen, die erst einmal kein Interesse an seinem Leiden haben, ist produktiv. Dies legt Strategien nahe, die nicht von der Selbsteinsicht zur empathischen Beschäftigung mit anderen führen wollen, sondern umgekehrt die Beschäftigung mit anderen zum Ausgangspunkt nehmen, freilich eher die vom realen Leben erzwungene als die pädagogisch arrangierte und geforderte.

Dieser Sichtweise folgt die Pädagogin offenkundig nicht. Sie deutet Markus' Umgang mit eigener Schuld wie auch seine Weigerung, die eigenen Gefühle zu bearbeiten, als »absolut überhöhte Ansprüche an sich«, die von einer »heteronomen Moralvorstellung« gestützt seien. Sie scheint Markus' Selbstbild als das des einsamen, gepanzerten Helden zu deuten, der sich eine Kämpfermoral geliehen hat, die ihn doch nicht wirklich vor Verletzungen und vor allem nicht gegen sein verletztes Inneres schützt. Diese Sicht hat sicher ihre Wahrheit, aber ob sie dazu beiträgt, dass Markus sich öffnen kann, weiß ich nicht. Für »absolut überhöhte Selbstansprüche« kann ich in dem Bericht keinen Anhaltspunkt finden, wohl aber für einen unrealistisch überzogenen Zwang, sich verteidigen zu müssen. Und dieser Zwang kann offenbar in nicht mehr kontrollierbare Wut umschlagen. Wenn darin ein Wiederholungszwang wirksam ist, so muss dieser weder auf die Opferrolle selbst noch auf deren Abwehr durch Identifikation mit dem Aggressor verweisen. Sozialpädagogisch relevanter scheint mir die Szene, als Markus sich mit zwölf Jahren zum ersten Mal erfolgreich wehrte, indem er seinem Vater – verdientermaßen – zwei Zähne ausschlug und sein Auto demolierte. Dieser erfolgreichen Gegenwehr Respekt zu zollen und mit Markus daran zu arbeiten, realitätsgerechtere Formen der Gegenwehr zu entwickeln, scheint mir die vordringliche sozialpädagogische Aufgabe zu sein.

Diese Betrachtungsweise könnte auch die Interpretation des Widerstandes von Markus gegen Versuche, ihm zu helfen, ändern. Die »Mauer« wäre, so betrachtet, weniger als Abwehr des Wiedererlebens seiner Opfererfahrung zu deuten, sondern eher als Folge der Erfahrung, für die eigenen Akte der Wiederherstellung moralischer Integrität keine Anerkennung zu finden, das heißt als Abwehr einer mit (ungewollter) Demütigung verbundenen Hilfe. Zu diesem Verständnis würde passen, seine Selbstansprüche nicht als »heteronom«, sondern eher als »utilitaristisch« zu bezeichnen, verbunden allerdings mit einer primitiven Vorstellung von Vergeltungsgerechtigkeit. Die Maximen von Markus sind: Was »abgesessen« ist, ist »weg« und: Wut rechtfertigt Vergeltung. Die Frage scheint mir deshalb nicht, ob und wie die Moralvorstellungen von Markus »autonomer« werden können, sondern eher, wie sein Utilitarismus (seine Vorstellungen, was wie vergolten werden kann) weniger kurzsichtig und realitätstüchtiger werden könnte. Sehr spannend finde ich in diesem Zusammenhang seine Antwort auf die Frage, warum er sich verändert habe: Der Knast war es (vgl. oben). Die Einsicht: »hier geht man unter, wenn man sich nicht mit den anderen beschäftigt« zu erweitern und zu vertiefen, scheint mir in seinem Fall der einzig erkennbare Anknüpfungspunkt sozialpädagogischer Arbeit zu sein.

Wiedergutmachung und Schuldeinsicht

Dies weiter zu spinnen läuft auf eine allgemeine Überlegung zur Bearbeitbarkeit des Verhältnisses von Schuld und Schuldbewusstsein hinaus, die natürlich in Bezug auf den Fall Markus nur spekulativ sein kann. Sie betrifft die Frage, ob eigentlich die Reihenfolge stimmt, die gewöhnlich unsere Alltagsmoral ebenso unterstellt wie pädagogische und therapeutische Interventionsstrategien. Nämlich, dass es notwendig *zuerst* um Schuldgefühle und ggf. Schuldeinsicht gehe, während Wiedergutmachung, die mehr als ein erzwungenes Abbüßen oder »Absitzen« ist, nur *als Folge* davon denkbar sei. So scheint jedenfalls die Pädagogin zu denken. Die Argumentation von Markus legt die umgekehrte Reihenfolge nahe. Seine Gefühlslogik scheint zu sagen: Ohne fühlbare Erfahrung von etwas schon Wiedergutgemachtem können Schuldgefühle – ebenso wie Forderungen nach Schuldeinsicht – nur als heteronome Bedrohung wahrnehmbar sein, (also die »Mauer« verstärken), aber nicht als Angebote der Heilung beschädigter moralischer Integrität. Er unterscheidet dabei allerdings nicht die Wiedergutmachung dessen, was ihm angetan wurde, von seiner Aufgabe der Wiedergutmachung eigener Taten. Ihn in beidem zu unterstützen, aber auch dabei, beides zu unterscheiden, wäre aus dieser Sicht die sozialpädagogische Aufgabe, die vor Arbeit an vertiefter Schuldeinsicht liegt.

Wenn ich richtig verstanden habe, dass Urszene der Wiedergutmachung für Markus die Erfahrung war, seinem sadistischen Vater samt dessen Auto die Fresse zu polieren, dann schließe ich, dass für sein Erleben die Gewaltakte gegen andere (die sich wohl nicht zufällig um Körperverletzung und um Autos drehen) wiederholende Akte der Wiedergutmachung sind. In beidem erfährt er keine Anerkennung, weil er erst falsche Mittel und dann auch falsche Objekte wählt. Deshalb können auch seine wohlmeinenden Helfer die Gefühlslogik nicht teilen, seine Straftaten seien eigentlich moralische Akte der Gegenwehr, die nur dann eine Wiedergutmachung des »Absitzens« erfordern, wenn sie »den Falschen« treffen. Seine Fantasie, die Gewaltopfer oder Autobesitzer hätten »es verdient«, scheint mir in dieser Logik weniger als ungezügelte Aggression und eher als blinde Wiedergutmachung deutbar. Dasselbe legt seine Äußerung nahe, er habe beim Tod seiner Mutter ohnmächtige Wut verspürt »ohne sie auf jemanden oder etwas zu richten«, sei dann aber losgegangen und habe sich »(mit) Neonazis angelegt«, eben mit Leuten, die »es verdient« haben.

Diese Logik scheint mir nun aber auch bei seinen Schritten der Veränderung wirksam. So erhält seine Antwort auf die Frage nach der eigenen Schuld, »wenn ich das hier abgesessen habe, dann ist das auch weg«, aus dieser Perspektive einen weniger auf Abwehr gerichteten Sinn. Die widersprüchliche Unverbindlichkeit seiner Aussagen (einerseits sei die Schuld »weg« und auch »egal«, andererseits »fühlt man sich schuldig – so moralisch irgendwie«) wird klarer, wenn man sie so liest: Erst muss die Schuld hinreichend »weg«, das heißt, wiedergutgemacht oder »egal«isiert sein; erst dann kann Markus, wenn er sich fragt, »wieso ich das gemacht habe«, »moralisch irgendwie« Schuld anerkennen. Das »irgendwie« drückt aus, dass er kognitiv noch gar nicht recht weiß, was »moralisch« eigentlich heißt, sondern es erst auf dieser Grundlage lernen kann. Auch die Aussage »ich bin nicht wie mein Vater« ist dann keine Verleugnung seiner »Identifikation mit dem Aggressor«, sondern ein Versuch solchen Wegschaffens von dessen wie auch eigener Schuld. Aber wer hilft ihm beim Wegschaffen?

Einen spannenden Beleg für diese Logik liefert Markus schließlich mit den Metaphern, in denen er die Entwicklung seiner Gefühle (und damit den Rückbau der »Mauer«) im Zug seines aktuellen Lernprozesses beschreibt. Sie entstammen dem Prozessmodell des Fortschritts im Strafvollzug: Je nach Art der Gefühle haben die meisten davon noch »Einschluss«, manche auch schon »Lockerung« und andere sogar »Freigang«. Aber »ganz frei sind sie alle nicht«. Und wenn sie es schon wären, so könnte man die Bilderreihe fortsetzen, so wären sie das zunächst einmal nur »auf Bewährung«. Diese Metaphern, die Markus die Integration seiner Gefühle nach dem Resozialisierungsmodell der Strafvollzugsordnung beschreiben lassen, mögen ihm von pädagogischer oder therapeutischer Seite aus angeboten worden sein. Aber offenkundig sind sie auf fruchtbaren Boden gefallen. Sie machen ihn gleichsam zum Strafvollzugsbeamten seiner eigenen Gefühle und er sich selbst zum Wiedergutmachungsbeamten seines eigenen Handelns. Solche Bilder ermöglichen ihm, den Widerspruch, der ihn zerrissen hat, als schrittweisen Prozess der Reintegration zu denken: Er selbst und niemand sonst ist demnach der Akteur dieses Prozesses. Aber der »Freigang« seiner Gefühle und der Zugang seiner Umwelt zu ihm laufen parallel. Die »Mauer«, die er zwischen sich und seinen Gefühlen einerseits, den wohlmeinenden Helfern andererseits errichtet hat, wird nur dann zur überschreitbaren Grenze, wenn er sie selbst kontrollieren kann. Nur in dem Maße, wie er seinen Gefühlen »Freigang« gestattet, kann er dasselbe auch seinen Helfern erlauben.

Welche Konsequenzen ergeben sich aus dieser Interpretation für das Verhältnis von sozialpädagogischer und psychoanalytisch-pädagogischer Fallarbeit? Die Nützlichkeit einer genaueren Einsicht in die unbewussten Dynamiken von Opfer-Tätern wie Markus wird mit dieser Sichtweise keineswegs bestritten. Es sollte nur gezeigt werden, dass ein komplementärer Fallzugang möglich ist, der bewusst darauf verzichtet und sich ohne Tiefenhermeneutik an den kognitiven Selbstdeutungen von Klienten orientiert. Auch dieser Zugang erfordert freilich sensible Wahrnehmung mitschwingender Gefühlsbedeutungen, Abstinenzfähigkeit und Gegenübertragungskontrolle. Er bleibt insofern auf die Unterstützung durch einen analytischen Blick angewiesen. Er unterscheidet sich aber klar von einem therapeutischen Zugang, sofern er nicht den Leidensdruck seelischer Wunden zum Ausgangspunkt nimmt, sondern sich auf die Bewältigungsformen konzentriert. Diese zu unterstützen heißt weniger, seelische Autonomie zu befördern, sondern eher einen klugen Utilitarismus, das heißt die blindwütigen und destruktiven Formen des Überlebenskampfes zurückzudrängen (was manchmal nur mit Zwangsmitteln geht) und sie durch Formen zu ersetzen, die anderen nicht schaden und dem Klienten selbst nützen. Für letzteres ist jeder, auch der subtilste Zwang kontraproduktiv. Notwendig ist vielmehr ein respektvoller, achtsamer Umgang mit dem beschriebenen Grenzregime.

Literatur

Freigang, Werner (1986): Verlegen und Abschieben. Zur Erziehungspraxis im Heim. Weinheim, München (Juventa).

Freyberg, Thomas v. & Wolff, Angelika (Hg.) (2005): Störer und Gestörte. Bd. 1: Konfliktgeschichten nicht beschulbarer Jugendlicher. Frankfurt a. M. (Brandes & Apsel).

Freyberg, Thomas v. & Wolff, Angelika (Hg.) (2006): Störer und Gestörte. Bd. 2: Konfliktgeschichten als Lernprozesse. Frankfurt a. M. (Brandes & Apsel).

Hirsch, Mathias (1997): Schuld und Schuldgefühl – Zur Psychoanalyse von Trauma und Introjekt. Göttingen (Vandenhoeck & Ruprecht).

Hörster, Reinhard (2005): Sozialpädagogische Kasuistik. In: Thole, Werner (Hg.): Grundriss Soziale Arbeit. 2. Aufl. Wiebaden (VS-Verlag), S. 549–558.

Köngeter, Stefan (2008): Relationale Professionalität. Eine professionstheoretische Studie zu Arbeitsbeziehungen zwischen Eltern und SozialpädagogInnen in den Erziehungshilfen. Hildesheim (Dissertation). (VS-Verlag Wiesbaden).

Körner, Jürgen (2008): Der ressentimentgeladene Gewalttäter. Psyche – Z psychoanal 62, 905–928.

Körner, Jürgen & Müller, Burkhard (2004): Chancen der Virtualisierung – Entwurf einer Typologie psychoanalytisch-pädagogischer Arbeit. In: Datler, Wilfried; Müller, Burkhard

& Finger-Trescher, Urte (Hg.): Sie sind wie Novellen zu lesen ... Zur Bedeutung von Falldarstellungen in der Psychoanalytischen Pädagogik. Jahrbuch für Psychoanalytische Pädagogik 14. Gießen (Psychosozial-Verlag), 132–151.

Müller, Burkhard (2005): Siedler oder Trapper? In: Deinet, Ulrich & Sturzenhecker, Benedikt (Hg.): Handbuch Offene Kinder- und Jugendarbeit. 3. Aufl. Wiesbaden (VS-Verlag), S. 49–58.

Müller, Burkhard (2008a): Nähe, Distanz, Professionalität. Zur Handlungslogik von Heimerziehung als Arbeitsfeld. In: Dörr, Margret & Müller, Burkhard (Hg.): Nähe und Distanz. Ein Spannungsfeld pädagogischer Professionalität. 2. Aufl. Weinheim (Juventa), S. 141–158.

Müller, Burkhard (2008b): Was ist der Fall? Kasuistik und »Konstruktion des Adressaten«. ZfSp 6, 391–406.

Nohl, Herman (1970): Die pädagogische Bewegung in Deutschland und ihre Theorie. 7. Aufl. Frankfurt a. M. (Schulte-Bulmke).

Olk, Thomas (1986): Abschied vom Experten. Weinheim (Juventa).

Reale Schuld – die Rolle des impliziten Wissens in der therapeutischen Auseinandersetzung

Aus einer Untersuchung an Sexualstraftätern

Michael B. Buchholz, Franziska Lamott, Kathrin Mörtl

Einführung

Dem Thema der Schuld und Schuldgefühle soll sich hier auf eine vielleicht ungewohnte Weise genähert werden. Diese ist bestimmt von den Erfahrungen bei der Auswertung eines Projekts mit 16 inhaftierten Sexualstraftätern, deren Gruppentherapie in der sozialtherapeutischen Abteilung eines Gefängnisses aufgezeichnet worden war. Dabei bildete sich mehr und mehr die Idee heraus, dass diese Menschen von der Schuldhaftigkeit ihres Handelns sehr wohl ein präzises Wissen hatten, aber auf eine kunstvolle Weise sich und anderen den Besitz dieses Wissens gleichsam entzogen. Die Art dieses Wissens schien uns am ehesten mit dem Begriff des impliziten Wissens beschreibbar, wie es sich in der Psychoanalyse zu verbreiten begann. Danach haben Menschen eine bemerkenswerte Fähigkeit, über seelische Zustände anderer »Bescheid zu wissen« und dieses Wissen in ihre eigenen Absichten, Handlungen und Reden gleichsam mit einzuplanen. Je mehr wir uns damit beschäftigten, um so befremdlicher erschien es uns, dass in manchen Teilen der Literatur Sexualstraftätern ein »Empathiemangel« unterstellt wurde; wenn wir die Transkriptionen aus den Gruppensitzungen lasen, in denen diese Menschen detailliert schilderten, wie sie etwa einen Jungen beim Duschen nach dem Sport »herausfischten«, der verführbar sein könnte, dann kam es uns vor, als müsste man ganz im Gegenteil einen sehr hohen Grad an Empathie vermuten. Ebenso bei anderen Darstellungen ihrer sozialen Scanning-Fähigkeiten, wie wir das in unserem Buch (Buchholz/Lamott/Mörtl 2008) genannt haben, etwa wenn sie auf den Gruppentherapeuten reagieren und schneller zu wissen scheinen, was er sagen könnte, als dieser selbst. Richtiger wäre es, von einer instrumentalisierten und für ihre Ziele hochgradig effizienten Empathie zu sprechen.

Das resultiert, so soll hier entwickelt werden, aus einer aktiven Abwehrbewegung, die selbst wiederum symbolisch dargestellt werden kann, etwa in der Metapher des »Abschaltens« oder in anderen entsprechenden Ausdrücken und Verkehrungen von emotionalen Positionen, etwa indem Täter und Opfer vertauscht, Opfer zu Komplizen umgedeutet werden oder der Täter von sich selbst in der Manier eines Gutachters spricht, der über den »Fall« eines jungen Mädchens berichtet. Auch wenn wir unsere Befunde nicht verallgemeinern wollen, scheint es uns doch richtig, die Auseinandersetzung mit der Schuld in der Behandlung in den Vordergrund zu rücken und nicht so sehr die Auseinandersetzung mit der Scham. Diese ist Folge, nicht Ursache der Schuld, die diese Männer auf sich geladen haben und von der sie wissen, auch wenn es in therapeutischen Kontexten länger dauern kann, bis sie sie anerkennen.

Implizites Wissen?

Der Begriff des »impliziten Wissens« ist durch die Arbeiten von Daniel Stern (1998, 2004; Bruschweiler-Stern et al. 2002, 2004) stark in Gebrauch gekommen. Stern beschrieb mit diesem Begriff die Erfahrung, dass wir über Menschen, mit denen wir in Beziehungen sind, immer schon mehr wissen, als wir mit Worten zu sagen vermöchten. Diese Erfahrung hatte sich die Supervisionspraxis in der Folge von Balints Arbeiten (1964) zunutze gemacht, indem sie annahm, dass ein behandelnder Therapeut immer schon mehr über seinen Patienten wisse, als er nur verbal darstelle. Eben dieses »something more« der Relationalität war Thema der Boston Change Study Group (2007), die Daniel Stern ins Leben gerufen hatte.

Weniger bekannt ist, dass der Chemiker und Philosoph Michael Polanyi diesen Begriff als »personal knowledge« (1958, 1966) ins Zentrum seiner Wissenschaftsauffassung gerückt hatte. Er meinte, ähnlich wie auch bereits

Alfred Schütz (1932) mit dem Konzept von »stock of knowledge at hand«, dass Wissenschaftler ein solches »implizites Wissen« von den Weltzusammenhängen, die sie untersuchen, bereits vor aller Untersuchung haben. Bevor sie Wissenschaftler sind, sind sie soziale Akteure und Teilnehmer einer Deutungsgemeinschaft. Die im engeren Sinne wissenschaftliche Arbeit bestehe eher in der Suche danach, wie dieses Wissen so bewiesen werden könne, dass daraus Überzeugungskraft für andere entstehe. Polanyi zeigt dies an einem Beispiel aus dem Leben Einsteins.

Die Entdeckung der Relativitätstheorie wird in Lehrbüchern der Physik so dargestellt, dass Einstein 1905 von den Michelson-Morley-Experimenten und deren negativem Ausgang erfahren und die entsprechenden Schlüsse gezogen habe. Diese Experimente prüften die Idee, ob die Lichtgeschwindigkeit für einen Beobachter auf der Erde immer die gleiche sei, egal in welche Richtung das Licht versandt würde. Man musste annehmen, dass es kleine Differenzen gäbe in jener Richtung, in die die Erde sich dreht. Hier hätte sich ein Beobachter mitbewegt und folglich die Lichtgeschwindigkeit langsamer sein müssen. Die Ergebnisse des Experiments widersprachen dem, die Lichtgeschwindigkeit erwies sich als konstant. Die Geschichte wird so erzählt, dass Einstein von diesem Experiments gelesen habe und daraufhin seine neue Konzeption von Zeit und Raum mit Lichtgeschwindigkeit als einer Konstanten konzipiert hätte. »But the historical facts are different«, schreibt Polanyi (1958, S. 10) mit Genugtuung. Denn Einstein hatte, wie man seiner Autobiografie sowie weiteren Zeugenberichten entnehmen kann, über diese Frage bereits als 16-jähriger gegrübelt. Intuitiv, schreibt er dort, sei ihm klar gewesen, dass die Dinge so verlaufen müssten, wie es erst viele Jahre später das Experiment gezeigt habe. Anders als bei der Intuition, die sich *in actu* und *in Echtzeit* gegenüber einem Problem vollziehen muss, hatte er »personal knowledge« über einen erst sehr viel später experimentell geprüften Sachverhalt.[1]

---

1 Weitere Beispiele bei Buchholz (2007) oder Gigerenzer (2008). Der Zugang zur Welt, der hier anvisiert ist, liegt *vor* dem Experiment. Man kann Ballspielen und erst später Wurfbahnen berechnen, man kann Fahrradfahren und erst später über schiefe Ebene und freien Fall etwas wissen.
    Ein solcher Zugang zur Welt ist primär in dem Sinne, dass man ihn haben muss, bevor man sich überhaupt Experimente ausdenken kann. Das hatte Freud in einem Brief aus dem Jahre

Was sich hier als implizites, als stilles Wissen über Zusammenhänge in der naturwissenschaftlichen Welt erweist, gilt für Daniel Stern, den Säuglingsforscher, auch und gerade für menschliche Beziehungen. Papousek (1996) hatte die »intuitive elterliche Kompetenz« beobachtet, nämlich jene Fähigkeit gesunder Eltern, einen Säugling mit einem bestimmten, als »baby talk« ausgezeichneten hohen Tonfall anzusprechen, das Neugeborene in einem Abstand von 23 bis 26 cm vom Gesicht entfernt zu halten (das ist jener Bereich, in dem das noch ungeübte kindliche Auge schon scharf einstellen kann) und die kindlichen Lautäußerungen angemessen und im richtigen Zeitmaß zu beantworten. In der Säuglingsforschung gibt es das durch die Arbeiten des Norwegers Stein Bråten (vgl. Dornes 2006) gut untersuchte Konzept des »virtuellen anderen«, wonach Kinder mit einem Präkonzept auf die Welt kommen, das ihre emotionalen Erwartungen, wie sie behandelt werden möchten, umfaßt. Diese sind nicht formulierbar, aber erschließbar dann, wenn sie verletzt werden; dann reagiert das Kind mit deutlichem Protest und einfühlsame Eltern reagieren auf solchen Protest ihrerseits mit »Reparaturen« ihrer Interaktionsangebote. Solche Reparaturen geschehen häufig, aus ihnen besteht wohl mehr als die Hälfte aller Eltern-Kind-Interaktionen.

Schon etwas ältere Kinder können Intentionen von anderen zutreffend erkennen. Meltzoff et al. (1999) erdachten dazu ein sinnreiches Experiment: Man legt vor das 18 Monate alte Kind Holzringe und eine Stange; ein Versuchsleiter versucht, die Ringe auf die Stange zu stecken – was er sich absichtlich misslingen lässt, dabei aber Laute des Missbehagens über so viel Pech ausdrückt. Legt er »frustriert« die Dinge vor das Kind hin, nimmt dieses

---

1911 hellsichtig formuliert, als er meinte, »dass ich gar nicht für den induktiven Forscher organisiert bin, bin ganz aufs Intuitive angelegt, und dass ich mir eine außerordentliche Zucht angetan habe, als ich mich an die Feststellung der rein empirisch auffindbaren Psychoanalyse machte« (Freud an Jung, 17.12.1911). Die Beschränkung des Wissbaren auf das Sichtbare oder sichtbar zu Machende habe unser Denken verwüstet. Polanyi rückt den Popper'schen Falsifikationismus zurecht, wenn er darauf hinweist, dass Wissenschaftler nicht etwa danach *streben*, ihre Theorien zu falsifizieren; sie streben vielmehr danach, sie zu belegen und sind allenfalls, wenn redlich, bereit, Widerlegungen zu *riskieren*. Wissenschaftler haben metaphysische Überzeugungen, sie *glauben* bestimmte Dinge auch dann, wenn sie nicht oder noch nicht bewiesen sind.

sofort die Materialien auf und zieht die Holzringe über die Stange. Dieser starke Befund kann nicht mit einer Theorie des Imitationslernen erklärt werden, weil das Kind ja etwas tut, was es gerade *nicht* zuvor gesehen hat; aber wenn man annimmt, dass Kinder Fähigkeiten zum »intention reading« haben, fällt die Deutung nicht schwer: Kinder fassen Verhalten gerade nicht als Stimulus für eigene Reaktionen auf; sie interpretieren ab einem gewissen Alter Verhalten als äußeres Anzeichen einer inneren Absicht des anderen. »Obviously, infants are not behaviorists«, schreiben die Autoren.

Seit den Untersuchungen von Tomasello (1999, 2002, 2003) scheint klar, dass das in Frage stehende Alter die sogenannte »Neun-Monats-Revolution« ist; ab diesem Zeitpunkt versteht ein gesundes Kind, dass die Mutter ihm etwas zeigen will, wenn sie mit dem Finger darauf deutet. Das Kind blickt nicht mehr auf den Finger, sondern folgt der mütterlichen Blickrichtung und etwas später macht es die Mutter mit einer »imperativen Geste« selbst auf etwas aufmerksam und kontrolliert mit seinem Blick, ob die Mutter mit ihrem Blick seinen Absichten folgt. Klar geht es nicht um Verhalten, sondern um die Synchronisation von Intentionen, deren Gelingen oder Misslingen am Verhalten lediglich abgelesen wird. Das können Kinder dann, wenn sie als »intentionale Subjekte« behandelt werden, als Persönlichkeiten, deren Verhalten als sinnhafte Handlungen antizipiert wird und auf die mit Sinn reagiert wird. Sinn generiert so beständig Sinn und kann aus menschlichen Interaktionen von diesem Zeitpunkt an nicht mehr weggedacht werden. Hier liegen gewaltige Chancen für die Evolution von Kreativität und enormen sozialen Kompetenzen; aber hier liegen ebenso die Chancen für schwere Verzerrungen, weil Sinn sich als an soziale Zuschreibungsprozesse gebunden erweist. Das paradigmatische Beispiel ist jene bei Dornes (1996) berichtete Mutter, die immer meinte, wenn ihr Kind schreie, habe es Hunger und es zum Stillen an die Brust anlegte; das löste den Saugreflex aus, was das Kind kurzzeitig beruhigte und der Mutter ihre Vorstellung zu bestätigen schien; der Magen-Darm-Trakt des Kindes aber erwies sich bald als schmerzhaft überlastet. Wenn das Kind nun erneut schreit, attribuiert die Mutter diesem Verhalten nun fälschlich denselben Sinn, was einen Kreislauf in Gang setzen kann, bei dem die mütterliche

Fantasie sich, wie Dornes formuliert, als stärker erweist als die kindliche Biologie.

Abschaltung des impliziten Wissens

Diese knappe Einführung soll genügen, um eine Vorstellung davon zu geben, in welchem Sinne hier von »implizitem Wissen« gesprochen wird. Es schließt ein Wissen um den anderen ein, selbst dann, wenn man ihn nur flüchtig kennt und vielleicht sogar nie mit ihm gesprochen hat. Menschen stehen an Bushaltestellen und »wissen« um die Distanzbedürftigkeit anderer und halten sie nach Möglichkeit ein; Beobachter von Menschengruppen können meist sehr klar identifizieren, welche Personen eine Gruppe (etwa ein Familie) bilden und zueinander gehören, ohne dass sie sagen könnten, woher sie das wissen. Sie wissen es eben. Sehr fein reagieren wir alle auf Gesten und Haltungen, Gerüche und Tonlagen, Blicke und Vermeidungen von alledem.

Vermeidungen dieses impliziten Wissens vom anderen werden durch die Metapher vom »Abschalten« nicht selten ausgedrückt. Dazu ein Beispiel aus unserer Untersuchung. Über die dabei angewandte Kombination aus Konversations-, Metaphern- und Narrationsanalyse kann hier nichts gesagt werden, dazu verweisen wir auf die ausführliche methodische Diskussion im Buch. Für die Frage nach der Schuld und dem Schuldgefühl bietet das von uns transkribierte und analysierte Material über das hinaus, was wir im Buch dargestellt haben, reiches Material. Ein Beispiel zum »Abschalten«:

(P. 17, Z. 1.133–1.152)[2]

JÖRG S.: Also, ich habe ein flaues Gefühl im Magen, weil ich doch nicht alles hab so wieder sagen können, wie ich es gerne gewollt habe. Aber ich habe eines – gespürt und gefühlt, dass du langsame Schritte machst und die machst du richtig, denke ich. Und damit geht es mir gut, weil was du

---

2 P. bezeichnet den Primärtext, hier also den Primärtext der 17. Stunde, Zeilen 1.133 bis 1.152.

mir vor ein paar Monaten versprochen hast, hast du mir heute im Wort wieder zurück gegeben und bist zum Erkennen gekommen, – dass es nur so geht. – Bloß, du brauchst deine Zeit.

THER. A.: Sie sitzen auch wieder aufrecht, nachdem sie fast die ganze Stunde da unten irgendwo vergraben waren.

JÖRG S.: Na ja, weil ich mit drinnen war und da werde ich halt, – weiß nicht, ist das schädlich? –

THER. A.: Probieren sie es mal anders. –

JÖRG S.: Ja, dann, – – dann muss ich abschalten – und das kann ich nicht.

GERD R.: Abschalten, das brauchst du nicht. /// – –

JÖRG S.: Ich bin halt dabei. –

PAUL H.: Ja, Gerd, du wirst mir immer sympathischer und das habe ich nicht immer und während des Gesprächs habe ich in mir den Druck richtig, weil ich mit dir dabei war und das kommt daher, dass meine Ebene zu dir, meine Beziehungsebene, stimmt und ich habe mich in keinster Weise zurück gehalten, was ich gedacht, gefühlt habe, alles, und mir ist es eigentlich schwer gefallen, meine Sachen zurückzudrängen, da ich großes Vertrauen zu dir habe.

Jörg S. reagiert hier auf ein anderes Gruppenmitglied, Gerd R., das einen Teil seiner Lebensgeschichte dargestellt hatte und Jörg S. reagiert auf eine höchst charakteristische Weise: mit Körperempfindungen (»flaues Gefühl«) und Metaphern des Körpers (»Schritte gemacht«). Diese Körperlichkeit in der Sprache indiziert, wie sehr beim Zuhören andere als rein kognitive informationsverarbeitende Prozesse bei Jörg involviert waren, sein ganzer Körper »geht mit«, weil er nur so ein volles und umfängliches Verständnis dessen, was Gerd R. berichtet hatte, aufbauen kann; er spürt am eigenen Leib, dass der andere »langsame Schritte« macht und er spürt es so, als ob er sie selbst mache. Jörg geht empathisch mit Gerd mit.

Auch der Therapeut spricht den körperlichen Kontrast zwischen »aufrecht« und »vergraben« an und darauf antwortet Jörg, er sei »mit drinnen gewesen«. Nämlich »drinnen« im Gespräch und diese metaphorische Selbstlokalisierung im Gesprächscontainer ist wiederum Ausdruck einer intensiven Teilhabe, die implizites Wissen um den anderen möglich macht. Es anders zu probieren, wäre gerade ein »Abschalten«, was Jörg hier nicht kann. Auch Paul H. gibt Gerd R., der von sich erzählt hatte, eine Rückmeldung, die das bei Jörg Beobachtete noch einmal bestätigt. Er sagt zu ihm, er sei »mit dir dabei« gewesen, weil »meine Beziehungsebene stimmt« und dass er so großes Vertrauen und eine wachsende Sympathie habe. Die so beschriebene Teilhabe ist wiederum körperlich, bezogen, dicht. Die Empathie operiert gleichsam von selbst in einer beschreibbaren Weise: Die Zuhörer hören das Gesagte auf der Folie des eigenen Leibes *und* auf der Folie der eigenen Geschichte. Deshalb ist es Paul H. schwer gefallen, »meine eigenen Sachen zurück zu drängen«. Diese Art des Zuhörens macht die angesprochene Empathieverzerrung deutlich: Weder Jörg noch Paul könnten nämlich ihre Empathie von Projektion unterscheiden. Empathie fühlt sich in den *anderen* ein, Projektion bildet das Eigene am anderen ab. Die Verzerrung entsteht, weil beide Modi nicht unterschieden und gleichsam übereinander geschoben werden. Das wird später noch differenzierter beschreibbar. Durch die Überlagerung entsteht eine dichte relationale Matrix des Erlebens, in der die Zuhörer ein implizites Wissen vom Erleben und den inneren Vorgängen des Erzählers haben und dies deutlich mitteilen; sie haben sich nicht nur angesprochen, sondern verbunden gefühlt.

Das Abschalten unterbricht diese interpersonale Matrix, wie auch ein weiteres Beispiel zeigt:

(P. 16, Z. 1.129–1.138)
THOMAS W.: Aber sie hat gesagt, dass war ja dann ein offenes Geheimnis dann. Äh erst, ich hab' ihr ja nichts erzählt, ich weiß ich bin da Heim gekommen, hab' mich dann aufs Sofa noch gelegt und hab' abgeschalten, wie ich da vom Pfarrer gekommen bin. ich hab' ja auf da stur geschalten.

Die Rede ist von der Mutter, der Thomas nicht zu erzählen wagte, dass er erneut einen Missbrauch begangen hatte. Dem Pfarrer hat er sich offenbart, zuhause aber »abgeschaltet« und »auf stur geschaltet«. Die Metaphorik des Sturen verweist auf das Störrische, die Etymologie aus dem Niederdeutschen schließt das Grimmige mit ein; ein Bezug zu »stehen«, so weist Kluges Etymologisches Wörterbuch aus, ist ebenfalls gegeben und dann hätten wir den Bezug zum Gegensatz des »Mitgehens«. Wer auf »stur schaltet«, der »geht nicht mit«, der entzieht sich der Matrix des Kommunikativen.

Die Metaphorik des An-, Ab- und Umschaltens geht noch sehr viel weiter. In einem anderen Beispiel sehen wir, wie Frank B. gleichsam stillschweigend davon ausgeht, dass es auch eine Erwartung gibt, dass andere den »Schalter« bedienen. Martin K. erinnert hier Karl Z. daran, dass er geheiratet habe, weil seine Freundin schwanger wurde und dann sprechen die Männer weiter:

(P. 10, Z. 644–660)

MARTIN K.: Aber Karl, früher haben wir doch einmal irgendwann ein Gespräch gehabt, was was fehlt in der Runde oder beim Sozialtraining. Da hast du dich mal so geäußert, wenn ich mich richtig erinnere, dass, wenn das Kind nicht unterwegs gewesen wäre, hättest du auf gar keinen Fall geheiratet.

KARL Z.: Ja, das hab' ich da gesagt.

UNBEKANNTER TEILNEHMER: Das hat er vorhin auch gesagt. Das hat er vorhin auch gesagt.

MARTIN K.: Da war die Liebe aber nicht so groß, du hast halt den Vater gestellt. Wolltest also an die Stelle zurück.

FRANK B.: Ja, so stimmen die Pole und sie, also ich hab' so das Gefühl, wenn ich das alles so höre, sie konnte sich damit nicht abfinden oder umschalten oben im Kopf, dass sie jetzt ne Familie hat und das –

MARTIN K.: So ist es, und es nicht mehr so geht wie früher, dass sie Halligalli machen konnte, mit anderen rumziehen. So wie du gesagt hast, mit Freundinnen und so.

KARL Z.: Hm.

FRANK B.: Dass das nicht mehr geht. Und dann das Leben hinten und vorne verpassen kann. – Und letztendlich auch deine Schuld tun.

Karl Z. also hat berichtet, dass er seiner Freundin ein Kind gemacht habe und dass er deshalb geheiratet habe. Martin K. schließt, in der beschriebenen

Mischung aus Empathie und Projektion, dass »die Liebe aber nicht so groß« gewesen sei und lässt eigene Erfahrungen (auch solche vom Hörensagen) anklingen. Karl habe »den Vater gestellt«. Erneut eine interessante Metaphorik, die hervorhebt, dass er wohl in die Rolle eingetreten sei mehr aus Zwang denn aus Neigung. Martin reformuliert diese Wendung dann »in die Stelle zurück« und dabei nutzt er eine Formel, als habe es sich um eine Arbeitsstelle gehandelt, die Karl erst aufgegeben habe, dann aber wieder besetzen wollte.

Mit dem Einwurf von Frank B., dass die »Pole gestimmt« haben, kippt der Dialog von einer empathischen Grundhaltung um in Richtung auf Projektion: nicht nur bietet Frank eine Deutung des Verhaltens von Karls Freundin an, die er nicht kennen kann, sondern er macht auch mit einem kontrastiven »also«, das den Redeneustart nach einer Selbstunterbrechung anzeigt, (»also ich hab' so das Gefühl, wenn ich das alles so höre...«), dass er nun auf eine Projektion ausgeht. Er teilt sein »Gefühl«, genau genommen *seine* zusammengefasste Meinung dessen mit, wie *er* die Dinge sieht – und dabei erhält die Freundin die Schuld zugeschoben, weil sie nicht »umschalten« konnte im Kopf, »dass sie jetzt 'ne Familie hat«. Dieser neuen Linie schließen sich nun die anderen Sprecher mit raschen Rede-Übernahmen an; die schnellen Redewechsel sind durch das »overlap«-Zeichen + deutlich gemacht. Es folgen Deutungen des Geschehens, die zu ratifizieren scheinen, dass die Freundin auf »Halligalli« nicht verzichten wollte, dass sie »dann das Leben hinten und vorne verpassen« kann, wenn sie ihre »Schuld« tue und die Mutter stelle ebenso wie Karl den Vater.

Die Frage nach der Schuld wird hier auf eine sehr interessante Weise verhandelt, nämlich vereinseitigt. Erst war es Karl, der der Freundin ein Kind gemacht hat, dann ist es die Freundin, die nicht »umgeschaltet« hat und so konnten beide Eltern nicht ihre »Schuld« tun. Diese nachträgliche Konstruktion des Geschehens wird durch den Dialog der Sprecher erzielt unter Nutzung projektiver, klar ausweisbarer konversationeller Momente, die hier schon beschrieben sind. Das Moment der Schuld – dass Karl einer Frau ein Kind macht, mit der er von Anfang an nicht zusammen bleiben wollte –, kommt an dieser Stelle überhaupt nicht in den Fokus der gemeinsamen Aufmerksamkeit, wird regelrecht daraus verdrängt – Verdrängung ist hier ein interaktiver und kooperativer Vorgang. So kann man sehen, wie die ganze dialogische Konstruktion hier einem solchen Ziel dient. An die Frau wird dabei in logischer Zwangsläufigkeit die Erwartung weiter gegeben, dass sie hätte »umschalten« müssen und hierin sind die Sprecher sich umstandslos einig. Dieser Erwartung ist sie nicht nachgekommen und so trifft – in der Konstruktion der Sprecher – sie die Schuld daran, dass die Familiengründung scheiterte.

Szenische Abwehrformen

Am zuletzt analysierten Beispiel lässt sich deutlich erkennen, wie die Abwehr durch Projektion die relationale Matrix verändert. Wer »abschaltet«, lässt seine Fähigkeit, körperlich »mitzugehen« oder »mitzuschwingen«, wie wir bei Jörg im ersten Beispiel gesehen haben, gleichsam erstarren, er schaltet »auf stur« und gliedert sich damit aus der relationalen Matrix aus. Er wird in einem sehr genauen Sinne zu einem Individualisten, der, soweit das Abschalten reicht, keine gefühlten sozialen Bezüge mehr hat und sie auch nicht zu haben braucht. Wird dieser Modus als Erwartung projektiv an andere gerichtet, dann wird daraus aufgrund der vorherigen Erstarrung der sozialen Matrix eine Norm, an der man andere messen und deren Versagen dann bereitwillig feststellen kann. Die durch Abschalten eingeleitete Veränderung der eigenen Person (»Selbstpol«) zieht eine Veränderung am Objektpol nach sich und beide gemeinsam verändern nun die affektive Lage; aus der Teilhabe an einer relationalen Matrix, die durch solche Teilhabe überhaupt erst errichtet wird, wird nun die Suche nach dem Schuldigen und alsbald dessen Feststellung. Aus einer affektiven wird eine normative Szene.

Solche Transformationen der relationalen Matrix gibt es in vielfachen Varianten, einige davon sind im Buch beschrieben. Hier soll an einem Beispiel – das wir gemeinsam mit Jan Bulla (et al. 2005) bereits metaphernanalytisch beschrieben haben – geschildert werden, wie subtil die Umwandlungen beobachtet werden können.

Matthias R. ist ein Mann, der ausführlich schildert, wie er Esther, Tochter seiner damaligen Partnerin Waltraud, auf dem Toilettenhäuschen zur Befriedigung zwang oder Erika, ein anderes Kind, zum Oralverkehr. Es handelt sich um ein sehr prägnantes, sehr deutliches Tatnarrativ. Der Sprecher lässt Schuldbewusstsein in einer noch genauer zu analysierenden Weise in seiner sprachlichen Darstellung erkennen, und er berichtet über eine sehr starke Somatisierung: – am Tag nach der ersten Tat entdeckt er eine Schuppenflechte an seinem Penis, ein Symptom, das er vorher niemals hatte. Die Abwehr der Schuldgefühle führt hier in die Somatisierung, aber das scheint noch nicht genügend Angstbindung zu sein; er macht von der Szenischen Umkehrung des Opfers als Verfolger Gebrauch. Diese Umwandlung soll im Laufe der Darstellung an den eingeschobenen Kommentierungen deutlich werden.

(Matthias R. – 1, Z. 56f.):
MATTHIAS R.: Zu dem – ersten – Missbrauch kam es 1991, – – – äh, da wo meine Lebenspartnerin – und die Helga noch nicht da waren, meine Mutter hat gewohnt, da habe ich mit drin gewohnt, – und – es war halt mein kleiner Bruder noch da, und seine Lebenspartnerin, – die kommen auch ab und zu übers Wochenende, und es war sehr wenig Platz in dem Haus, sodass – äh die Esther – bei mir – auf der Ausziehcouch geschlafen hat, und – da hat die sich an mich so rangekuschelt, da habe ich natürlich – eine Erektion bekommen, – und – wie es halt so ist, hab ich gefragt, ob sie mir nicht mit der Hand – einen runterholt, ne – da hat sie sich erst gesträubt und da habe ich ein bisschen Druck ausgeübt.

In diesem kleinen Abschnitt finden sich zwei »sweet little nothings«, die beiden Worte »natürlich« und »halt« (»wie es halt so ist«). Beide lassen als eine selbstverständlich »natürliche« Reaktion erscheinen, mit einer Erektion zu reagieren, wenn ein weiblicher sich an einen männlichen Körper kuschelt. Am Selbstpol wird damit erreicht, dass es aussieht, als könne man nichts »gegen die Natur« machen; die Argumentation mit der Natur, hier nur durch ein einziges Partikelchen, führt einen *moralischen* Diskurs zum Zweck der Selbstentlastung.

Wenn er davon spricht, Esther gefragt zu haben, ihn mit der Hand zu befriedigen, ist das keine »natürliche« Reaktion, sondern aktive Aufforderung.

Aber der Schatten der Entlastung einer natürlichen Reaktion soll auch noch auf die selbstverantwortlich gewählte Handlung fallen. Schon die Einleitung dieser Schilderung durch eine Passivierung (»es kam zum Missbrauch«) dient der Konstruktion, dass es Umstände gab, dass er also nicht selbst handelte. Würde er sich Initiative zusprechen, wäre sein Schuldproblem nur vergrößert. Das nächste »sweet little nothing«, das »bisschen« Druck nämlich, das er ausgeübt habe, lässt deutlich das Schuldgefühl erkennen; er müsste ja den Druck nicht zu einem »bisschen« herunter modulieren, wenn er nicht wüsste, dass sein Handeln nicht in Ordnung war. In diesen kleinen, aber so bedeutsamen Wendungen sehen wir einen starken Beweis für das implizite Wissen um die Schuld; ohne ein solches Wissen müsste ein Sprecher weder von den Passivkonstruktionen Gebrauch machen noch sich auf »Natur« berufen und auch den Druck nicht modulieren. Dass die Gruppenteilnehmer insgesamt dies implizite Wissen um die Schuld erkennen lassen, lässt der prinzipiellen Hoffnung Raum, dass sie therapeutisch beeinflussbar sind. Menschen, die dieses implizite Wissen nicht erkennen ließen, könnten vermutlich mit psychotherapeutischer Arbeit gar nicht erreicht werden.

Mit dem »bisschen« verkleinert er in der Darstellung den von ihm ausgeübten Druck. Er hat – wie die Modulation durch »bisschen« beweist –Schuldbewusstsein und damit ein implizites Wissen um das Mädchen, von der er ja auch berichtet, sie habe sich gesträubt. Aber die Schuld zu bekennen wäre ihm eine Niederlage und deshalb muss das Schuldbewusstsein verdrängt werden.

Das körperliche Organ, an dem sich diese Niederlage vollzieht, wird dann genannt:

MATTHIAS R.: – – – Das war dann das erste Mal, – da habe ich dann Schuppenflechte bekommen, – aber überall am Penis und so, – am Fuß auch und am Rücken hab ich das gehabt, – und, – ähm, am nächsten Tag nachdem, oh, da hast aber Scheiße gebaut, was hast du da bloß getan, ne dass – – –

Der Vorwurf, eben die Stimme des als Niederlage verabscheuten Schuldbewusstseins, tritt in szenischer Gestalt auf: durch einen imaginierten anderen, erkennbar an der Anrede per »du«. Es ist, als ob ein anderer zu ihm spräche. Die Abwehr der Schuld, die Verletzung der relationalen Matrix und die Ignoranz gegenüber dem eigenen impliziten Wissen verwandeln die Figur des »anderen«; eben noch ein begehrtes kleines Mädchen, jetzt die Stimme eines Verfolgers. Die Schuppenflechte erhält in diesem Zusammenhang durch ihn selbst die Deutung einer STRAFE, die ihm für die Tat zuteil wurde.

Nach der Selbstunterbrechung, hier durch Gedankenstriche angezeigt, fährt er fort:

(Matthias R. – 1, Z. 68f.)
MATTHIAS R.: Ja, und – weiß nicht, war das war einen Monat später, – oder was – dasselbe – wieder – auf, auf dem Toiletten, Toilettenhäuschen, wir haben ja ein Plumpsklo auch gehabt, obwohl wir im Hause auch eins gehabt haben, – da hat sie – äh drin auch gefragt, ob sie schon einen Freund hat, und so weiter – – – und – hab, und bin da auf der Toilette gesessen, – da war sie vor der Tür gestanden und wir haben uns unterhalten, über andere Dinge noch und dann wie gesagt, komm nur rein, – da habe ich sie mit ihrem Hintern auf mich draufgesetzt, – ne, – und – wollte den Geschlechtsverkehr ausüben, aber sie ist mir ausgerissen, – ne, und hat zu mir gesagt, alte Sau, ne, – und – in der Zeit – ist es im – Ganzen, bis 1992, bis zu meiner Inhaftierung zehn, zehn Mal mit der Hand befriedigen lassen.

Auch nicht durch mehrfaches Anhören und Ansehen des Video-Bandes lässt sich hier entscheiden, wie seine Affektlage ist: gibt er im Zitatformat wieder, was Esther ihm nachgerufen hat (»alte Sau«) und zeigt damit möglichst wörtlich genau, wie es gewesen ist? Ist er beschämt? Oder hält er den affektiven Ball flach und präsentiert sich als einer, der sich bedauernswerterweise solche Worte hat sagen lassen müssen? Sieht er sich als Opfer einer solchen Beschimpfung? Welche Ordnung gleichsam ist es, die hier gilt? Die eine wäre die des Mitleidens, der Sympathie mit dem Mädchen, das sich dem Zugriff des Täters entzieht und ihn – eben: zu Recht! – beschimpft; die andere Ordnung wäre die eines Erwachsenen, der von einer Göre böse beschimpft wird. Eine alltägliche Hermeneutik möchte hier wissen, wie das gemeint war? Das aber könnte übersehen lassen, dass es ein Ziel der Darstellung ist, solche alltägliche Hermeneutik gleichsam zu blenden; es kommt dem Sprecher gerade darauf an, dass die Zuhörer *nicht* die Augen geöffnet bekommen, sondern im Zustand des Nicht-Verstehens verbleiben. Denn nur solange beide Ordnungen einander die Waage halten und nicht entschieden werden, kann die *Darstellung* weiter gehen.

Wir kommen hier weiter durch Methodik indem man sich weniger auf die Inhalte des Gesprochenen als vielmehr auf die Art der Adressierung der Angesprochenen einstellt. Harvey Sacks (1992, S. 66f.) hat eine konversationelle Routine beschrieben, die hier greift: Die Wiedergabe von Beschimpfungen der eigenen Person ist ein seltenes, weil dialogisch riskantes Ereignis. Wer zitiert, wie er beschimpft wurde, riskiert, dass auch die Zuhörer sich den zitierten Äußerungen anschließen könnten, wenigstens in Gedanken. Wer eine Beschimpfung wörtlich wiedergibt, riskiert, die Kontrolle über den Aufmerksamkeitsfokus seiner Zuhörer zu verlieren, und deshalb wird eine solche Zitierung nachdrücklich vermieden – außer dann, wenn der Sprecher sicher ist, wie die Zuhörer reagieren werden: nämlich nicht mit Zustimmung zur Beschimpfung, sondern mit Empörung gegen die Beschimpfenden. Eben dieses Kalkül scheint Matthias R. hier gleichsam auszubeuten. Indem er die Beschimpfung zitiert, macht er gleichzeitig klar, welche Reaktion er von seinen Zuhörern erwartet. Das kleine angehängte »ne« (»alte Sau, ne«) wird von Konversationsanalytikern als »tag« bezeichnet. Dies sind jene alltäglichen Artikulationen, denen inhaltlich-semantisch kein Sinn zugewiesen werden kann, die aber für den Ablauf der Konversation größte Bedeutung haben; »tags« sind jene Artikulationen, mit denen wir Zustimmung einfordern oder auf ein als gemeinsam unterstelltes Wissen verweisen.

Genau hier beginnt die Szenische Umkehrung: Indem Zuhörer oder Leser inhaltlich *nicht* entscheiden könnten, wie das Gesagte gemeint ist, wohl aber *konversationell* zu einer Stellungnahme zu den beiden Ordnungen gedrängt werden, kann sich ereignen, was als »projektive Identifizierung« beschrieben würde: Der Sprecher kann die eigene Stellungnahme vermeiden, weil er eben diesen »Teil« bei den Zuhörern »untergebracht« wissen kann. Mit geringstem

Energieaufwand, nämlich durch einfach passivierende Darstellung der »Umstände«, kann er seiner Darstellung nun die gewünschte Richtung geben.

(Matthias R. – 1, Z. 77f.)

MATTHIAS R.: Im – August – September, wo meine – damalige Lebenspartnerin dann auch zu uns, – zu mir gezogen ist, – war – meine Mutter auch noch im Haus, wurde es immer enger. – – – Durch das, durch meine Schuppenflechte – hat – die Elisabeth auch – den Geschlechtsverkehr abgebrochen, also geht nicht, mit dem Penis und alles. – Obwohl, da habe ich mir bei der Befriedigung, – manchmal mit Gewalt, manchmal mit Geschenken auch, – bei den Kindern – eben das geholt, was ich von ihr nicht gekriegt habe.

Er wechselt zur Ordnung des moralischen Naturalismus: Unterstellt werden natürliche Bedürfnisse und Verhaltensweisen wie Hunger und eben auch Sexualität. Es ist wiederum nur natürlich, sich für seine natürlichen Interessen einzusetzen und ggf. auch für sie zu kämpfen. Aus der natürlichen Gegebenheit solcher Bedürfnisse erwächst ein moralischer Anspruch; ein Mann hat Recht auf Geschlechtsverkehr, und wenn ihm dieser verweigert wird, ist die Verweigerung Unrecht. Timothy Beneke (1982) hat gezeigt, dass eine solche Logik gleichermaßen den metaphorischen Konzeptionen der Sexualität von normalen Männern wie von Vergewaltigern zugrunde liegt (vgl. Buchholz 2006). Moralische Fragen werden mit »Natürlichkeit« begründet werden und diese Logik bietet dem, der sie teilt, an, zwischen moralischen Wertungen und natürlichen Ansprüchen hin und her zu changieren. Beide stabilisieren sich in einer nur schwer angreifbaren Weise gegenseitig – denn wer wollte einem Mann das Bedürfnis nach Geschlechtsverkehr verweigern? Unter Berufung auf Natürlichkeit kann auf diesem Weg die Frage der Schuld immer leicht entschieden werden, so, wie es Matthias R. hier gerade tut: Schuld ist seine Frau, die ihm den Geschlechtsverkehr verweigerte.

Damit setzt nun ein bemerkenswerter Bedeutungswandel ein: War eben die Schuppenflechte am Penis von ihm noch als eine Art STRAFE gedeutet worden, erscheint sie nun in einer neuen metaphorischen Konzeptualisierung:

SCHUPPENFLECHTE = URSACHE (weil kein Geschlechtsverkehr möglich).

Sie, die Schuppenflechte, und dann »die Frau« werden zur Ursache dafür, dass er sich bei den Kindern »eben das geholt, was ich von ihr nicht gekriegt habe«. Diese metaphorische Konzeptualisierung impliziert, dass ein normaler Mann regelmäßigen Geschlechtsverkehr haben muss, und wenn ihm die Frau das verweigert, entsteht gleichsam ein Recht, sich Befriedigung andernorts zu »holen«. Hiermit konstruiert Matthias R. unter der Hand die konzeptuelle Metapher

Missbrauch = ein Recht.

Diese stille und deshalb wirkmächtige Konzeption ordnet dem Rechtssystem, das ihn verurteilt und ins Gefängnis gebracht hat, eine Art höheres Recht über, nämlich den moralischen Naturalismus, dessen Logik sich hier so formulieren ließe: *Wenn normale Männer nicht »natürlich«, »wie es halt so ist« befriedigt werden, müssen sie sich eben ihr Recht andernorts holen; Hilfsmittel wie »ein bisschen Druck« sind dabei nicht gerne gesehen, werden aber toleriert.*

Was in der Ordnung des Rechts als »Missbrauch« bezeichnet würde, ist in der anderen Ordnung des moralischen Naturalismus ein »natürliches« Recht: Dasselbe wird »mal so«, »mal so« gewertet. Die gleichen szenischen Momente erhalten in der einen Ordnung den einen, in der anderen den anderen Namen, und weil sie die gleichen Momente sind, können sie durch das Gleichheitszeichen miteinander verbunden werden. Wir nennen das die *Technik der metaphorischen Überblendung*, die eine solche Bedeutungsverschiebung möglich macht.

Wir haben bislang den moralischen Naturalismus als »höhere« Ordnung beschrieben, auf die Matthias R. sich hier zu berufen versucht und die er zugleich in den kleinen Phrasierungen aufbauend konstruiert. Zugleich aber ist nicht zu übersehen, wie sehr er weiß, dass er Unrecht getan hat.

(Matthias R. – 1, Z. 84f.)

MATTHIAS R.: Ne, die Erika hat mir von – 91 bis 92 sechs Mal mit dem Mund befriedigen, – befriedigen müssen, – ohne dass sie das wollte. Manchmal habe ich das in Form, wie bei der Esther, bei der Großen – ein Mofa gekauft, – dann noch – die Pistole auf die Brust gesetzt, dann habe ich

145

das wieder verlangt, – bei Erika genauso, – und – ich muss sagen, – mit Geschenken, das ist nicht oft passiert, – ich habe eben sehr viel Druck darüber ausgeübt.

Demnach befindet er sich nicht in einem Konflikt zwischen »Recht« oder »Unrecht«, sondern in einem Konflikt zwischen zwei Ordnungssystemen. Er bemüht sich gerade um eine Darstellung, wonach ein anderes Rechts- oder Ordnungssystem für ihn gelte – und *darin* wäre er entlastet. Eben darum beginnt er seine Darstellung nun zu zentrieren, dass dieses andere System des moralischen Naturalismus nicht anerkannt wird; diesem fehlt die soziale Ratifizierung. Aber mit dem Übergang, den wir – in Anlehnung an Assmann (2000) – als »normative Inversion«[3] bezeichnen wollen, kann er die obige Modulation von »ein bisschen Druck« auffallend zurücknehmen; im Gegenteil: der Druck war »sehr viel«, er hat »die Pistole auf die Brust gesetzt«, und teils hat er sich die Willfährigkeit der Mädchen mit Geschenken erkaufen müssen, ebenso wie deren Schweigen. Die Frage für eine alltägliche Hermeneutik stellt sich hier, wie diese Zurücknahme zu erklären sein könnte? Handelt es sich um wachsende Einsicht in das Verwerfliche seines Tuns? Wird er offener, seine »Sünden« zu gestehen? Geht die Verleugnung zurück?

Wir meinen, hier spielt der versuchte Übergang von einer Ordnung zur anderen eine Rolle; die damit einhergehende »Umwertung aller Werte« gibt auch dem Druck und der Gewalt eine je andere Bedeutung. Man sieht die normative Inversion sehr deutlich: Wo eben noch das Schuldbewusstsein ihn

---

3 Assmann (2000) verwendet diesen Begriff seinerseits in Analogie zur psychoanalytischen Reaktionsbildung, um die von Echnathon eingeleiteten Veränderungen im Alten Ägypten sinnfällig zu machen; Echnathon führte im 14. vorchristlichen Jahrhundert eine neue Religion ein, und damit änderten sich alle Gebräuche: Was eben noch gegessen werden durfte, war nun mit Speiseverbot belegt; was eben noch verehrt war, wurde nun erniedrigt; was eben noch heilig war, galt nun als verrucht. Schon Freud war in seiner Schrift über den »Gegensinn der Urworte« aufgefallen, dass das lateinische »sacer« manchmal mit heilig, manchmal mit verrucht zu übersetzen sei. Hier wird deutlich, dass das von der Inversion der Normen abhängig ist, die mit dem Übergang von einer Ordnung zur anderen einhergeht. – Wir sprechen von normativer Inversion dann, wenn wir den besonderen »Wertewandel« meinen, von »metaphorischer Überblendung«, wenn wir die metaphernanalytisch beschreibbare Technik der Darstellung ansprechen. Beide Vorgänge sind nah miteinander verwandt.

nötigte, seinen Druck darstellend zu verkleinern, kann er mit dem Übergang in den moralischen Naturalismus leichter davon sprechen, sehr viel Druck, ja sogar Gewalt ausgeübt zu haben – doch diese neuen Wendungen sind keineswegs als Geständnisse zu werten, sondern sie sind tendenziös: sie erscheinen als eine Art Notwehr gegen Druck, der auf *ihn* ausgeübt worden sei:

(Matthias R. – 1, Z. 97f.)
MATTHIAS R.: Und, – ich muss sagen, – 92 – kam auch – – – (lauter) einmal
– die Polizei zu uns, – und die hat die zwei Kinder befragt, hier, – ob da
was wahr ist, weil da ist – was eingegangen gewesen, ne, (wieder leise)
Telefonanruf, dass da Vorfälle vorgekommen sind, und die haben das
alle beide verneint – und – ja, nach einem Monat, – kamen sie da auf die
Baustelle und haben mich da verhaftet, ne, und haben mir eben die Vorwürfe gemacht. Zuerst habe ich nichts gesagt, – und dann haben sie mich
nach A-Stadt, – A-Stadt und dann ist halt, sind sie wieder gekommen
zur Vernehmung und da habe ich es wieder abgestritten, und als dann
der Psychologe und das alles kommt, da habe ich es zugegeben gehabt.
Ich muss allerdings noch dazusagen, 92 einmal – hat mich meine Mutter
zur Rede gestellt,- nicht erst mich, sondern die Esther, – und ich habe
gehört, dass die das abstreitet, natürlich habe ich es dann auch abgestritten, – und damit hat sich meine Mutter zufrieden gegeben, – hätte
ich das gleich gesagt, wäre es auch nicht – zu den weiteren Vorfällen
gekommen, weil dann hätte die – was gemacht. – – –

Hätte also die Mutter rechtzeitig gehandelt, dann wären die anderen als Retter ins Spiel gekommen.
Nun schaltet sich ein anderes Gruppenmitglied mit einer Frage ein:

(Matthias R. – 1, Z. 103)
KURT M. (LEISE): Was willst Du eigentlich sagen?– – –

Das ist ein beachtenswerter Einwurf eines Gruppenmitglieds, der mit seiner alltäglichen Verstehensmühe offenbar spürt, wie hier Bedeutungen subtil verschoben werden. Wenn man die normative Inversion zwischen beiden Ordnungen vor Augen hat, macht der Einwurf Sinn. Dann könnte man diesen Einwurf »übersetzen« als fragende Aufforderung, sich zwischen beiden Ordnungen zu entscheiden. Solange Matthias R. nicht entschieden hat, welche Ordnung er als für sich gültig akzeptiert, bekommen alle Mitteilungen einen schillernd-gegensätzlichen Sinn. Matthias R. kann sich nicht positionieren; weder als Täter mit Schuldbewusstsein und strafender Schuppenflechte, noch aber als einer, den die Schuppenflechte an der Ausübung seines natürlichen Rechts auf Geschlechtsverkehr behindert hat; er schwankt, ob ihm etwas geschehen ist oder ob er etwas getan hat unter dem Druck von lastenden Umständen; wenn er aber etwas tut wie Druck ausüben, muss moduliert und diese Modulation dann zurückgenommen werden, wenn er re-agiert, dann erkennbar aus strategischen Darstellungsgründen.

Auch die nächste Nachfrage von

(Matthias R. – 1, Z. 104f.)
DIETER F.: Und körperlich war das Kind? – – –

kann man so verstehen; eine Altersangabe zu Esther ist bisher nämlich unterblieben.

MATTHIAS R.: Ich habe bloß unter Druck gesetzt, das müsst ihr jetzt machen, und, und, ne. – – – Wir hatten – vorher – ein sehr gutes, äh, äh, einen sehr guten Kontakt und das ///, das kann man sich eigentlich gar nicht vorstellen, was daran schlecht gewesen wäre, – Jahre vorher, ne (Therapeut K. geht zum Fenster), weil ich kenne sie ja schon von klein auf. – Und – der hat sich verschlechtert zu den Kindern, – nachdem sie, äh – die Esther im Freibad mit der Kleinen, – wenn sie mit, mit, Uhren, – mit Uhren oder – oder was raus gegangen, oder ich hatte mal drei Fahrräder vor der Haustüre stehen, ja das haben die gestohlen, das hat sich immer mehr verschlechtert, weil ich war sehr bekannt, von meinen Großeltern schon her, – und das alles, die Leute, die sind immer zu mir gekommen, haben mich auf der Straße angehalten, da waren auch andere dabei, ne, für mich war das immer sehr peinlich. –

Hier ist nun die Szenische Umkehrung zum »Opfer als Verfolger« vollendet. Denn Esthers Klauereien beschädigen nun das Ansehen von Matthias R. im Dorf, er wird angesprochen, es ist ihm peinlich – und damit mutiert er zu einem Verfolgten. Es ist Esther, die ihn in dem Sinne »verfolgt«, als sie ihm Reputationsschäden zufügt; es ist *sein* Ansehen, das leidet, er ist nun *ihr* Opfer. Dafür könnte man noch weitere Illustrationen anfügen.

Er verteidigt sich aber auch gegen die seinen Ruf schädigende Esther und rechtfertigt so seine Schläge. Kurz, er ist es, auf dem am Ende aller Druck lastet. Er ist Opfer.

Das Ziel dieser überblendenden Darstellung ist dann erreicht: das Opfer Esther ist die eigentlich Verfolgende, während ihm, einem »normalen Mann«, das, was ihm zusteht, verweigert wurde und er zusätzlich noch mit den Peinlichkeiten zurecht kommen musste, die ihm von einem kleinen Mädchen bereitet werden – denn er war ja am Ort ein bekannter Mann. Hier ist die Szenische Umkehrung Teil einer insgesamt komplexen Schuldabwehrstrategie, die von der Somatisierung über Passivierung und Vorwürfe an nicht-einschreitende andere (Mutter) bis zur Darstellung des Opfers als Verfolger reicht. Ziel ist, durch normative Inversion den Missbrauch als rechtmäßig darstellen zu können. Freilich nicht rechtmäßig gemäß der Jurisprudenz, sondern rechtmäßig im Sinne derjenigen Rechte, wie sie etwa ein »normaler Mann« von seiner Frau erwarten kann, ein Vater von seiner Zieh-Tochter (dass die seinem Ruf nicht schade).

Persönliche Verantwortung oder »Aufarbeitung der Lebensgeschichte«?

Die besonderen Abwehrmanöver solcher Menschen, die sich mit ihrer Schuld auseinandersetzen müssen und es doch kaum können, benötigen eine besondere Einstellung der Therapeuten. Sie wird nicht direkt, sondern ebenfalls in Anspielungen gefordert. Die Gruppenteilnehmer verhalten sich in vielfacher Hinsicht den Therapeuten gegenüber fügsam – wie könnte das auch in einem solchen institutionellen Kontext anders sein. Wir tragen ein paar Momente hier zusammen, die sich um die Frage der »Aufarbeitung der Lebensgeschichte« drehen.

(Peter P. – 1, Z. 332f.)
PETER P.: Ja. Und plus, äh, achtzehn Monate wegen Betrug. / / das hängt
     irgendwie mit meiner Lebensgeschichte zusammen, äh, das ist faktisch
     unmöglich, denn da ergeben sich dann sehr viele Fragen. Ich meine,
     wenn die Gruppe meint +

In dieser Äußerung von Peter P. wird eine Doppeldeutigkeit spürbar: Die Zuwendung zur eigenen Lebensgeschichte hat therapeutisch hilfreiche Wirkung, und Peter P. ist bereit, das zu würdigen, aber er fügt an, es sei »faktisch unmöglich«. Was? Alles aus der Lebensgeschichte zu erklären. Aber »wenn die Gruppe meint« …

Die Idee einer Erklärung aus der Lebensgeschichte hat tatsächlich in allen Therapien *auch* die Mitbedeutung, dass hier Entlastung von Verantwortlichkeit und Schuldübernahme angeboten und angenommen werden kann. Wenn das aber nun als »faktisch unmöglich« angesehen wird, dann artikuliert Peter P. hier Zweifel, wie weit ein solches therapeutisches Konzept führen werde oder nur »sehr viele Fragen« aufwerfe. Was wäre die Alternative? Wir meinen, dass er hier implizit anbietet, weniger die Idee einer »Erklärung aus der Lebensgeschichte« zu verfolgen, sondern seine persönliche Verantwortung zu thematisieren. In seiner Fügsamkeit steckt ein therapeutisches Angebot.

Dieser Zweifel wird auch im Blitzlicht am Ende einer Sitzung geäußert. Matthias R. kommentiert das Geschehen der Sitzung so:

(Frank B. – 1, Z. 1.187f.)
MATTHIAS R.: Ich fand es auch sehr interessant. Ich konnte mich auch ganz
     gut mit der Angst und das hineinversetzen. Ich habe da schon ziemlich
     viel im Krankenhaus als Kind im erlebt. Ich weiß wie man sich da auch

fühlt und alles. Und so, wieso das passiert ist. Das gibt mir auch so viel denken. Da gehe ich lieber selber und frage mich selber auch, nicht? Und denke darüber nach.

THERAPEUT K.: Also das nehmen Sie für sich auch mit?

MATTHIAS R.: Ja.

THERAPEUT K.: ›Was hat das heute, mit meinem Leben heute, zu tun, was damals war?‹

MATTHIAS R.: Weil, ich kann mir das selber aussuchen, nicht?

THERAPEUT K.: Mhm.

MATTHIAS R.: Man kann sich da wieder ein Beispiel nehmen. Vielleicht war da was authentisch oder so was, nicht? Ansonsten geht es mir gut.

Das Geschehen während der Sitzung hat Bereitschaft zur Identifikation geweckt, er erinnert sich an eigene Erlebnisse im Krankenhaus. Die Formulierung des Therapeuten nutzt das Quasi-Zitat, als spräche er einen Gedanken von Matthias R. aus: Was das »mit meinem Leben heute« zu tun habe, was damals war. Matthias R. macht deutlich auf die Schwäche dieses Konzepts aufmerksam: er könne sich die Zusammenhänge zwischen dem »damals« und dem »heute« »selber aussuchen«. Das therapeutische Wort »authentisch« wird mit dem angefügten »oder so was« halb entwertet. Die Auseinandersetzung mit dem therapeutischen Konzept einer Erklärung der Tat aus der Lebensgeschichte bleibt konstanter Topos in der Gruppe und wird kontrovers verhandelt. Eine polar gegensätzliche Stellungnahme dazu findet sich in folgendem Dialog:

(Thomas W. – 1, Z. 753f.)

THOMAS W.: Na, ich steh ja zu meinen Sachen, was ich gemacht hab, und, und, dass es schlimm war, was ich gemacht hab.

RONNY T.: Als weniger schlimm seh ich's auch nicht als weniger, also ich seh das schon als weniger schlimm an, und da bin ich froh drüber, aber ich seh's trotzdem als schlimm an, so +

THOMAS W.: + Also, also +

RONNY T.: + So würd ich's halt betrachten +

THOMAS W.: + Meine Schuld ist schlimmer als deine.

RONNY T.: So würd ich schon sagen. Na, dass es nicht schlimm ist, so würd ich's nicht bezeichnen, es belastet mich schon, es macht mein Leben, hat mein Leben zerstört, mit'em Alkohol ist es genauso, aber das ist jetzt ne andere Schiene, aber es ist im Endeffekt die gleiche Schiene, also

BERND B. (ERREGT): Also für mich ist es ganz wichtig, dass ich aufmerksam gemacht werd drauf, /// wir sind hier wie im Fernsehen. Ich brauch ne gewisse Betroffenheit, das brauch ich einfach, dass ich das seh, was ich da wirklich gemacht hab. Ich muss das spüren, fühlen und sehen. Aber wenn da alles so, so, so gemauschelt wird, und so, äh, äh, die Umstände, ich kann doch gar nichts dafür. /// bloß nicht verletzen, die sagen, dass es so schlimm ist, vor was, vor was habt's ihr denn Angst?

Hier wird von Thomas W. und Ronny T. ein klares Schuldbekenntnis übernommen und auch die Frage, wessen Schuld schlimmer sei, sondiert. Verantwortlichkeit wird gesehen und es wird anerkannt, wie zerstört durch die Tat auch das eigene Leben wurde. Bernd B. fügt an, dass die Erklärung aus den Umständen gleichbedeutend sei mit »Ich kann doch gar nichts dafür«; er empfindet, dass da »gemauschelt« werde, weil die Gruppenteilnehmer Angst hätten, sich direkt etwas über ihre Schuldverstrickungen zu sagen.

Die Gruppe verhandelt hier in gleicher Weise ein konzeptuelles Problem, wie man das auch in der Fachliteratur finden kann. Beschäftigen sich etwa Bindungstheoretiker mit der Entstehung von Gewalt, so sind ihre Texte meist voll von Hinweisen auf frühe Interaktionsdynamiken, aus denen Unsicherheit und Ambivalenz entstand, sodass die gewaltsame Tat als Versuch der Ambivalenzbewältigung erscheint. Man findet in solchen Behandlungsberichten wenig, wie Therapeuten Schuldanerkennung von ihren Patienten gefordert haben. Ihre Berichte sind voll von reichem und subtilem Verstehen, was therapeutisch Sinn macht; aber es mangelt ihnen an Stellungnahmen.

Den genau gegenteiligen Eindruck kann man sich bei kleinianischen Autoren holen. Wenn sie Gewalttäter behandeln und darüber berichten, ist Schuld als Introversion des Aggressions- oder Todestriebes beständiger Topos, aber man hat durchaus nicht den Eindruck, dass sie sich für die frühe reale

Interaktionsgeschichte solcher Menschen nachhaltig interessieren; das Trieb-konzept scheint schon zu viel erklären zu können, als dass frühe Interaktion als Realität in den Blick geriete.

Auch in der öffentlichen Diskussion um Straftäter kann man eine ähnliche Polarisierung beobachten. Die einen fordern, deren Schuld klar herauszu-stellen und sie schließen meist die Forderung nach strenger Bestrafung an; der Gegenpol wird eher von psychotherapeutisch informierten Gutachtern vertreten, die insbesondere auf die Kindheit der Täter verweisen und fordern, deren Nachwirkungen zu berücksichtigen. Für die andere Seite in diesen Kontroversen ist eine solche Argumentation jedoch kaum etwas anderes, als dass Täter zu Opfern ihrer Kindheit gemacht würden und damit falle man dann auf deren abwehrende Manöver herein. Die Täter-Opfer-Umkehrung scheint sich dann auch auf dieser Diskussionsebene zu wiederholen.

Eine einseitige Stellungnahme für die eine *oder* die andere Seite kann nicht förderlich sein. Straftäter sind wie andere Menschen sowohl Produkt ihrer Umstände, aber immer auch verantwortlich für ihr Handeln. Von beiden Posi-tionen kann freilich, darauf hat zuletzt Bernd B. deutlich hingewiesen, defen-siv Gebrauch gemacht werden. Schuldanerkennung kann durch Hinweis auf die Umstände der Lebensgeschichte vermieden, die Auseinandersetzung mit der Lebensgeschichte kann durch Hinnahme der Schuld ausgesetzt werden. Der Hinweis von Bernd B. auf die Angst ist deshalb von großer Bedeutung; sie erstreckt sich in beide Richtungen.

Freilich ist die Aussage von Bernd B. auch anders lesbar.

Der akustisch schwer verständliche Hinweis auf das »Fernsehen«, das heißt auf die Video-Aufzeichnung, verleiht seinen Aussagen gleichsam ein anderes Vorzeichen; es ist dann, als ob er sage: »Wegen des Fernsehens (sprich: der Aufzeichnung) müssen wir so reden«. Zu einer solchen Lesart würde die Betonung passen, wie wichtig es ihm sei, »aufmerksam gemacht« zu werden – durch den Therapeuten in erster, durch die Gruppenmitglieder in zweiter Linie. Dieses »aufmerksam gemacht werden« wird von ihm illustriert durch mehrere Anfügungen: Betroffenheit; sehen, was er wirklich gemacht habe; »spüren, fühlen und sehen«. Es ist, als ob er wünsche, »mit der Nase drauf-gestoßen« zu werden: so, dass es beinah weh tut. Wenn wir das so verstehen, verdeckt die Auseinandersetzung um die Frage, »ich kann doch gar nichts dafür« den Wunsch nach Bestrafung – die aber dann wiederum von außen käme, als therapeutisches Oktroi. Als ob er einen Therapeuten fordere, der nach der Devise behandle, »wer nicht fühlen will, muss hören«. Damit wäre ein implizites Wissen von der Fehlerhaftigkeit des eigenen Handelns immer schon dokumentiert, ohne dies jedoch selbst denken zu können. Die Forderung nach Strafe – und sei es in der Gestalt des therapeutischen Oktroi – käme hier einer Ausflucht gleich; dass jemand Strafe fordert, weil er sein *eigenes* Wissen um sich und seine Taten nicht denken kann.

Es ist, als ob hier eine tiefere Angst vor zwei aussichtslosen Alternativen anklinge, die vor der eigenen Meinung darüber, entweder überhaupt kein Subjekt zu sein (nur von Umständen bestimmt und deshalb letztlich ohne Schuld), oder aber ein Subjekt, welches das *eigene* Wissen um sich nicht annehmen kann und insofern tiefere Reflexion verweigern muss. Solche Anerkennung des *eigenen* Wissens um die *Lebensgeschichte der Taten* müsste durch Therapie ermöglicht werden können – und diese Aufgabe ist schwierig. Aber uns will scheinen, dass sie von Bernd B. hier geradezu eingeklagt wird. Wie kann man mit der Schuld leben und sie wirklich ermessen, ohne sich mit Pseudoerklärungen über die »Umstände« abfinden zu müssen?

Schlussbemerkung

Diese Fragen fordern zu weiterer Diskussion heraus. Sie machen deutlich, dass eine »übliche« therapeutische Orientierung an der Authentizität der Darstellungen eines Patienten nicht ausreichen kann. Denn diese Männer sprechen selbst dann, wenn sie ihre Schuld noch bestreiten, in einem subjektiv authentischen Sinn.

Auch eine »übliche« therapeutische Orientierung an den Emotionen von Patienten reicht nicht; denn diese Männer können durchaus begreifen, welche erhebliche Rolle Emotionen in ihrem Leben spielen – und können dies dennoch zur Abwehr verwenden.

Unsere konversations- und metaphernanalytische Erforschung solcher Redeformen, die in unserer Studie wohl weltweit erstmalig mit Sexualstraftätern durchgeführt wurde, weist auf den nicht geringen Nutzen solcher qualitativer Forschungsanstrengungen hin. Forschung kann durchaus Anregungen für die therapeutische Praxis bieten und sollte dies vermehrt noch tun. Die Paradigmen der psychotherapeutischen Forschung wenden sich derzeit eher von den bloßen Ergebnismessungen (»outcome«) ab, weil der Satz »Psychotherapy works« (Mergenthaler 2008) als Einleitungssatz in vielen Aufsätzen in Varianten auftaucht. Ja, Psychotherapie hilft; und wir brauchen mehr Wissen über das Wie, also über den Prozess. Unsere Studie ist ein Teil solcher Bemühungen und sie macht deutlich, dass für diese umschriebene Gruppe von Sexualstraftätern besondere therapeutische Einstellungen erforderlich werden.

Literatur

Ammaniti, Massimo & Stern, Daniel N. (Hg.) (1994): Psychoanalysis and Development. Representations and Narratives. New York, London (New York University Press).

Assmann, Jan (2000): Herrschaft und Heil. Politische Theologie in Altägypten, Israel und Europa. München, Wien (Hanser).

Balint, Michael (1964): Der Arzt, sein Patient und die Krankheit. Stuttgart (Klett).

Beneke, Timothy (1982): Man on Rape. New York (St. Martin's Press).

Bruschweiler-Stern, Nadia; Harrison, Alexandra; Lyons-Ruth, Karlen; Morgan, Alexander; Nahum, Jeremy; Sander, Louis; Stern, Daniel & Tronick, Edward (2002): Explicating The Implicit: The Local Level and The Microprocess of Change In The Analytic Situation. I. J. Psycho-Anal. 83, 1051–1062. Deutsch: Das Implizite erklären: Die lokale Ebene und der Mikroprozess der Veränderung in der analytischen Situation. Psyche – Z psychoanal 58, 2007, 935–953.

Buchholz, Michael (2006): Profession und empirische Forschung in der Psychoanalyse – ihre Souveränität und Integration. Psyche – Z psychoanal 60, 426–455.

Buchholz, Michael (2007): Entwicklungsdynamik psychotherapeutischer Kompetenzen. Psychotherapeutenjournal 6, 373–382.

Buchholz, Michael; Lamott, Franziska & Mörtl, Kathrin (2008): Tat-Sachen. Narrative von Sexualstraftätern. Gießen (Psychosozial-Verlag).

Bulla, Jan (2002): Die erzählte Tat – Metaphernanalyse in einer Gruppentherapie mit Sexualstraftätern. (Dissertation zur Erlangung des Doktorgrads der Medizin der Medizinischen Fakultät der Universität Ulm. Als Manuskript gedruckt).

Bulla, Jan; Buchholz, Michael; Pfäfflin, Friedemann & Lamott, Franziska (2005): Metaphernanalyse in der Gruppenpsychotherapie: Wie Sexualstraftäter über sich und ihre Taten sprechen. Gruppenpsychotherapie und Gruppendynamik 41, 61–85.

Dornes, Martin (1996): Theorie neu betrachtet. Psyche – Z psychoanal 50, 989–1018.

Dornes, Martin (2006.): Die Seele des Kindes: Entstehung und Entwicklung. Frankfurt (Fischer).

Gigerenzer, Gerd (2008): Bauchentscheidungen. Die Intelligenz des Unbewussten und die Macht der Intuition. München (C. Bertelsmann).

Meltzoff, Andrew; Gopnik, Alison & Repacholi, Betty (1999): Toddlers' Understanding of Intentions, Desires and Emotions: Explorations of the Dark Age. In: Zelazo, Philip D.; Astington, Janet W. & Olson, David R. (Hg.): Developing Theories of Intention. Social Understanding and Self-Control. Mahwah, New Jersey, London (Lawrence Erlbaum).

Mergenthaler, Erhard (2008): Resonating minds: A school-independent theoretical conception and its empirical application to psychotherapeutic processes. Psychotherapy Research 18, 109–127.

Papousek, Mechthild (1996): Die intuitive elterliche Kompetenz in der vorsprachlichen Kommunikation als Ansatz zur Diagnostik von präverbalen Kommunikations- und Beziehungsstörungen. Kindheit und Entwicklung 5, 140–146.

Polanyi, Michael (1958, 1962): Personal Knowledge. Towards a Post-Critical Philosophy. Chicago (University of Chicago Press).

Polanyi, Michael (1966, 1982): The Tacit Dimension. Gloucester, Mass. (Peter Smith).

Polanyi, Michael (1966, 1985): Implizites Wissen. Frankfurt (Suhrkamp).

Sacks, Harvey (1992): Lectures on Conversation. Edited by Gail Jefferson, with an introduction by Emanuel A. Schegloff. Oxford (Basil Blackwell).

Schütz, Alfred (1932): »Um-zu«- und »Weil«-Motive. In: Steinert, Heinz (Hg.): Symbolische Interaktion. Arbeiten zu einer reflexiven Soziologie. Stuttgart (Klett-Cotta), 1973.

Stern, Daniel N. (1998): The process of therapeutic change involving implicit knowledge: Some implications of developmental observations for adult psychotherapy. Infant Mental Health Journal 19, 107–125.

Stern, Daniel N. (2004): The Present Moment in Psychotherapy and Everyday Life. New York, London (W. W. Norton & Company).

Stern, Daniel; Sander, Louis.; Nahum, Jeremy; Harrison, Alexandra; Lyons-Ruth, Karlen; Morgan, Alexander; Bruschweiler-Stern, Nadia & Tronick, Edward (1998): Non-Interpretive Mechanisms in Psychoanalytic Therapy. I. J. Psycho-Anal. 79, 903–921. Deutsch: Nichtdeutende Mechanismen in der psychoanalytischen Therapie. Das »Etwas-Mehr« der Deutung. Psyche – Z psychoanal 56, 2002, 974ff.

The Boston Change Study Group (CPSG) & Tomasello, Michael (1999): Having Intentions, Understanding Intentions, and Understanding Communicative Intention. In: Zelazo, Philip David; Astington, Janet W. & Olson, David R. (Hg.): Developing Theories of Intention. Social Understanding and Self-Control. Mahwah, New Jersey, London (Lawrence Erlbaum).

Tomasello, Michael (2001): Perceiving Intentions and Learning Words in the Second Year of Life. In: Tomasello, Michael & Bates, Elizabeth (Hg.): Language Development. The Essential Readings. Oxford (Blackwell Publishing).

Tomasello, Michael (2002): Die kulturelle Entwicklung des menschlichen Denkens. Zur Evolution der Kognition. Frankfurt (Suhrkamp).

Tomasello, Michael (2003): Constructing a Language. A Usage-Based Theory of Language Acquisition. Cambridge, Mass., London (Harvard University Press).

III Entwicklungschancen im Kontext pädagogischer Institutionen

Adoleszenz und Schuldgefühle

Ablösung – Liebe – Gewalt

Achim Schröder

Einleitung

Mein Beitrag zielt auf die Frage, welche Einflüsse die Adoleszenz als Zeit des körperlichen und seelischen Umbruchs und als Zeit der Umgestaltung von Beziehungen auf die Wirkmächtigkeit von Schuldgefühlen ausübt bzw. ausüben kann.

Dazu möchte ich zunächst jene Facetten der psychoanalytischen Adoleszenztheorien referieren, die den Blick auf diese Einflüsse lenken. Die damit benannten Kernthemen der Adoleszenz sind auch für die pädagogische Arbeit maßgebend; sie markieren die Konflikt- und Bewältigungsfelder.

Meinen anschließenden zweiten Part habe ich Entwicklungsvarianten von Schuldgefühlen in der Adoleszenz genannt, stelle die Einwirkungen auf das Über-Ich dar und diskutiere Trennungsschuldgefühle sowie die Fähigkeit zur Besorgnis.

Dazu referiere ich zwei Fälle; der eine handelt von entwicklungshemmenden inneren Konflikten durch Bildungsaufstieg und der andere von einem verwahrlosten Jugendlichen und seinen Aggressionen.

Anschließend gehe ich auf das Junktim von Handeln und Reflektieren in der Pädagogik und besonders in der Jugendpädagogik mit antisozialen Jugendlichen ein und schlage vor, sich für Diagnostik und konzeptionelle Weiterentwicklungen auf die »Mentalisierungsfähigkeit« zu beziehen.

Adoleszenz als zweite Chance und als Möglichkeitsraum für das Neue

Die Zweizeitigkeit der Sexualentwicklung und die damit verknüpfte *Umgestaltungsmacht* der Adoleszenz hat Freud in seinen drei Abhandlungen zur Sexualtheorie entfaltet.[1] Heranwachsende müssen ihre libidinösen Gefühle von den Eltern abziehen und sich damit in einen gewissen Gegensatz zu ihnen bringen. Ausgelöst durch den zweiten sexuellen Schub kommen Konflikte in Gang, die Jugendliche aus dem Kosmos der Familie hinaustreiben und sie zu einer kulturellen Verortung zwingen. »Gleichzeitig mit der Überwindung und Verwerfung dieser deutlich inzestuösen Fantasien wird eine der bedeutsamsten, aber auch schmerzhaftesten psychischen Leistungen der Pubertätszeit vollzogen, die Ablösung von der Autorität der Eltern, durch welche erst der für den Kulturfortschritt so wichtige Gegensatz der neuen Generation zur alten geschaffen wird« (Freud 1905, S. 95). Die Adoleszenz ist durchdrungen von dieser Gegensätzlichkeit, für die es in allen menschlichen Kulturen spezielle Bewältigungsmuster gab, die zum Teil drastisch ausfielen. Ablösung bedeutet dementsprechend nicht nur »von den Eltern«, sondern auch »der Eltern« und damit Ablösung der vorausgehenden Generation (King 2002, S. 38).

Für die Adoleszenten selbst bietet die Zeit des Umbruchs neben den damit einhergehenden Krisenerscheinungen auch eine *zweite Chance*, die sie zur Überwindung von alten Verstrickungen und Verletzungen nutzen können. Erdheim (1982) hat die prinzipiell wirksamen Dynamiken untersucht, die

---

1 In Lehrveranstaltungen zur Adoleszenz und Entwicklung von Sexualität und Jugendsexualität ist mir immer wieder auffällig, wie viel Distanz auch bei Studierenden der Sozialen Arbeit gegenüber kindlicher Sexualität vorliegt. Beschreibungen über kindliche Autoerotik lösen Irritationen aus; mit Kindheit verbindet sich die Vorstellung von Unschuld, so als käme erst mit der Pubertät die Schuld in die Welt. So wurde in einer Veranstaltung Verständnis für das Vom-Markt-Nehmen einer Broschüre der BZgA (o. J.) über »Liebe, Körper, Sexualität« geäußert, weil man einem Kind doch nicht »alternative Berührungen« zeigen oder sich mit Genuss zum Vorlesen ins Bett legen könne. Die Sorge um einen pädophilen Beiklang bietet ein Legitimationsmuster, sich gegenüber den irritierenden Seiten der kindlichen Gefühlswelt zu verschließen.

solcherart Chancen eingrenzen und den Adoleszenzverlauf in seinen Potenzialen einschränken. Er spricht von »eingefrorener Adoleszenz«, wenn die Abwehrmechanismen aufgrund eines stark kontrollierenden Über-Ichs heftig und dauerhaft mobilisiert werden. Dagegen kann der Druck der Außenwelt in Form von frühzeitigem Arbeits- und Leistungsdruck die Anpassungsmechanismen derart in Gang setzen, dass die Energien und Größenfantasien gar nicht zum Tragen kommen; hier passt das Bild einer »zerbrochenen Adoleszenz«. Wehrt das Individuum jedoch alle äußeren Anforderungen ab und begibt sich über längere Zeiträume auf die Seite der Lust und des Es, besteht die Gefahr, sozialer Verantwortung aus dem Weg zu gehen. Die Adoleszenz »brennt aus«.

Stierlin (1974) hat ein Modell *familiärer Beziehungsmodi* als einen wichtigen Faktor in die Diskussion über adoleszente Ablösungsprozesse eingebracht. Bindung, Delegation und Ausstoßung sind allgemeine Modi im intergenerativen Bezug, die aber in jeweils einseitiger Dominanz pathologischen Charakter annehmen können. Der Bindungsmodus ist übergewichtig, wenn die Außenwelt als feindlich gilt und jede Verselbstständigung aufzuhalten gesucht wird. Kinder mit einer diesbezüglichen familiären Vorgeschichte halten sich selbst aus Scheu vor Gleichaltrigen zurück und bestärken diesen Modus; sie sind in ihrer Entwicklung gebremst. Der Delegationsmodus verweist auf die unbewusst übertragenen Wünsche der Eltern, die sie ihre Kinder stellvertretend ausleben lassen und auf diese Weise daran partizipieren. Die Kinder werden ausgesandt und gleichzeitig festgehalten; das kann, wo es die Beziehungen dominiert, in der Adoleszenz zu einem gefährlichen Anheizen von Ambivalenzen führen. Ein dritter Modus, die Ausstoßung, mobilisiert die Kräfte nach außen, indem Eltern ihre Kinder vernachlässigen und vorzeitig sich selbst überlassen. Der Ausstoßungsmodus als herrschendes Muster unterläuft die adoleszente Ablösungsaufgabe; der so wichtige Konflikt zwischen Bindung und Autonomie kann nicht ausgetragen werden.

Zum Verständnis von Entwicklungspotenzialen in der Adoleszenz helfen uns die Überlegungen zum intermediären Raum weiter, den Winnicott als Ort von *Übergangsphänomenen* beschrieben hat. In diesem Raum fließen Erfahrungen der inneren Realität und des äußeren Lebens ein (Winnicott

1974, S. 11). In späteren Schriften spricht Winnicott von einem »potential space« als einem Raum, »der zu einem unbegrenzten Bereich der Trennung werden kann, den das Kleinkind, das Kind, der Jugendliche und Erwachsene kreativ mit Spiel erfüllen kann, aus dem sich später die Freude am kulturellen Erbe entwickelt« (ebd., S. 126). In den Lebensphasen, in denen Trennung, Umgestaltung von Beziehungen und Neuschöpfung anstehen – wie vor allem in der Adoleszenz – fällt dem intermediären Raum und der intermediären Vermittlung durch Übergangsobjekte eine wichtige Rolle zu. In der Jugendphase nimmt die Bereitschaft, sich auf neue bedeutsame Objektbeziehungen einzulassen, oft sprunghaft zu. Dabei handelt es sich um Beziehungen zu Peers, zu idealisierten Personen und idolisierten Stars, aber auch um Beziehungen zu Erwachsenen in pädagogischen Kontexten.

Für die potenzielle Qualität der Adoleszenz verwendet King den Begriff *Möglichkeitsraum*. Zu einem solchen Raum konnte Adoleszenz erst unter Bedingungen der Individualisierung und jenseits von ritualisierten Übergängen werden. »Adoleszente Individuierung braucht daher Spiel und Risiko, benötigt das Austesten und Überschreiten von Grenzen, das Experimentieren mit den eigenen kreativen Potentialen – kurz: die psychische Arbeit an Trennungen und Trauer, Abschied und Neuerfindungen, Verlust und Neuschöpfungen in einem übergreifenden Sinn« (King 2002, S. 30). Damit fällt der Adoleszenz eine »weichenstellende Funktion« (King) im Hinblick auf den psychischen Umbau und auf die soziale Identität zu. Allerdings hängt das Nutzungspotenzial im Möglichkeitsraum wiederum von der sozialen Genese und damit den sozial ungleichen Bedingungsfaktoren ab. Jugendliche mit geringem sozialen Kapital werden den Möglichkeitsraum nur eingeschränkt nutzen können.

Die Konzepte vom »potentiellen Raum« bei Winnicott und »Möglichkeitsraum« bei King eignen sich für eine Annäherung an die Arbeit mit Jugendlichen, weil sie – im Unterschied zu einer normsetzenden Vorstellung von Entwicklungsaufgaben wie bei Havighurst – die Unterstützung, Anregung und Förderung im Blick haben und damit immer auf den Eigensinn und die Selbstbildung der Subjekte setzen. Ich habe vor diesem Hintergrund vier Konflikt- und Bewältigungsfelder als konstitutiv für die Adoleszenz herausgearbeitet, die zugleich eine Orientierung für die pädagogische Arbeit mit Jugendlichen bieten: *Familie, Liebe, Arbeit, Selbst* (Schröder 2006).

Zur Bedeutung dieser Begriffswahl an dieser Stelle nur eine kurze Erläuterung: Neben der Umgestaltung der Beziehungen zu den Eltern unter Zuhilfenahme einer übergangsweise großen Nähe zu den Peers kommt es auf die Entwicklung von Liebesfähigkeit als Verknüpfung von Liebe und Sexualität sowie auf Arbeitsfähigkeit als Voraussetzung zu einer eigenständigen Lebensführung an. Und nicht zuletzt müssen im Verlauf der Adoleszenz gegensätzliche Erfahrungen und Gefühle im Selbst integrierbar werden.

Entwicklungsvarianten von Schulgefühlen in der Adoleszenz

Für Freud galt das Schuldgefühl als das »wichtigste Problem der Kulturentwicklung« (1930, S. 260), weil die menschlichen Aggressionen eingefriedet werden müssen. Das *Über-Ich* als Mittel zur Einfriedung egozentrischer, triebhafter und anti-sozialer Neigungen schien ihm der entscheidende Hebel zu sein. Denn Über-Ich – einschließlich des Gewissens als dessen bewusster Anteil – erzeugt Schuldgefühle und kann auf diese Weise das soziale Miteinander regulieren. Das Über-Ich repräsentiert in erster Linie die Normen und Werte der Eltern, die in ihrer psychischen Repräsentation oft strenger und unnachgiebiger sind als die realen Eltern.

Im Gefolge der pubertären Entwicklung setzen sich Heranwachsende innerlich von den Eltern ab und müssen deren Autorität vermehrt in Frage stellen. Wenn der junge Adoleszente sich von den Eltern zurückzieht, so folgert Blos, schließt das »auch seine Objektrepräsentanzen und ihre internalisierten Äquivalente, die im Über-Ich liegen, mit ein« (1962, S. 92). Das Über-Ich erfährt somit eine Schwächung in der Adoleszenz – vor allem in der Frühadoleszenz. Es geht die schützende und haltende Funktion des Über-Ich in Teilen verloren und ebenso seine strafende. Der Jugendliche übertritt nun leichter Verbote und es ist ihm vergleichsweise egal, wie die Eltern reagieren. Es kommt zu Übertretungen, Grenzverletzungen und möglicherweise auch kriminellen Handlungen. Die Steuerung durch die Eltern wird schwächer und muss in Teilen einer Selbststeuerung weichen. Die Schwächung des Über-Ich als Kontrollinstanz hat eine befreiende Wirkung, die auch Schuldgefühle zurückdrängt und damit eine heilende Wirkung gegenüber jenen Schuldgefühlen einnehmen kann, die Winnicott als unlogisch und absurd bezeichnet, weil sie nicht wirklich mit einer realen Schuld verbunden sind (1958, S. 21). Hier kann sich die Adoleszenz als »zweite Chance« erweisen.

Lust, Begierde und Aggression sind allerdings nicht im einzelnen Subjekt isoliert, sondern wurden bereits in der frühen Kindheit im dichten Beziehungskontext erlebt und sind auf diese Weise immer mit Beziehungserfahrungen verbunden. Hirsch hat die objektbeziehungstheoretischen Erweiterungen der Psychoanalyse in die Untersuchung von Schuldgefühlen einbezogen und diese in vier Gruppen systematisiert.[2] Für die Adoleszenz von hervorstechender Relevanz sind *Trennungsschuldgefühle*, die zugleich als Korrelat zu den Stierlinschen Beziehungsmodi verstanden werden können. Ihnen liegt die Überzeugung bzw. unbewusste Haltung zugrunde, »dass Loslösung von den Liebesobjekten zerstörerisch und deshalb mit Schuld verknüpft ist« (Hirsch 1997. S. 224). Im Kind haben sich solche Überzeugungen aufgrund von Erfahrungen mit seinen Eltern oder einem Elternteil festsetzen können, wenn diese sich durch einen Mangel an Identität und Eigenständigkeit auszeichnen und ihr Kind über Gebühr brauchen. So kann ein Kind als »Selbstergänzung der Mutter« (ebd., S. 233) fungieren, wenn es ein fehlendes Selbstwertgefühl bei ihr ausgleichen muss. Dieses Kind erhält bereits frühzeitig die Botschaft, dass es nicht fortgehen darf, dass es die Mutter nicht verlassen darf. Eine Trennung erscheint als existenziell bedrohlich für die Mutter; das kann auch für den Vater oder für beide Eltern gelten. Hirsch listet eindrückliche Beispiele vor allem von jungen Erwachsenen auf, die teils selbst bereits Kinder haben und durch starke und dauerhafte Loyalitätsforderungen ihrer Eltern verstrickt gebunden bleiben. Eine besondere Zuspitzung der Konflikte ist für die Zeit der Adoleszenz anzunehmen, wenn der Drang in die außerfamiliäre

---

2 Diese Gruppen nennt Hirsch (1997, auch in diesem Band): 1. Basisschuldgefühl, 2. Schuldgefühl aus Vitalität, 3. Trennungsschuldgefühl, 4. Traumatisches Schuldgefühl.

Welt zunimmt. Die hormonelle und sexuelle Reifung treibt die Jugendlichen geradezu aus der Familie heraus, weil Sexualität mit außerfamiliären Partnern gesucht wird und gegenüber den Eltern tabuisiert ist. Trennungsschuldgefühle behindern jugendliche Neugier, Experimentierfreude und Autonomiestreben. Sie können zu dem führen, was Erdheim eingefrorene Adoleszenz nennt, und bremsen den adoleszenten Übergang in die Eigenständigkeit.

Winnicott hat die *Fähigkeit zur Besorgnis* als Sozialisationsziel in die Fachdiskussion eingebracht und gezeigt, unter welchen Bedingungen sich diese Fähigkeit nur unzureichend herausbildet. Da der Säugling in seinen Chancen, sowohl Liebe wie Hass zu erproben, vor allem auf die primäre Bezugsperson, die Mutter, angewiesen ist, ist dies auch der Ort, an dem beim Säugling die Besorgnis entsteht, wie die Mutter den Angriff aushalte. Wenn der Säugling erlebt, dass sie weiterhin da ist, hat er das Bedürfnis nach Wiedergutmachung und Wiederherstellung. Das Kind muss Gelegenheit erhalten, so Winnicott, das Trieberlebnis durchzuarbeiten. Andernfalls »sehen wir einen Zusammenbruch der Fähigkeit zum Empfinden von Schuldgefühlen; an ihre Stelle tritt eine Triebhemmung oder irgendeine andere primitive Form der Abwehr« (1958, S. 29). Für Kinder, die über keine Bezugspersonen verfügen, bei denen sie ihre negativen Impulse unterbringen und Wiedergutmachung erfahren können, wird das dadurch ausgelöste Schuldgefühl unerträglich; diese Kinder können keine Besorgnis fühlen, sind vielmehr auf Spaltungen und Abtrennungen angewiesen (Winnicott 1962, S. 105).

Entsprechende Abwehrtechniken zur Vermeidung von Schuldgefühlen haben Redl und Wineman bei delinquenten Jugendlichen beobachtet und notiert: »Er hat es zuerst getan«, »Alle anderen machen sowieso solche Sachen«, »Aber jemand anders hat vorher das gleiche mit mir gemacht«, »Ich musste es tun, sonst hätte ich das Gesicht verloren«, »Das war die einzige Art, wie ich es kriegen konnte« (1951, S. 150ff., zit. n. Erdheim 1982, S. 324). Hinter den Techniken steckt der Versuch, die mit Schuldgefühlen und einer Verantwortungsübernahme verknüpften unerträglichen bzw. mangelhaften Erfahrungen unbewusst zu machen und unbewusst zu halten.

Angesichts seiner Konzentration auf die frühen Interaktionserfahrungen und deren Folgen kann uns Winnicott einerseits nur wenig Hoffnung machen,

»von den schon delinquent Gewordenen viele zu heilen« (1958, S. 35), meint aber andererseits, dass oftmals allein eine *Neuordnung der Umwelt* zu Veränderungen des antisozialen Verhaltens führe. Allerdings ist diese Neuordnung vor allem unter dem Aspekt der verschobenen Beziehungs- und Bindungsprioritäten in der Adoleszenz zu betrachten; die Beziehungen zu den Eltern treten zurück, die Beziehungen zu Gleichaltrigen bzw. Liebesbeziehungen zu Partnern spielen die erste Geige und außerfamiliäre Erwachsene erhalten oftmals eine andere Bedeutung. Dieses veränderte Koordinatensystem bietet gerade aus objektbeziehungstheoretischer Sicht die Chance, Beziehungsarbeit als Containment mit jenen Jugendlichen zu praktizieren, die wenig gehalten wurden und über mangelnde Fähigkeiten zur Besorgnis verfügen. Auch im Jugendalter kann man über einen solchen »Vorgang des Entgiftens« (Bauriedl) den Umgang mit den eigenen feindseligen Impulsen kennen und entschärfen lernen.[3] Eine dementsprechend ausgerichtete Beziehungsarbeit setzt ein erwachsenes Gegenüber voraus, das sich als Projektionsfläche für selbstbezügliches Handeln und als widerständige Realität und somit als Übergangsobjekt zur Verfügung stellen kann. Auf diese Weise lässt sich einigermaßen risikoarm Neues erproben und damit eine Entgiftung fördern. Dazu muss das erwachsene Gegenüber allerdings in der Lage sein, Übertragungen zu erkennen und zu analysieren und sich nur bedingt von den Jugendlichen verwickeln zu lassen.

Entwicklungshemmende Schuldgefühle – ein Fall und die Chancen von Jugendarbeit

Der soziale Ort der Adoleszenz kann eine entscheidende Quelle für Schuldgefühle und vor allem Trennungsschuldgefühle sein. Das zeigt Vera King (2008)

---

3   Ich verweise als Beispiel auf den Bericht einer Bootsfreizeit mit einer Gruppe von sozial deklassierten Jugendlichen, bei der das Boot kenterte, ein Zelt und alle Küchengeräte untergingen und sich die ganzen Aggressionen gegen den Pädagogen richteten. Dieser konnte einen Abbruch der Fahrt und damit einen (erneuten) Beziehungsabbruch verhindern und schildert, wie er als Container fungierte (Sax 1999 und Bimschas/Schröder 2003, S. 48f.).

am *Fall eines jungen Mannes mit Migrationshintergrund.* Dieser Mann wurde im Rahmen eines Forschungsprojekts interviewt. Bülent[4] ist 25 Jahre alt und studiert Zahnmedizin. Bereits vor seiner Geburt sind die Eltern aus der Türkei nach Deutschland emigriert. Die harte Arbeit des Vaters in Deutschland hat eine Reihe von Erkrankungen zur Folge. Beide Eltern richten alle Mühe darauf, dass ihre Kinder es einmal besser haben sollen und konzentrieren sich auf deren höhere Schullaufbahn. Zwei Erfahrungen sind für Bülent zentral, zum einen der von den Eltern ausgeübte Leistungsdruck und zum anderen die als Kind erlebten Diskriminierungen durch Mitschülerinnen und Mitschüler. Seine Schulkarriere ist keineswegs gradlinig, vielmehr durch Brüche und Störungen geprägt. »Am Ende des langen und zugleich atemlosen Interviews bricht sich ein weiteres Thema Bahn, das Bülent mit gesteigerter Bedrängnis schildert. Er beschreibt die Opfer, die seine Eltern gebracht haben, dass diese nur für die Kinder gelebt hätten, dass sein kranker Vater sich auch heute immer nur um die heranwachsenden Kinder sorge, nie um sich selbst, und welch schlechtes Gewissen er habe« (ebd., S. 341). Bülent beschreibt die aufopferungsvolle Haltung seiner Eltern, die kein Auto besitzen und nicht in Urlaub gefahren seien und sogar beim Essen ausschließlich den Kindern das Fleisch gegeben haben. Inzwischen empfindet er den Erwartungsdruck der Eltern als bindende Bürde, gegen die er sich immer wieder auflehnt, dann aber durch sein schlechtes Gewissen von einer realen Auflehnung abgehalten wird.

Der Vater und dessen leidvolle Lebensgeschichte können kaum ein Modell für Bülent sein und zugleich verpflichtet ihn dieser Vater zum Bildungserfolg. Bülents Zwiespalt wirkt sich auch auf seine Beziehungen zu Freunden aus, bei den Gebildeten – wie seinen Kommilitonen – kommt er sich wie der »größte Asi« vor und bringt damit zum Ausdruck, sich als Erfolgreicher dennoch ausgeschlossen zu fühlen. Sein Weg zeigt die Schwierigkeiten, die im Bildungsaufstieg zu bewältigen sind, wenn Kinder ihre Herkunftsbedingungen umgestalten und dabei auch existenzielle Gewissenskonflikte bearbeiten und verarbeiten müssen. Deshalb verweist dieser Fall vor allem darauf, welche

---

4 Der Name ist anonymisiert.

Umgestaltungskompetenz dieser junge Mann in seine Entwicklung einbringen muss.

Der Fall thematisiert Schuldgefühle, die *erst im Gefolge der Adoleszenz* voll zum Tragen kommen, wenn durch die anstehenden Herausforderungen beim Aufbau von eigenständiger Lebensführung und ökonomischer Existenz eine Diskrepanz gegenüber dem elterlichen Leben an Deutlichkeit zunimmt. Die bereits latent vorhandenen Konflikte spitzen sich zu, die Trennungsschuldgefühle können zu einem manifesten Hindernis werden.

Dieser Fall verweist auf die Möglichkeiten von Jugendarbeit, der es im Kern darum geht, zur Ausschöpfung von Möglichkeitsraum und psycho-sozialem Moratorium weitestgehend beizutragen. Das geschieht über eine wohl dosierte Mischung aus handlungsorientierten Angeboten und sozialen Räumen zur Reflexion, in denen sich die sogenannten »anderen Erwachsenen« als Beziehungsperson anbieten (Schröder 2004). Auf deren Fähigkeiten zur Wahrnehmung und Reflexion kommt es an, um die zum Teil versteckten Botschaften der agierenden Heranwachsenden – zumeist jenseits der unmittelbaren Situation – aufgreifen und kommunizieren zu können. So kann ich mir gut vorstellen, dass Bülent – in seiner Jugendphase – als Besucher eines Jugendhauses oder als Mitwirkender in einem Jugendprojekt den einen oder anderen Hinweis auf den Erwartungsdruck hätte geben können, der auf ihm lastet. Wenn das pädagogische Gegenüber diesen Hinweis aufnimmt und seine Wahrnehmung auf angemessene Weise vermittelt, kann sich eine symbolische oder auch verbale Interaktion entfalten, die dem Heranwachsenden einen annehmenden Ort für seine Nöte bietet. Dabei kommt es darauf an, neue Erfahrungsräume sowohl auf der Ebene der Aktivitäten wie auch der Beziehungen zu ermöglichen, die sich von denen in Bülents Familie unterscheiden.

Fallbetrachtung zu Schuld und Schuldgefühlen bei aggressiven Jugendlichen

Unter dem Titel *Verwahrlosung und Aggression* beschreibt Jochen Raue (2008) eine Therapie mit dem 15½-jährigen Kevin, der durch ein Projekt an der Schule für Erziehungshilfe in Frankfurt mit dem Therapeuten in Kontakt kam und freiwillig in eine Therapie einstieg. Kevins »Symptomatik ist vielfältig: Sie reicht von autodestruktivem Agieren, indem er sich immer wieder in gefährliche Streitereien und Schlägereien verwickelt, über exzessiven Drogengebrauch bis hin zu massiven Depressionen. Seit Jahren neigt er zu Gewalttätigkeit, die aber eher Teil eines autodestruktiven Verhaltens ist« (ebd., S.113). Über die Vorgeschichte ist bekannt, dass sich der Vater bereits vor der Geburt von der Familie trennte, er wollte das Kind nicht. Die Mutter war psychisch labil und befand sich in Behandlung. Als Kevin drei Jahre alt war, fand sie einen neuen Ehemann. Die Entwicklung in der Kindheit verlief zwar konflikthaft, aber erst in der Pubertät setzte die massive Krise ein. Die Mutter war offenbar so stark mit sich und eigenen Problemen beschäftigt, dass sie sich nur wenig mit Kevin auseinandersetzen konnte, »insbesondere die Integration aggressiver Impulse ist nicht geglückt« (ebd., S. 115). Im Therapieverlauf zeigt sich immer wieder eine destruktive Wiederholung, die auf Kevins Grundfrage verweist, ob er gewollt ist oder nicht. Ausgestattet mit diesem »Basisschuldgefühl« (Hirsch) äußert sich die Angst vor Bindung und Verantwortung in unterschiedlichen Facetten und bezieht auch den Therapeuten selbst massiv mit ein. Zeitweilig fühlt Kevin sich zu destruktiven und kriminellen Handlungen angetrieben und fantasiert, dass er sich dadurch entweder selbst zerstört oder im Gefängnis landet. Die Deutung des Therapeuten, er wolle offenbar auf diese Weise alle Verantwortung für sein Handeln los sein, fällt bei Kevin auf fruchtbaren Boden und hilft dennoch zunächst nicht weiter. Auch eine Freundin kann ihn von seiner Tendenz nicht abbringen, weil es ihm gelingt, sie zu benutzen und zu missbrauchen. In einem Hilfeplangespräch des Jugendamtes wird offensichtlich, wie Kevin die Interaktion durch konflikthaftes Agieren zu beherrschen vermag. Den Therapeuten versucht er in seine Zerstörungsneigung einzubeziehen. Allerdings ist Kevin von großer Auffassungsgabe, sodass er sich für Deutungen und Erklärungen empfänglich zeigt. Auf diese Weise gelingt es letztendlich – vor allem über einen Abbruchversuch des Therapeuten, der die Resignation und Verzweiflung in seine Gegenübertragung einmünden ließ –, Kevin etwas zu stabilisieren, zumal er die Therapie als das einzig Kontinuierliche in seiner Umwelt erlebt.

Der Fall zeigt, dass auch Jugendliche mit einer starken Aggressionsneigung über Fähigkeiten zur Besorgnis und Schuldgefühlsbildungen verfügen. Möglicherweise sind sie sogar von einem Schuldgefühl überschwemmt, nämlich dem Gefühl, wertlos und an dem Drama in der Herkunftsfamilie schuldig zu sein.

Verwahrloste und misshandelte Kinder entwickeln Schuldgefühle für das, was ihnen die verehrte und nicht »beschuldigbare« Person angetan hat. Viele Studien belegen den Zusammenhang zwischen den in der Kindheit erlebten *Grenzüberschreitungen und Zurückweisungen* einerseits und einer späteren Gewalttätigkeit andererseits; bei 80% bis 90% der Strafftäter konnte retrospektiv eine entsprechende Vorgeschichte nachgewiesen werden (Taubner 2008). Auch die qualitative Studie von Sutterlüty über Gewaltkarrieren von Jugendlichen verortet den Beginn der Gewalt in der Familie. Dort haben die späteren gewaltbereiten Heranwachsenden Misshandlungen und Missachtungen an sich selbst erfahren (Sutterlüty 2003). Bei ihnen entsteht ein entwertetes Selbstbild, das dazu verleitet, das Unerträgliche durch Selbstschädigungen und Gewaltausübungen beherrschbar zu machen. Mittels Gewalt kann das passiv und ohnmächtig in der Kindheit Erlittene in aktiv Ausgeübtes verkehrt werden.

Die emotionale Verstrickung in einen Kreislauf der Gewalt und die Neigung der Jugendlichen, aus der Opferrolle heraus zum Täter zu werden, bedeutet für die Pädagogik, keinen Erfolg erzielen zu können, wenn man diesen Jugendlichen allein die fehlenden Normen und Werte nahe zu bringen und sie zu einem Verhalten zu trainieren sucht. Sie brauchen stattdessen einen Menschen, dem der Kontakt zu ihren Nöten gelingt und der die Aggressionen auszuhalten in der Lage ist. Im Fall von Kevin gelang das über eine therapeutische Beziehung.

Die besonderen Chancen von Jugendpädagogik durch ihr Junktim von Handeln und Reflektieren

Nur selten kommen Jugendliche wie Kevin in den Kontakt mit Institutionen, die so eng zusammenarbeiten wie die Pädagogen und Therapeuten im Umfeld der Frankfurter Schule für Erziehungshilfe und auf diese Weise einen Zugang zur Therapie erleichtern. Zumeist lassen sich Jugendliche nicht auf eine Therapie ein und je nach Vorgeschichte können sie eher von *pädagogischen Beziehungen* aufgefangen werden; diese kommen vielen Jugendlichen auch deshalb entgegen, weil die Ebene des miteinander Handelns, des gemeinsamen Tuns, ein essenzieller Bestandteil der Beziehung ist. Die Pädagogik zeichnet sich im Unterschied zur Therapie dadurch aus, dass sie Aktivitäten anbietet und diese in einem bildenden und fördernden Sinne zu nutzen sucht. Sie ist leitend und anleitend tätig; sie konzentriert sich auf Handlungsfähigkeit und versucht über Bildungsanregungen Selbstbildung zu initiieren. Ihre Arbeitsmittel sind dementsprechend »verschiedene alltagsweltliche Interaktionsformen, die vom Blick über das Wort, die von Handreichungen und gemeinsamen Unternehmungen bis hin zur körperlichen Berührung reichen« (Bruns 2006, S. 13, zit. n. Reischach 2007, S. 15). Diese Handlungsorientierung kommt Jugendlichen – vor allem jenen, die unter starkem emotionalen Druck stehen – sehr entgegen. Das Agieren gehört zum Jugendalter, die Entäußerung und Einbeziehung des Anderen steht im Verlauf des Heraustretens aus dem familiären Kosmos ganz oben auf der Agenda. Es wird danach gesucht, wo etwas los ist, Action abgeht und eine Einmischung möglich erscheint. Blos (1963, S. 111f.) begreift das Agieren als eine jugendliche Darstellungsform, die aktionistisch und dramatisch innerpsychische Spannungen und das narzisstische »Geltenwollen« zum Ausdruck bringen. Dabei handelt es sich nicht um zweckgerichtetes Handeln; insofern hat das jugendliche Agieren strukturelle Ähnlichkeit mit dem kindlichen Spiel (Bimschas/Schröder 2003, S. 108). Das Agieren bietet Chancen zur Verselbstständigung und Neuschöpfung.

Daher muss es nicht wundern, wenn Pädagogik – anders als Therapie – auch jene Jugendlichen anspricht und erreichen kann, die durch dissoziales und gewalttätiges Verhalten auffallen, sofern Pädagogik über beides verfügt: geeignete Angebote und kontaktfähige Personen. Allerdings ist der Preis der Handlungsorientierung von Pädagogik und besonders Jugendpädagogik auch eine affektiv-emotionale Verwicklung zwischen dem Jugendlichen und dem Pädagogen, die nicht wie in einer Therapie in Ruhe betrachtet und begleitet werden kann, sondern im Agieren fortlaufend geschieht und deshalb besonders deutlich des Einschnitts und der Reflexion bedarf.

In der pädagogischen Arbeit mit dissozialen und gewaltbereiten Jugendlichen muss die Beziehung zu der Bezugsperson in erster Linie eine Halt gebende Funktion erfüllen, die zu einer anderen Erfahrung von Anerkennung führt, einer Anerkennung der Person bei gleichzeitiger Ablehnung einzelner Taten. Es kommt darauf an, dass die Person des Gegenübers auch schwere Aggressionen »überlebt«, weiter für den Jugendlichen da ist und auf diesem Weg eine Container-Funktion übernehmen kann. In der Jugendpädagogik steckt der Umgang mit dem *Containment* als einem reflektierten »Verwenden« noch in den Kinderschuhen. Es gibt zwar viele Pädagoginnen und Pädagogen, die ein solches in ihren alltäglichen Auseinandersetzungen praktizieren, aber es mangelt an fallspezifischen Aufbereitungen (Sax 1999), die vermitteln könnten, wie das gelingt, was das Containment bewirkt und wie Jugendliche ihre Bezugspersonen als Objekte verwenden.

Die pädagogische Praxis unterliegt immer wieder der Gefahr, der *Selbstreflexion* zu wenig Raum zu geben bzw. die Reflexion zu sehr auf den Austausch von Methoden und Strategien zu fokussieren. Denn vom pädagogischen Selbstverständnis befindet man sich eher auf der Seite der Handlung und den damit verknüpften Fähigkeiten als auf der Seite der Reflexion; der Pädagoge legt sein Schwergewicht auf die Handlungsfähigkeit und die Fähigkeit zur Bewältigung von Situationen und Herausforderungen. Doch gerade Jugendliche, die selbst unter Missbrauch und gestörten Beziehungen haben leiden müssen, neigen zu schwer verständlichen Abwehrmechanismen wie dem der Identifikation mit dem Aggressor. Und es kann gut sein, wie Winnicott (vgl. 1958, S. 33) ausführt, dass Jugendliche in ihren destruktiven Handlungen von dem unbewussten Motiv angetrieben werden, den unerträglichen Schuldgefühlen einen Sinn zu geben. Auf diese Weise verschaffen sie sich eine Erleichterung, indem die begangenen Vergehen den verdrängten Fantasien nahe kommen, wie im Fall von Kevin deutlich wurde. Nur wenn Jugendpädagogen und Jugendpädagoginnen einen supervisorischen Raum zur Verfügung haben, um ihr Gespür für solcherart verborgene Antriebskräfte und deren Wirkungen auf sie selbst zu schärfen, können sie ihr Eingebundensein in das jugendliche

Verhalten angemessener deuten und ihre Reaktionen auf dieses Verhalten verändern oder variieren.

Schuldgefühle bei gewalttätigen Jugendlichen und die Fähigkeit zur Mentalisierung

Mit Bezug auf die Falldarstellung von Kevin und meine Aussage, dass Jugendliche mit selbst erlebter Gewalt von Schuldgefühlen überschwemmt sein können, kann man auf Jugendliche wie die in der Münchener U-Bahn im Winter 2007 verweisen. Diese brachten bei ihren Gewaltattacken gegen einen älteren Mann keinerlei Gefühl oder Hemmung zum Ausdruck, auf eine wehrlose Person einzuschlagen. Die Frage, ob diese Jugendlichen überhaupt in der Lage sind, Schuldgefühle zu empfinden oder ob sie die Schuld ihrer Täter auf sich genommen haben und ihre übergroßen Schuldgefühle mit Gewalt zu beherrschen suchen, führt offensichtlich nicht weiter. Man kann zwar festhalten, dass in vielen Fällen – wie auch dem in München – ein Reue- oder Schuldgefühl in Bezug auf die Tat nicht aufkommt. Aber daraus können wir nicht ableiten, es handele sich hier um eiskalte Täter, denen ein Mitgefühl vollkommen fremd sei. So beschreiben auch jene Autoren, die den normativen Mangel in den Vordergrund stellen und im Erlernen von Straßencodes eine zentrale Ursache der Gewalttätigkeit sehen, die Jugendlichen als äußerst empfindlich und als durch Gefühle wie Ärger und Wut geprägt. »In konkreten Situationen bricht Gewalt los, weil es um eine extreme Empfindlichkeit gegenüber Andeutungen nonverbaler oder verbaler Missachtung oder Beleidigung geht« (Kersten 2008, S. 49). Der Autor interpretiert diese Jugendlichen als in einer erheblichen Entfernung von den Werten der bürgerlichen Gesellschaft befindlich. Diese Aussage kann zwar als zutreffend gelten, weist jedoch keinen erklärenden Pfad zu den Gewaltkarrieren und zu entsprechenden Interventionen.

Einen Schritt weiter führt uns vielmehr die Vorstellung, dass man die Genese des dissozialen Syndroms als eine Hemmung der Fähigkeit zur *Mentalisierung* verstehen kann. Mit Mentalisierung oder auch reflexiver Kompetenz bezeichnet Fonagy die Fähigkeit, interpersonale Erfahrungen in affektiver und kognitiver Hinsicht wahrnehmen und aufnehmen zu können (1998, S. 116). Es geht um die Fähigkeit, »sich innerpsychische (mentale) Zustände in sich selbst und in anderen Menschen vorzustellen, weil das Selbst und der Andere als intentionale Wesen aufgefasst werden, deren Verhalten auf Gründen im Sinne psychischer Befindlichkeiten basiert« (Taubner 2008, S. 106). Die reflexive Kompetenz ist bei Jugendlichen mit Missachtungserfahrungen gehemmt, weil sie diese Erfahrungen in ihren Objektbeziehungen nicht annehmen konnten und es ihnen geradezu bedrohlich erscheint, »den mentalen Zustand eines misshandelnden anderen anzuerkennen, da dieser Gefühle von Hass und mörderischer Lust enthält« (ebd.). Die frühen Erfahrungen haben Abwehrprozesse mobilisiert und münden häufig zu einem späteren Zeitpunkt des Lebens in gewalttätiges Handeln. Dabei spielt die Adoleszenz eine besondere Rolle, weil nun die Kontrolle durch die Erwachsenen abnimmt und die Unfähigkeit zur Verantwortungsübernahme deutlicher hervortritt; jetzt zeigt sie sich in realen Handlungen. Die Furcht- und Gewissenlosigkeit von Jugendlichen kann als ein Prozess der »Abwehr unerträglicher Vernichtungsängste« (ebd.) interpretiert werden. Allerdings kommt es dabei immer auf die Ausprägungsstärke und Verlaufsprozesse im Einzelnen an. Wenn wir in der pädagogischen Arbeit die Hemmungen der Mentalisierungsfähigkeit als Fokus sehen und diese zu heilen oder überwinden suchen, müssen wir uns einer verbesserten und differenzierteren diagnostischen Einordnung stellen. Dazu hat die Forschergruppe um Fonagy eine Fragebogen entwickelt, der auf dem aus der Bindungsforschung bekannten Erwachsenen-Bindungs-Interview aufbaut und mithilfe einer manualisierten Auswertungsmethode eine Gewichtung der jeweils diagnostizierten »Reflexiven Kompetenz« auf einer neunstufigen Skala ermöglicht. Eine erste Anwendung dieser Methode auf jugendliche Gewaltstraftäter im deutschsprachigen Raum hat jüngst Taubner in der schon zitierten Schrift vorgelegt. Sie konnte die Mentalisierungsfähigkeit von 19 Adoleszenten in ihrer Unterschiedlichkeit herausarbeiten und zeigen, inwieweit an einer Förderung von reflexiven Fähigkeiten mit geeigneten Methoden angesetzt werden kann.

Was Taubner für Klienten im Täter-Opfer-Ausgleich beschreibt, lässt sich auf eine Diagnostik in Jugendhilfeeinrichtungen und in Präventionsprojekten anderer Ausprägung übertragen. Die »Fähigkeit zur Mentalisierung« als eine konsequente Weiterentwicklung der von Winnicott beschriebenen Fähigkeit zur Besorgnis durchläuft in der Adoleszenz eine Phase, in der die mangelhafte Integration von Ich-Funktionen durch die Absetzbewegung von der Familie nicht nur deutlicher hervortritt, sondern auch an Gefährlichkeit für sich und andere zunimmt. An dieser Dynamik setzt Jugendpädagogik an, aber sie kann es nur erfolgreich tun, wenn sie sich im Umgang mit verschütteten und abgewehrten Gefühlen versteht und die reflexive Kompetenz zu einem Kernbestandteil ihrer Konzeptionen macht.[5]

---

5 Dazu möchte ich auf eine einjährige Weiterbildung »Konfliktbewältigung und Gewaltprävention« hinweisen, zu der wir die Arbeit an den Haltungen der Pädagoginnen und Pädagogen in den Mittelpunkt stellen und dazu das »Szenische Spiel« als Reflexionsmethode für einen – auch körperlichen – Umgang mit herausfordernden und gefährlichen Situationen einsetzen. http://www.h-da.de/weiterbildung/konflikt_und_gewalt.

Literatur

Bauriedl, Thea (1994): Auch ohne Couch. Psychoanalyse als Beziehungstheorie und ihre Anwendungen. Stuttgart (Verlag Internationale Psychoanalyse), 2. Aufl. 1996.

Bimschas, Bärbel & Schröder, Achim (2003): Beziehungen in der Jugendarbeit. Untersuchung zum reflektierten Handeln in Profession und Ehrenamt. Opladen (Leske + Budrich).

Blos, Peter (1962): Adoleszenz. Eine psychoanalytische Interpretation. Stuttgart (Klett-Cotta), 1978.

Blos, Peter (1963): Die Funktion des Agierens im Adoleszenzprozeß. In: Bohleber, Werner (Hg.): Adoleszenz und Identität. Stuttgart (Verlag Internationale Psychoanalyse), 1996, S. 103–127.

Bruns, Georg (2006): Was ist psychoanalytische Sozialarbeit? Kinderanalyse 14 (1), 4–20.

BZgA (Bundeszentrale für gesundheitliche Aufklärung) (Hg.) (o.J.): Körper, Liebe, Doktorspiele. Ein Ratgeber für Eltern zur kindlichen Sexualentwicklung vom 1. bis zum 3. Lebensjahr. Köln.

Erdheim, Mario (1982): Die gesellschaftliche Produktion von Unbewußtheit. Eine Einführung in den ethnopsychoanalytischen Prozeß. Frankfurt a.M. (Suhrkamp).

Fonagy, Peter (1998): Frühe Bindung und die Bereitschaft zu Gewaltverbrechen. In: Streeck-Fischer, Annette (Hg.): Adoleszenz und Trauma. Göttingen (Vandenhoeck & Ruprecht), S. 91–127.

Freud, Sigmund (1905): Drei Abhandlungen zur Sexualtheorie. Frankfurt (Fischer Taschenbuchverlag), 1987.

Freud, Sigmund (1930): Das Unbehagen in der Kultur. Freud-Studienausgabe Bd. IX. Frankfurt (S. Fischer), 1974, S. 191–270.

Hirsch, Mathias (1997): Schuld und Schuldgefühl. Zur Psychoanalyse von Trauma und Introjekt. Göttingen (Vandenhoeck & Ruprecht).

Hirsch, Mathias (2008): Schuld, Schuldgefühl. In: Handbuch psychoanalytischer Grundbegriffe. 3., überarbeitete und erweiterte Auflage. Stuttgart (Kohlhammer), S. 671–677.

Kersten, Joachim (2008): Der Code der Straße. In: Brumlik, Micha (Hg.): Ab nach Sibirien? Wie gefährlich ist unsere Jugend?. Weinheim, Basel (Beltz), S. 41–61.

King, Vera (2002): Die Entstehung des Neuen in der Adoleszenz. Individualität, Generativität und Geschlecht in modernisierten Gesellschaften. Opladen (Leske + Budrich).

King, Vera (2008): Aufstieg aus der bildungsfernen Familie? Anforderungen in Bildungskarrieren am Beispiel junger Männer mit Migrationshintergrund. In: Henschel, Angelika; Krüger, Ralf; Schmitt, Christof & Stange, Waldemar (Hg.): Jugendhilfe und Schule. Wiesbaden (VS-Verlag), S. 333–346.

Raue, Jochen (2008): Aggressionen verstehen. Psychoanalytische Fallstudien von Kindern und Jugendlichen. Frankfurt a.M. (Brandes & Apsel).

Redl, Fritz & Wineman, David (1951): Kinder, die hassen. München, Zürich (Piper), 1979.

Reischach, Gerald v. (2007): Reden und Handeln. Beratung im Rahmen einer psychoanalytisch orientierten sozialen Arbeit. Unveröffentlichter Vortrag. Gehalten bei der Tagung des Frankfurter Arbeitskreises für Psychoanalytische Pädagogik (FAPP) zum Thema »Psychoanalytische Beratung« in Frankfurt im November 2007.

Sax, Günter (1999): In Gruppen Beziehungsfähigkeit entwickeln. Ein Plädoyer für Gruppenarbeit – auch in der mobilen Jugendarbeit. Sozialmagazin 24, 42–49.

Schröder, Achim (2004): Sich bilden am anderen. Professionelle Beziehungen in der Jugendarbeit. In: Hörster, Reinhard; Küster, Ernst-Uwe & Wolff, Stephan (Hg.): Orte der Verständigung. Beiträge zum sozialpädagogischen Argumentieren. Freiburg i.Br. (Lambertus-Verlag), S. 231–243.

Schröder, Achim (2006): Bewältigungen in der Adoleszenz und Entgrenzung der Jugendphase. Was bleibt und was sich wandelt. Deutsche Jugend 2, 74–80 und 3, 114–123.

Schröder, Achim & Merkle, Angela (2007): Leitfaden Konfliktbewältigung und Gewaltprävention. Pädagogische Konzepte für Schule und Jugendhilfe. Schwalbach i.Ts. (Wochenschau).

Stierlin, Helm (1974): Eltern und Kinder. Das Drama von Trennung und Versöhnung im Jugendalter. Frankfurt (Suhrkamp).

Sutterlüty, Ferdinand (2003): Gewaltkarrieren. Jugendliche im Kreislauf von Gewalt und Missachtung. 2., durchgesehene Aufl. Frankfurt (Campus).

Taubner, Svenja (2008): Gewalt als Symptom? Antisoziales Verhalten in der Adoleszenz zwischen Normalität und Pathologie. Psychosozial 31 (113), 101–117.

Winnicott, Donald W. (1958): Psychoanalyse und Schuldgefühl. In: Winnicott, Donald W.: Reifungsprozesse und fördernde Umwelt. Gießen (Psychosozial-Verlag), 2002, S. 17–35.

Winnicott, Donald W. (1962): Die Entwicklung der Fähigkeit der Besorgnis (Concern). In: Winnicott, Donald W.: Reifungsprozesse und fördernde Umwelt. Gießen (Psychosozial-Verlag), 2002, S. 93–105.

Winnicott, Donald W. (1974): Vom Spiel zur Kreativität. Stuttgart (Klett-Cotta), 1995.

Schuld, Schuldgefühle und Ritalin

Manfred Gerspach

Hyperaktivität und Aufmerksamkeitsstörungen sind Charakteristika einer schnelllebigen Zeit und ihrer Ökonomie, die nach unmittelbarer Leistung und kurzfristig auf die Bilanz durchschlagenden Resultaten verlangt. Zur Risiko-, Multioptions- und Erlebnisgesellschaft gesellen sich noch die autistische Gesellschaft und jene, die den flexiblen Menschen verlangt, alle gekennzeichnet durch einen Verlust an Langfristigkeit, Verlässlichkeit und Verantwortlichkeit für andere (vgl. Ahrbeck 2008, S. 697).

Eingebettet in dieses Zeitkolorit ist das massenhaft auftretende Phänomen einer Aufmerksamkeitsdefizits-Hyperaktivitäts-Störung (ADHS). Nach repräsentativen Elternbefragungen sind 3 – 10% aller Kinder betroffen. Die Psychiatrie geht von Prävalenzraten von 3% bis 5% aus, andere Angaben gehen gemäß der Kriterien nach DSM-IV in Deutschland sogar von bis zu 16% aus (vgl. Ahrbeck 2008, S. 694). Allerdings entspringen diese Einschätzungen einem »paternalistischen Kindheitsverständnis«, wo Kinder selbst kaum eine Stimme haben. Deren Selbsteinschätzung weicht denn auch meist deutlich von jener negativen ihrer Eltern ab (vgl. Haubl/Liebsch 2008, S. 674ff.). Viele Anzeichen sprechen dafür, dass sich diese soziokulturellen Rahmenbedingungen des Aufwachsens auf die intrapsychische Seite von Kindern auswirken. Dennoch ist vor allem in medizinischen Fachkreisen eine massive Abwehr gegen komplexere Überlegungen weit verbreitet. Mit großem affektiven Aufwand wird jenen Kollegen/-innen entgegengetreten, die sich um eine differenzierte Betrachtung dieser Wechselwirkungen bemühen. Es sind wohl vor allem emotionale Entlastungswünsche als Motiv anzunehmen, beharrlich an einer monokausal hirnorganischen Verursachungshypothese festzuhalten. Vielleicht fühlt man sich kollektiv schuldig, den Kindern keine kindgerechten Lebensbedingungen bzw. Beziehungen mehr bieten zu können.

Man erklärt das Phänomen motorischer Ruhelosigkeit oder mangelnder Konzentrationsfähigkeit zur Krankheit, weil sich damit alle Beteiligten – das Kind, die Eltern, Pädagogen/-innen, Mediziner/-innen und Psychotherapeuten/-innen – von ihrer Verantwortung für die Entstehung antisozialer Verhaltensweisen entlastet sehen: Wer krank ist, der ist für sein Tun nicht zur Rechenschaft zu ziehen, sondern muss medikamentös behandelt werden. Ihm wird fortan ein Methylphenidat verabreicht – in erster Linie ist es, neben Medikinet und Concerta, unter dem Namen Ritalin auf dem Markt –, welches in Deutschland dem Betäubungsmittelgesetz unterliegt.

Die Diskussion entzündet sich vor allem an der dramatischen Zunahme der Verschreibungen. Wurden 1993 in Deutschland noch 34 kg konsumiert, so sind es 2007, also nur 14 Jahre später, bereits 1429 kg, eine Steigerung um 4203% (vgl. http://www.fr-online.de vom 11.8.08). Weltweit liegt die Zahl der medikamentös eingestellten Kinder weit über 10 Millionen. Die Ausgaben dafür belaufen sich auf einen zweistelligen Milliarden-Euro-Betrag. International gibt es große Unterschiede in der Verschreibungspraxis. Führend sind die USA, Deutschland gehört zu den gemäßigten Ländern. Wurden die Medikamente 1991 lediglich in 13 Ländern eingesetzt, so sind es heute deutlich mehr als 50 Länder. Knapp die Hälfte der Kinder mit einer ADHS-Diagnose erhalten solche Präparate, als Bestandteil einer multimodalen Therapie oder aber gänzlich ohne weitere psychotherapeutische, psychologische oder pädagogische Betreuung (vgl. Haubl/Liebsch 2008, S. 675).

Gemäß einem biomedizinisch-psychiatrischen Krankheitsbild wird der ADHS ein hirnphysiologisches Verursachungsmodell zugrunde gelegt. Jedes Schuldgefühl ist damit, und zwar mit dem Dispens der Fachwelt, von den Erziehenden genommen: Ritalin als Sedativum für Schuld und Schuldgefühle. Denn die kindliche Unruhe berührt offenbar »tief sitzende Ängste vor Schuld im Umgang mit Kindern«, und die aufkommenden Schuldgefühle sind kaum erträglich (vgl. Benz 2007, S. 95).

Die Theorie der Stoffwechselstörung des Gehirns, die einer pharmakologischen Behandlung bedürfe, vermag aber nur dann Entlastung zu bieten, wenn sie eine strikte Trennung von Natur und Kultur aufrecht erhält. Diese ist allerdings in der modernen Neurobiologie, die von einer lebenslangen Wechselwirkung ausgeht, wonach sich neuronale Netze eines Menschen unter der Einwirkung konkreter sozialisierender Beziehungserfahrungen mit den prägenden Bezugspersonen bilden, längst aufgegeben (vgl. Haubl/ Liebsch 2008, S. 685).

Erkenntnisse der Embodied Cognitive Science, die mit jenen der Psychoanalyse angereichert werden, führen uns vor Augen, dass sich Störungen früher Affektregulierungen auch neurophysiolgisch niederschlagen und später körperlich agiert werden. Frühe Erfahrungen erhalten sich im Körper und werden unter ungünstigen Bedingungen – etwa wenn eine Bedrohung oder nicht auszuhaltende Spannung befürchtet oder fantasiert werden – unbewusst reaktiviert (vgl. Leuzinger-Bohleber et al. 2008, S. 31; Leuzinger-Bohleber 2008, S. 630).

Hinzu kommt der Umstand, dass die Medikamentenvergabe – sei es ihre *Verordnung* durch den Arzt oder das tägliche Monitoring durch die Eltern – »immer Teil einer sozialen Situation« ist und das Medikament daher als – durchaus bewusstseinsferner – »Bedeutungsträger« fungiert. Die pharmakologische Behandlung wird nicht nur als Hilfe durch die Erwachsenen, sondern vielleicht auch als Bestrafung oder als Instrument zum Erreichen äußerer Ziele (in der Schule) wahrgenommen. Vielfach dient das Medikament bereits allein der Verstärkung *normaler* kognitiver Funktionen.

Gerade für die Mütter, viel mehr als für die Väter, wird die ADHS-Symptomatik ihrer Söhne zu einer besonderen Belastung, da sie damit befürchten, dem soziokulturellen Ideal der *guten Mutter* nicht gerecht zu werden, ihre Söhne zu erfolgreichen Mitgliedern der Gesellschaft zu machen. Die daraus resultierenden Schuld- und Schamgefühle macht sie aufgeschlossen für eine Theorie von der Stoffwechselstörung des Gehirns, denn sie spricht von Schuld frei, was die Belastung tendenziell wieder minimiert Mütter mit sogenannten ADHS-Kindern weisen eine vermehrte Stressbelastung und höhere Depressionswerte auf. Es ist aber kausal nicht geklärt, ob in jedem Fall die Kinder durch ihre vitale Symptomatik die Aufmerksamkeit ihrer depressiven Mütter erregen wollen oder ob es umgekehrt durch das Verhalten ihrer Kinder zu einer feststellbaren Belastung der Mütter kommt (vgl. Haubl/Liebsch 2008, S. 676ff.).

Wer derlei Fragen stellt, wird eher beharrlich ignoriert. Im Gegenteil sieht man sich, diese Argumente einwerfend, dem Vorwurf ausgesetzt; als seien Überlegungen zu psychodynamischen und psychosozialen Faktoren gleichbedeutend mit Schuldvorwürfen an die Adresse der Eltern, Lehrer/-innen oder auch der Fachkollegen/-innen. Der Widerstand entspringt einem tiefsitzenden Missverständnis, um nicht zu sagen: Misstrauen, gegenüber psychodynamischen Paradigmen der Diagnose.

Dabei gilt es doch, das Kind in seinem hyperaktiven oder unkonzentrierten Verhalten zu verstehen, es gilt aber auch, die Eltern in ihren Beziehungssignalen zu verstehen. Sich mit den latenten innerfamiliären Konflikten zu konfrontieren, heißt nicht, zur Elternbeschimpfung anzusetzen. Vielmehr kann eine offene Thematisierung zur psychischen Entlastung und damit zu einer effektiven Bearbeitung der kindlichen »Störung« gereichen.

Dies vorweg, um den Rahmen meines Themas abzustecken. Diesbezüglich fasse ich kurz zusammen: 1. die Medikation ist exzessiv wachsend und in ihrer monokausalen Ausprägung nicht hinreichend plausibel, 2. differenzierte Kritik an dieser komplexitätsreduzierten Politik wird scharf zurückgewiesen, 3. Eltern fühlen sich durch die Situation belastet und nehmen dementsprechend entlastende Argumente, man habe es in jedem Fall mit einer behandlungsbedürftigen Krankheit zu tun, dankbar auf. Nun zum Eigentlichen, zum Verhältnis von Schuld, Schuldgefühl und Ritalin.

Über den Charakter von Schuld und Schuldgefühlen

Schuld und Schuldgefühl sind Grundphänomene menschlicher Existenz. Das Verhältnis beider bestimmt sich nach Hirsch analog zum Verhältnis von interpersonell zu intrapsychisch (vgl. Hirsch 2007, S. 9ff.). Schuldig wird man vornehmlich am anderen, deshalb werden sittliche Maßstäbe in Bezug auf das Sein des Menschen und seine Verantwortung angelegt.

Das Schuldgefühl wiederum kann gelesen werden als eine durch innerpsychische Konflikte entstandene Regung – »eine Mischung aus Furcht, Ängstlichkeit, der Besorgnis, die Anerkennung der Mitmenschen zu verlieren« (S. 69) –, sodass hier psychologische und besonders psychoanalytische Maßstäbe bemüht werden.

Lange Zeit hat die Psychoanalyse Schuldgefühle allein auf das ödipale Geschehen zurückgeführt, inzwischen werden auch nicht triebbedingte Bestrebungen wie zuallererst das Streben nach Autonomie, welches ein Trennungsschuldgefühl auslöst, in die Überlegungen eingeschlossen. Vor allem im Kontext des Konzepts der Identifikation mit dem Aggressor unter Berücksichtigung traumatischer und hier insbesondere gewaltförmiger Erfahrungen geht man heute davon aus, dass sich Gewalt- wie auch Verlusterfahrungen als Introjekt im Selbst niederschlagen und dort selbstzerstörerisch weiterwirken. Damit entsteht ein unmittelbarer Zusammenhang von Schuld und Schuldgefühl: »*Die reale Schuld des Täters [...] wird zum Schuldgefühl des Opfers [...]*, weil das Introjekt wie ein feindlich verfolgendes Über-Ich Schuldgefühle macht« (Hirsch 2007, S. 14).

Dabei gilt es zu bedenken, dass dem Menschen eine existenzielle Schuld aufgegeben ist. Mit seinem Austritt aus der instinktgesteuerten Natur des Tieres erwirbt er die Fähigkeit zur Schuld. Zum Wesen der Schuld gehört eben die »*Freiheit* des Menschen«, diese Freiheit der Entscheidung und der Bestimmung des Seins schließt aber nicht die Freiheit ein, Schuld gänzlich vermeiden zu können (vgl. S. 33). Nicht von ungefähr hat Freud in »Totem und Tabu« bezüglich der Gewissensbildung, welche als Regulativ der Schuld fungieren soll, formuliert: »Denn was ist Gewissen? Nach dem Zeugnis der Sprache gehört es zu dem, was man am gewissesten weiß [...]; jeder, der ein Gewissen hat, muss die Berechtigung der Verurteilung, den Vorwurf der vollzogenen Handlung, in sich spüren« (Freud 1912–13, S. 85).

Gleichwohl widerstrebt es dem Menschen, sich seine reale Schuld einzugestehen, denn »der mit der Anerkennung verbundene Schameffekt weist auf den narzisstischen Charakter des Geschehens hin: Niemand möchte sich so schwach, so unvollkommen oder aber unmoralisch oder antisozial fühlen, dass er es nicht verhindern konnte, schuldhaft zu handeln« (vgl. Hirsch 2007, S. 59ff.). Aus diesem Grund neigt er zur Schuldabwehr. In ihrer narzisstischen

Einfärbung treten zwei Formen auf: Entweder richten sich massive Aggressionen gegen den, der auch nur einen vagen Verdacht vorbringt. Oder die Schuld wird vorschnell anerkannt und soll aus Kränkung und Trotz auf den Beschuldigenden zurückfallen und ihm ein Schuldgefühl machen. Hinzu gesellen sich Spaltungsmechanismen wie Ungeschehen-Machen und projektive Rationalisierungen in dem Sinne, dass *das doch alle machen*.

Die wohl häufigste Form der Abwehr von Schuldbewusstsein ist die Schuldzuweisung. Wenn eine Mutter ihrem fiebernden Kind vorwirft, es wisse doch, es habe nicht mit bloßen Füßen auf dem Steinfußboden laufen sollen, bekämpft sie damit nicht nur ihr eigenes Schuldgefühl, nicht genug für das Kind gesorgt zu haben, sondern verschafft sich auch eine Möglichkeit, sich nicht dem Gefühl von Hilflosigkeit gegenüber der Krankheit ausgeliefert zu sehen (vgl. Hirsch 2007, S. 60ff.).

Die eigene Schuld, nicht genug getan zu haben, kann durch die Frage nach dem Warum und nach der Ursache abgewehrt werden – was für mein Thema in Bezug auf Eltern wie Fachleute gleichermaßen zutrifft. Gerade das Wort von der »Schuld der Mütter« (vgl. Rohde-Dachser 1989) weist die Schuld für das persönliche, womöglich neurotische Unglück und Leid des Kindes der Mutter zu. Hinter dieser Anklage steckt die »Phantasie von der omnipotenten, perfekten Mutter-Figur« und entlarvt diese als eine Fantasie des kleinen Kindes von einer Mutter »mit ihren allspendenden, aber auch bedrohlichen Seiten« (vgl. Hirsch 2007, S. 63). Wenn man an die Reaktionen von Lehrer/-innen, Mediziner/-innen oder Psychotherapeuten/-innen gegenüber Müttern von *auffälligen* Kindern denkt, erübrigt es sich zu unterstreichen, dass auch die Erwachsenen nie vollkommen davon loskommen.

Während das Schuldgefühl für Freud aber noch ein ausschließlich ödipales war, wurden etwa durch Melanie Klein (1927, 1933) präödipale Formen eines frühen Über-Ich angenommen. Ihr Über-Ich-Konzept beruht auf einer Zweiteilung in ein frühes, archaisches und ein späteres, reifes. Das fantastische Über-Ich des kleinen Kindes ist von Angst erfüllt, »verschlungen, geköpft oder in Stücke geschnitten zu werden« (1933, S. 90). In Fortführung dieses Gedankens sprach Winnicott von so primitiven Über-Ich-Introjekten, wie man es sich nur vorstellen kann (vgl. 1990, S. 22; Hirsch 2007, S. 81).

Die Vorstellung von zwei Über-Ich-Qualitäten differenziert in eine feindlich-archaische Form, die für Asozialität verantwortlich gemacht wird, und in eine wohlwollende, reife Form, die auf dem Boden einer freundlich-kindgerechten Umgebung wachsen kann. Ein freundliches Über-Ich kann die von dem frühen sadistischen Über-Ich hervorgerufenen schweren Schuldgefühle mildern. Offenbar gibt es ein Schuldgefühl, das aufgrund früher sadistischer Impulse *vor* der Entwicklung des im Freudschen Sinne ödipalen Über-Ich entsteht, und sich von jenem unterscheidet, welches durch den Aufbau einer innerpsychischen Struktur ausgebildet wird (vgl. Hirsch 2007, S. 82f.). Hier sei angefügt, dass es sich bei den um ADHS zentrierten Schuldgefühlen von ihrem heftigen aggressiven Charakter und ihrer projektiven Vermittlung her vermutlich um die archaische Form handelt. Es geht mir hier in erster Linie um jene Eltern, die sehr aggressiv auf Kritik reagieren, offenbar selber wenig freundliche Identifikationsobjekte gefunden hatten und dieses Schicksal nun unbewusst an ihren Kindern agieren. Gleichzeitig offenbart sich damit die Unmöglichkeit, ihren Kindern ein freundliches Über-Ich vermitteln zu können, sodass diese selbst wieder wie in einem Teufelskreis auf archaische Schuldgefühle fixiert bleiben, was ihre Verhaltensauffälligkeiten nur zementiert. Die Weitergabe transgenerativer Inhalte auf identifikatorisch-introjektiven Wegen von einer Generation zur nächsten ist seit längerem bekannt (vgl. Hirsch 2007, S. 278; Köhler 2000; Stern 1998).

Projektive Identifikation meint jenen innerpsychischen wie interpersonellen Vorgang, bei dem unerträgliche Selbst- und Objektrepräsentanzen einem Empfänger subtil übereignet werden, der sich dann tatsächlich so fühlt oder auch so handelt, wie es dem Projizierten entspricht.

Nach Ogden kann die projektive Identifikation in folgende Bestandteile zerlegt werden:

1. Eine unbewusste projektive Fantasie vom Deponieren eines Teils vom Selbst im anderen,

2. einen interpersonellen Druck, der auf den anderen ausgeübt wird, um sich selbst im Einklang mit der unbewussten projektiven Fantasie zu verhalten, und

3. die Verarbeitung der induzierten Erfahrung durch den Empfänger,

worauf die Wiederverinnerlichung mittels Introjektion und Identifikation der ausgestoßenen und jetzt modifizierten Selbstanteile durch den Projizierenden folgt (vgl. Ogden 1997, S. 15).

Alvarez berichtet von einem sehr fordernden Kind, das seiner Therapeutin erzählt, dass seine Mutter voller Verzweiflung zu ihm sage, dass sie wahrscheinlich in einer psychiatrischen Klinik enden werde, wenn es mit seinem scheußlichen Betragen so weitergehe. Sie überlegt, »ob diese Mutter sich jemals imstande gefühlt hat, Wiedergutmachung anzubieten, anstatt in ohnmächtiger Hilflosigkeit nur die Schuldgefühle des Kindes zu vermehren – was natürlich gar nichts nützte« (vgl. 2001, S. 195). An anderer Stelle beschreibt sie das Problem eines Mädchens, das wegen Hyperaktivität und wildem, aggressivem Verhalten in Behandlung kam und seine Mutter an den Rand eines Zusammenbruchs trieb. »Rosie schien zu glauben, dass ihre Mutter glaube, dass sie fortwährend provozieren wolle. Ihre Mutter glaubte dies in der Tat und erwartete es, und Rosie erwartete, dass sie es erwartete« (vgl. S. 143).

Bei Hirsch ist ein Fall geschildert, in welchem eine Mutter der Patientin, als diese ein Kind war, immer vorwarf, sie sei Schuld an ihrem Unglück, denn wegen der Schwangerschaft mit ihr habe sie heiraten müssen und sich auch später nicht vom trinkenden Ehemann trennen können (vgl. Hirsch 2007, S. 119).

An diesen Beispielen, die sehr typisch sind für Schilderungen aus »ADHS-Familien«, sehen wir erneut den Mangel, ein freundliches Über-Ich zu internalisieren. Das Über-Ich ist zunächst ein Introjekt, das von außen in das Selbst hineinkommt. Dort kann es »etwas Fremdes, Abgekapseltes« bleiben, aber große Wirkung erzielen. Ein Introjekt erkennt man an seinem seltsam fremden Charakter, es ist »ich-dyston«. Es ist ein Gebilde, das als Fremdkörper wirkt und »vom Ich-Erleben, vom Denken, Fantasieren und Sprechen weitgehend abgetrennt ist [...]. Ein anschauliches Bild für das Eindringen des Fremden ins Ich wäre ein Virus, das in den Zellkern fremdes Genmaterial einschleust und den Organismus zwingt, fremdes Material zu produzieren« (vgl. Hirsch 2007, S. 98f.). Dieses Bild erinnert mich sehr an biologistische ADHS-Konzepte, die von genetischer Fehlsteuerung und Neurotransmittermangel ausgehen, so als handele es sich hier um ein feindlich-dämonisches Introjekt. Ihnen ist ein phantasmatischer Anteil nicht abzusprechen. Schon in der Mythologie finden wir *ruhelose* (sic!) Geister (vgl. S. 100).

Wenn das Introjekt als archaisch und feindselig, und damit gegen die eigenen Interessen gerichtet, erlebt wird, ist es kaum zu assimilieren. Es wird dann nicht mittels Identifikation das Selbst des Kindes, das sich die äußeren Forderungen nun zu eigen macht, modifiziert (vgl. S. 73f.). Je fremder, feindlicher und archaischer das Aufgenommene ist, umso schlechter gestaltet sich die Assimilation. Je realitäts- und Ich- bzw. kindgerechter es ist, umso besser kann sie gelingen (vgl. S. 92). Um einen solch günstigeren Ausgang zu erleben, bedarf das Kind aber der Fähigkeit seiner Eltern, ihm die Identifikation mit ihrem eigenen reifen, freundlichen Über-Ich zu ermöglichen. Dadurch können libidinöse und aggressive Regungen eine gedeihliche Verbindung eingehen, die es dem Kind gestatten, äußeren Ansprüchen wie inneren Spannungszuständen standzuhalten. In jedem Fall ist ein Schuldgefühl mehrfach determiniert (vgl. Hirsch 2007, S. 290).

Leider erleben wir es zusehends, dass Eltern vor den eigenen unrealistischen Ansprüchen versagen, weil sie selbst nie ausreichend die Erfahrung machen konnten, sich mit einem reifen, freundlichen Über-Ich zu identifizieren. So bleiben in der Erziehung ihrer Kinder schulische und soziale Anforderungen externalisiert, und es erscheint kaum möglich, sie darin zu unterstützen, basale Fähigkeiten aufzubauen, diese Anforderungen ins Selbst zu integrieren. Schlussendlich haben dann Eltern nicht selten Angst, von dem ausagierenden Verhalten ihrer Kinder verschlungen zu werden und greifen zum angstmindernden Methylphenidat. Und die Kinder nehmen wahr, dass die Eltern Angst vor ihnen haben, was ihre eigene Angst, ein Monster zu sein, noch weiter steigert. Ohne Ritalin, so fürchten sie, könnten sie tatsächlich gefährlich werden. Alles spricht bei Eltern *und* Kindern für eine Identifikation mit dem Aggressor. Man sucht sich dadurch zu retten, dass man sich selbst als die Ursache des Bösen ansieht und sich dafür die Schuld gibt (vgl. Hirsch 2007, S. 104). Gleichzeitig sucht man sich aber von diesem zerstörerischen Schuldgefühl zu befreien, und es ist verlockend geworden, dies mit sedierenden Psychopharmaka zu versuchen.

Die Schuld der Wissenschaftler

Nach den bis jetzt allgemein gehaltenen Erörterungen, die allerdings bereits einen archaisch-bedrohlichen Charakter von Schuldgefühlen aufgezeigt haben, was für meine Themenstellung von weitreichender Bedeutung ist, möchte ich mich nun der Herausforderung stellen, zu überlegen, inwieweit sich *alle* Beteiligten in der Frage des diagnostischen, pädagogischen wie therapeutischen Umgangs mit jenem Verhaltensphänomen, das mit dem Begriff ADHS belegt ist, schuldig machen, welches Schicksal die aus diesem quasi vorbewussten Wissen entstammenden Schuldgefühle erleiden und wie hier anders verfahren werden könnte.

An dieser Stelle sei mir daher ein genauerer Blick auf unsere eigene Gilde erlaubt. Es geht um den Einfluss des Infantilen auf die Erkenntnisbildung, oder pointiert: um die *Sexualisierung der Wissenschaften*. Ich möchte mit diesem Punkt beginnen, um deutlich zu machen, dass wir Wissenschaftler/-innen mit im Boot sitzen und selbst, vielleicht mehr erahnt als gewusst, schuldig werden, die Wahrheit um unserer inneren Balance wegen zu verraten. Damit geben wir ein schlechtes Beispiel für Kinder, Eltern und Praktiker/-innen ab.

Freud hat es ganz einfach gesagt: »Nicht nur das Tiefste, auch das Höchste am Ich kann unbewusst sein« (Freud 1923b, S. 254). Wir wollen aber kein Wissen mehr davon haben, dass am Anfang jeden Forschens eben jene kindliche sexuelle Neugier steht. Heute werden Kinder zu Kranken erklärt, wenn sie nicht funktionieren, und man spricht ihnen – und sich selbst natürlich auch – damit jedwede Verantwortung ab. Die entstehende Leerstelle wird dann folgerichtig pharmakologisch geschlossen. Es wird ihnen keine Möglichkeit eingeräumt, an ihrer erlebten Schuld zu wachsen und ihre Schuldgefühle reflexiv im Sinne einer reifen Ich-Leistung in ihr Selbstkonzept integrieren zu können. Es gibt eine Reihe von Gründen, so zu verfahren. Bei Freud heißt es: »Ein Erzieher kann nur sein, wer sich in das kindliche Seelenleben einfühlen kann, und wir Erwachsenen verstehen die Kinder nicht, weil wir unsere eigene Kindheit nicht mehr verstehen« (1913j, S. 128).

Leber spricht davon, dass es aufseiten des Pädagogen eine Reihe von inneren Widerständen gibt, die ihm die gefühlsmäßige Offenheit gegenüber seinen Klienten erschweren (vgl. 1985, 160). Dabei weist er auf Bernfelds Erkenntnis hin, dass der Erzieher immer vor zwei Kindern steht: »dem zu erziehenden vor ihm und dem verdrängten in ihm. Er kann gar nicht anders, als jenes zu behandeln wie er dieses erlebte« (vgl. Bernfeld 1973, S. 141). Leidvolle Erfahrungen wie beängstigende Fantasien, die assoziativ an das verdrängte Kind in ihm erinnern, werden in der Begegnung mit den hyperaktiven Kindern aktualisiert und können nun bei ihm massive »Sperren gegen die Empathie« auslösen und zu einer sinnentleerten, verdinglichten Krankheitszuschreibung gereichen.

In diesen Textstellen finden wir wichtige Hinweise auf die nachhaltige sowie Realität verfälschende Wirkung früher Erfahrungen, was notabene nicht vor der wissenschaftlichen Erkenntnisbildung Halt macht. Freud hat uns gezeigt, dass unser Seelenleben erfüllt ist »mit wirksamen, aber unbewussten Gedanken« und dass gewisse Inhalte erst nach Überwindung von Widerständen dem Bewusstsein zugänglich werden (vgl. Freud 1912g, S. 433). Diese Triebkräfte sind umso mächtiger, je mehr sie assoziativ mit heiklen Themen in Verbindung stehen.

Es steht also zu erwarten, dass nicht mehr gewusste Erinnerungen – seien sie verdrängt oder in einer frühen Lebensphase entstanden, an die keine kognitiv verfügbare, wohl aber eine affektive Bindung besteht – unser momentanes (Forscher-)Verhalten dominieren, ohne dass wir uns darüber weitestgehend im Klaren sind. Dieser nicht eingestandene Aspekt deckt sich mit einer weiteren Schwachstelle der Erkenntnisgewinnung. Wir vergessen dabei, dass sich in unsere Art der Erinnerung vergangener und der Bearbeitung aktueller Realität eine mehr oder weniger ausgeprägte Wahrnehmungsverzerrung einschleicht, die auch vor der Wissenschaft nicht halt macht.

Übrigens auch nicht vor der Psychoanalyse: Jeder Wissenschaftler besitzt ein bestimmtes Bild, ein Präkonzept, vom Menschen bzw. hier vom Kind, womit sein erkenntnistheoretisches Vorgehen gesteuert wird. Allerdings wäre ohne diese Form von Rêverie Erkenntnisgewinn überhaupt nicht möglich. Naumann-Lenzen befindet dazu wie folgt:

»An der Wiege des Babys sehen wir an der einen Seite gleich vier Adoptiveltern: Freud, Melanie Klein, Kernberg und Mahler. Sie betrachten den Sprössling mit besorgtem Blick, da er als ausgemachter Tunichtgut gilt, von schier unwiderstehlichen, aggressiven Impulsen getrieben, unsozial, unersättlich, unangepasst, auf Kollisionskurs mit seiner Umgebung [...]. Die Umstehenden sind sich einig, hier ist Einschränkung vonnöten.

Auf der gegenüberliegenden Seite der Wiege bietet sich dem Betrachter ein völlig anderes Bild; dort erkennen wir Kohut and Daniel Stern. Freundlich ruht ihr Blick auf dem erhebenden Schauspiel, das sich ihnen bietet: welch ein optimal vorangepasstes Geschöpf! Wie bildungsbeflissen, sozial aufgeschlossen und kontaktfreudig, aktiv, neugierig und ganz ohne Arg [...] letztlich nur dem einen Ziel verschrieben: dem Zugewinn an Kompetenz im Dienste der Regulierung eines optimalen, narzisstischen Wasserstandes!« (vgl. 1994, S. 243).

Allein eine selbstreflexive Überprüfung der eigenen Gewissheiten, die hilft, gegen den Widerstand des so leicht kränkbaren Narzissmus derlei Verblendungen zu erkennen, wird eine Verhärtung im Denken vermeiden helfen. Hier ist eine generelle Bereitschaft einzufordern, die eigenen Prämissen zu überprüfen. Zudem meine ich, dass wir die Linie vom frühkindlichen Aufbau des Denkens hin zur formal-operativen Logik nicht aus dem Auge verlieren sollten, um das nachbleibende prä-rationale Element in dieser ›höchsten‹ Stufe des Denkens nicht zu unterschätzen.

Noch immer will mir diesbezüglich Balints nachfolgende Überlegung einleuchten: »Die meisten Ärzte scheinen den unwiderstehlichen Drang zu haben, die Klagen ihrer Patienten zu einer Krankheit zu ›organisieren‹, die einen Namen hat und die man einordnen kann [...]« (vgl. Balint 1968, S. 131). Mit der Namensgebung hofft man, die Angst vor der Krankheit magisch bannen zu können. Wie dankbar und erleichtert sind doch Eltern und Fachleute, wenn das auffällige Kind das Etikett »ADHS« bekommt. Es steht für einen archaischen Abwehrmechanismus.

Übrigens nimmt Balint seine Psychoanalytiker-Zunft nicht von dieser Kritik aus:

»Zwar haben wir – mehr oder weniger – die Vorstellung von Krankheitsein-
heiten aufgegeben, aber wir scheinen nichtsdestoweniger unter dem Zwang
zu stehen, die Klagen und Symptome des Patienten zu einem ›Konflikt‹ oder
einer ›Position‹ zu organisieren, ihnen einen Namen und Platz zu geben, der
so ›früh‹ oder so ›tief‹ auf unserer chronologisch-hierarchischen Stufenleiter
eingeordnet wird, wie nur irgend möglich« (vgl. S. 131f.). Offensichtlich ist
niemand per se gegen magisches Denken gefeit.

Eine aktuelle Analogie zu diesem magischen Denken entdecke ich in dem
Versuch, über Konsenserklärungen zu bestimmten Störungsbildern, wie
etwa bei ADHS, partout Einigkeit herzustellen und alle möglichen Zweifel
zu zerstreuen. Es erinnert an die Reaktion des von Freud in *Totem und Tabu*
beschriebenen verschworenen Bruderclans, der nach der Tötung des Vaters
aus einem Schuldgefühl heraus bestimmte (Denk-)Verbote errichtet hat (vgl.
1912–13, 175f.).

So finden im Mainstream der Wissenschaften allein auf evidenzbasierten
Leitlinien beruhende Forschungs- und Wirkungsergebnisse Akzeptanz. »Was
heute fast ausschließlich zählt, sind harte Daten, durch möglichst wenig
theoretische Komplikationen verstellte Befunde [...]. Übersehen wird dabei
allerdings leicht, dass die evidenzbasierte Forschung häufig Komplexitäts-
reduktionen vornimmt, die von einem erheblichen Mut zur Vergröberung
zeugen« (Ahrbeck 2007, S. 38f.). Es werden Ein- und Ausschlusskriterien für
gefundene Evidenz formuliert, naturalistische, das heißt praxisnahe Studien
erfahren gegenüber randomisierten Kontrollstudien eine Abwertung, schließlich steht der Begriff efficacy (Effizienz) für die Messung der Wirksamkeit
unter kontrollierten Bedingungen bei Einhaltung von Behandlungsmanualen,
effectiveness (Effektivität) für die Wirksamkeit unter Praxisbedingungen (vgl.
Künzli 2007, S. 43ff.).

Wer darauf beharrt, dass das empirische Paradigma nur ein Teil wissenschaftlicher Bemühungen ist und »nicht *über*, sondern *neben* anderen«
steht, der erlebt nicht selten eine massive Beschimpfung (vgl. Buchholz
2006, S. 430f.). Hier wird deutlich, dass wissenschaftliches Arbeiten eine
starke narzisstische Komponente aufweist. Über diesen Zusammenhang

von Wissenschaft und Narzissmus müssten wir selbstkritisch viel intensiver nachdenken.

Ich verstehe selbstredend auch die Situation jener Kliniker, die sich mit einer Heerschar schwieriger Patienten konfrontiert sehen, die in kürzester Zeit durch ihre Institution durchgeschleust werden. Es nimmt wahrlich nicht wunder, sich dort bevorzugt an rigiden Verhaltenstrainingsprogrammen zu orientieren und Beziehung eher als marginal zu erachten. Alles andere – die Hereinnahme von psycho- und beziehungsdynamischen Kontexten, von Konfliktthemen, von bedeutungsgeleiteten Symptomen, von komplexen und nicht monokausal-linearen Wechselwirkungen – erschiene wohl wie das Öffnen der Büchse der Pandora. Dieses Verstehen hilft aber nicht dem Problem ab, dass mit instrumentellen Techniken kaum ein Weg gefunden wird, um Selbstwirksamkeit bzw. eine ausreichende Mentalisierungsfunktion (vgl. dazu Fonagy et al. 2004) zu erzielen, die bislang ungelösten Probleme und Konflikte auf reifere Art zu bewältigen.

Da indes jedes wissenschaftliche Bemühen mit narzisstischen Gratifikationen verknüpft ist, die man zu erringen hofft, sind auch die Vertreter weicher Positionen nicht gegen einen projektiven Impuls immun, im rigiden und entwertenden Gegenüber einen persönlichen Feind auszumachen.

Unsere schwierige Aufgabe besteht in einer Integration beider Positionen unter Beibehaltung ihrer Unvereinbarkeit. Dem positivistischen Postulat vom Verlangen nach Widerspruchsfreiheit einer Theorie läuft dies diametral zuwider, einem hermeneutisch-dialektischen Ansatz, der nach Ambiguitätstoleranz verlangt, nicht zwangsläufig. In Anlehnung an Melanie Klein und Milani Comparetti erscheint es mit notwendig, die Bekämpfung des jeweils Anderen der eigenen Normativität – des Verharrens in der schizo-paranoiden Position – zu überwinden und von einer depressiven Position aus zu ertragen, dass beide Ansätze sich notwendig ergänzen, aber wohl niemals kongruent sein werden (vgl. Milani Comparetti 1986, S. 10). Weder ein Abgleiten in eine Art wissenschaftlicher Esoterik noch das rigide Beharren auf Fliegenbeinzählerei sind die Lösung. Allein die Akzeptanz der Gegenposition als dem Alter Ego schafft Abhilfe. Es ist das Schwerste im Wissenschaftsbetrieb.

Zusammengefasst lautet die gute Nachricht aus meiner Sicht: Die juristische

Frage nach der schuldhaften Täterschaft ist auf unserem Gebiet in der Regel nicht zu stellen, geschweige denn zu beantworten, die schlechte Nachricht lautet, dass wir als Wissenschaftler/-innen, Eltern sowie Pädagogen/-innen durchaus schuldig werden, wenn wir dazu übergehen, den Kindern im Sinne Winnicotts *hinreichend gute* Identifikationsangebote zum Ertragen negativer Affekte und zur Regulierung innerer Spannungszustände zu verwehren.

Die Schuld von Eltern, Lehrer/-innen und Kindern

Nach diesen eher akademisch gewirkten Ausführungen zu meiner Zunft komme ich nun endlich auf die Frage zu sprechen, ob und wie denn Eltern und Lehrer/-innen schuldig werden, wenn sie Kinder zu ADHS-Kindern erklären und wie die Vergabe von Methylphenidat ihrem Schuldgefühl Abhilfe schaffen soll – und welche besseren Möglichkeiten geschaffen werden können. Ich beziehe mich dabei auf ein Projekt an unserem Fachbereich zur ADHS-Prävention in der Schule. Im letzten Jahr hat eine Gruppe von Studierenden der Sozialen Arbeit in Grundschulklassen mitgearbeitet. Sie waren Ansprechpartner/-innen für die Lehrer/-innen wie für die Kinder der Klasse, leisteten, wenn man so will, Aufklärungsarbeit über das Thema ADHS und stellten sich als Dialogpartner, wie es Trescher forderte, »unaufdringlich zur Verfügung« (vgl. 1993, S. 182f.). Damit wurde dort, wo die Lehrer/-innen sich einließen, erreicht,

➤ dass es keine weitere Stigmatisierung gab,

➤ dass der Blick der Lehrer/-innen ein anderer, um nicht zu sagen milder und vielleicht verstehender wurde,

➤ dass die Kinder im viel zu großen Klassenverband eine/n weitere/n Ansprechpartner/-in fanden,

➤ was zur Entspannung auf beiden Seiten führte,

➤ und damit bestehende Stigmatisierungen abgeschwächt werden konnten,

➤ sodass den Kinder eine Möglichkeit geboten wurde, für ihre ungelösten Lebensthemen, die sie natürlich mit in die Schule brachten, eine/n Dialogpartner/-in zu finden.

Nehmen wir den Fall eines kleinen Jungen, der als unkonzentriert und leistungsschwach gilt und mit dem Etikett ADHS belegt wird. Seit Langem beklagt sich die Klassenlehrerin bei der Mutter über seine schlechten Leistungen. Entgegen dem Anraten des Kinderarztes verzichtet die Mutter auf die Verabreichung von Ritalin – wie sie sagt, hat sie viel Schlechtes darüber gehört und will sie sich nicht schuldig machen an der Gesundheit ihres Kindes. Gleichzeitig aber tritt sie in der Schule der Klassenlehrerin und der Rektorin gegenüber massiv auf, weil der Junge angeblich nicht genügend eingegrenzt würde, was bei beiden einerseits zu Einschüchterungsgebärden, andererseits zu einem gemeinsamen Getuschel hinter deren Rücken führt. Die Klassenlehrerin fügt sich dem Wunsch der Mutter, eine Art Verhaltenstagebuch zu führen und notiert beinahe täglich, mit den immer gleichen Formulierungen, die »Vergehen« des Kindes.

Die professionelle Haltung der beiden Pädagoginnen leidet, denn sie sind innerlich geladen, vermeiden aber ein gemeinsames Reflektieren darüber. Ein so bitter nötiges *offenes* – mit der Fähigkeit, zuzuhören und keine Vorwürfe zu erheben – Gespräch wird nicht gesucht. Die Mutter wird von ihnen sehr exaltiert erlebt, gleichzeitig spüren sie ihre Anspannung und Umtriebigkeit. Sie hat noch ein weiteres, jüngeres Geschwisterkind zu versorgen, das sie stets mitbringt. In einem kurzen Tür-und-Angel-Gespräch erklärt sie, dass ihr ihr Ehemann heftige Vorhaltungen über das Versagen ihres Sohnes mache, er sei aber selten zu Hause, für den Jungen nicht genügend verfügbar und also keine große Entlastung.

Der Junge nimmt schnell Kontakt zur Projektstudentin auf und sucht »bei Gefahr« ihre Nähe, sie kann eine sich stabilisierende Beziehung zu ihm aufbauen, unterstützt ihn mit aufmunternden Worten, wenn es mal nicht klappen will, und siehe da, dies zeitigt erste Erfolge. Immer wieder sieht man, wie es sich tatsächlich um Aufmerksamkeitsstörungen handelt – allerdings aufseiten der Erwachsenen, die sich weder in ruhigen Phasen gemeinsam geteilter lustvoller Affekte noch in Momenten aufkommender Spannung genügend und mit der nötigen Ruhe den Kindern zuwenden. Geschieht dies, wird es dankbar und mit Auswirkungen auf die basal so wichtige Erfahrung von Selbstwirksamkeit goutiert.

Gegen Ende des Schuljahres wird ein Theaterstück vorbereitet, der Junge bekommt auf seinen Wunsch hin die Hauptrolle, er hat viel Text zu lernen, und ist – da er mit der Studentin Augenblicke von gelingender Affektabstimmung wie -ansteckung erlebt – mit Feuer und Flamme bei der Sache. Auch bei der Vorbereitung des Bühnenbildes ist er in nachgerade vorbildlicher kreativer Weise beteiligt. Unmittelbar vor der Aufführung kommen natürlich Lampenfieber und die bekannte Angst vorm Versagen auf. Aber er hat ja ein *gutes Objekt* an seiner Seite. Während des Spiels, das vor den Eltern gegeben wird und das er bravourös meistert, beobachtet die Studentin aber ein wohl typisches Interaktionsmuster. Der Junge sucht sehnsüchtig den Blick der Mutter – mit Kohut den »Glanz in ihren Augen« (vgl. 1975, S. 149) – und findet ihn nicht. Die Mutter vermeidet jeden Blickkontakt zu ihm, konzentriert sich kaum auf das Stück, sondern wirkt fahrig, schaut sich beständig unruhig in der Aula um und ist augenscheinlich froh, als das Ganze vorüber ist. Dem Jungen aber ist seine Trauer anzumerken, auch wenn er sie nicht offen kommuniziert.

Kann man dieser Mutter einen Vorwurf machen? Sie erscheint mit der häuslichen Situation überfordert, hört beständig Klagen vonseiten der Schule, der Kinderarzt erklärt ihr Kind für krank, und dennoch schützt sie ihr Kind auf ihre Weise: In der Schule tritt sie in einer Art Vorwärtsverteidigung offensiv auf und sie weigert sich, der ärztlichen Verordnung Folge zu leisten. Meist nimmt diese Geschichte an dieser Stelle, nicht zuletzt auf Druck der Schule, einen anderen Verlauf. Aber es gibt auch jene dunkle Seite, wo sie die Bedürfnisse des Jungen nach Anerkennung ignoriert, und sie signalisiert den Lehrerinnen vehement, dass man sie bloß in Ruhe lassen soll. Sie ist aber intelligent genug, um ihr eigenes Manöver zu durchschauen und fühlt sich ihrer Rolle als Mutter (in erster Linie ihrem Kind, aber auch der Schule gegenüber) nicht gewachsen, was selbstredend Schuldgefühle auslöst, die wiederum in einer Form projektiver Identifikation (an die Adresse der Lehrerinnen gerichtet) abgewehrt werden. Vordergründig entlastet sich die Mutter über ihre vehemente Art, das Schuldthema zu delegieren, und sie vermeidet es, sich intensiver einzulassen. Hinter ihrem Agieren aber setzt sie leise Signale in Richtung der Lehrerinnen, macht Andeutungen über ihre unglückliche

Situation, was leider nicht aufgegriffen wird. Der Vater selbst entzieht sich am deutlichsten seiner Verantwortung.

Kann man den Lehrerinnen einen Vorwurf machen? Die Klassenlehrerin bedrängt die Mutter seit Langem, als sei diese quasi persönlich schuld an den schlechten Schulleistungen ihres Kindes. Wir sehen aber, dass unter besseren strukturellen Bedingungen – eben das Hinzutreten einer geschulten Studentin – der Junge zu bislang für unmöglich Gehaltenes fähig ist. Das wird zuvor nicht erkannt. Was helfen im Übrigen Vorhaltungen an die Adresse der Eltern, außer, dass man sich selbst in einer nicht verstandenen Gegenübertragungsreaktion, das Schuldthema unverdaut zurückzugeben, entlasten möchte? Beides spricht nicht für ein besonderes pädagogisches Können. Die Rektorin hat auch nichts Besseres zu tun, als den Druck der Mutter an die Klassenlehrerin weiterzureichen, gleichzeitig lästern sie gemeinsam. Auch das spricht nicht für ein reflektiertes Vorgehen. Beide sind nicht in der Lage, der Mutter eine Hilfestellung zu sein. Aber da sind noch 25 andere Mütter in der Klasse ... Die Lehrerinnen können nicht als Container für die Sorgen der Mutter fungieren, weil sie sich im Moloch Schule selbst nicht gehalten sehen. Und offenbar vermeiden sie es, den Vater mit einzubeziehen. Hier sind oftmals amorphe Ängste vor heftigen männlichen Reaktionen ausschlaggebend, sich allein an die – ohnehin geschwächten – Mütter zu halten. Aber tun die zwei genug dafür, sich diese Hilfe, z. B. über eine gemeinsame Supervision, holen zu wollen? Oder wird solches eher als bedrohlich fantasiert, weil man Beschämung befürchtet, Schwächen zu erkennen geben zu müssen, und es deshalb gar nicht erst versucht?

Schließlich: Kann man dem Kind einen Vorwurf machen? Es fühlt sich offensichtlich nicht wohl zu Hause, zudem gibt es ein Geschwisterkind, das ihm auch noch die letzte Aufmerksamkeit der Mutter raubt. Der Junge verweigert sich, was man normativ betrachtet als altersungemäßes Umgehen mit einer konflikthaften Situation bezeichnen kann. Der von ihm ausgeübte Druck auf die Mutter wird damit noch größer. Er weiß es, nimmt es aber aus Verzweiflung in Kauf und fühlt sich darob schuldig. Handelte es sich im Übrigen um eine hirnfunktionelle Störung, so wären die im Unterricht der letzten Zeit sowie die im Theaterstück gezeigten Fähigkeiten nicht abrufbar gewesen.

Wir haben es hier zudem mit einem Fall zu tun, der mir doch im Vergleich zu vielen anderen noch recht einfach gelagert erscheint. Denn der Junge ist schon durch eine kleine »korrigierende emotionale Erfahrung« (Alexander 1949) in der Lage, sich auf zunächst wenig libidinös besetzte Sachthemen wie Rechnen einzulassen und die gestellte Aufgabe zu bewältigen. Auch bekommt er keine Medikamente, was ihn auf alle Fälle leichter ansprechbar macht. Und wir wissen im umgekehrten Fall, dass Kinder das Gefühl entwickeln, dass sie sich ohne ihr Ritalin nicht steuern können, und wenn sie mal die Tabletten vergessen haben, befürchten sie, vom inneren Monster überwältigt zu werden. Auch dieses ist Anlass genug für das Aufkommen von Schuldgefühlen.

Schwieriger als in diesem Fall wird es, wenn wir auf mehr strukturelle Ich-Defekte stoßen, hinter denen meist das Fehlen der elterlichen Mentalisierungsfunktion zu entdecken ist. Diese Kinder haben im Sinne des Mentalisierungskonzepts (vgl. Fonagy et al. 2004; Fonagy/Target 2006) nicht gelernt, dem Verhalten anderer Menschen einen Sinn zuzuerkennen – woraus folgt, die kognitiven Anforderungen durch den Lehrer in ihrem Stellenwert nicht einordnen zu können.

Wir wissen nur Rudimentäres über den familialen Hintergrund dieses Kindes, aber anders als in einem psychotherapeutischen Setting kann dies, wie wir gesehen haben, hinreichend sein, um ihm ein niederschwelliges pädagogisches Angebot zu unterbreiten, auf das es sich einlassen kann. Dadurch ist eine weitere Pathologisierung zu vermeiden.

Nicht zuletzt aufgrund unseres Schulprojekts ist es unsere Erfahrung, dass kreative Angebote im Zusammenhang mit dem Kunstunterricht, aber auch schulergänzende Maßnahmen wie eine sinnverstehende Psychomotorik (vgl. Eckert 2008) ein Bearbeiten ungelöster Themen zulassen, sofern die Kinder ein empathisches Gegenüber vorfinden. So können angstmachende und bedrückende Fantasien und Gedanken bildhaft und szenisch gestaltet und in einen dialogischen Beziehungsrahmen so eingebaut werden, dass Kinder sich ihnen über die Erfahrung, contained zu werden, anzunähern wagen und nicht mehr davor flüchten müssen.

Containing nach Bion (vgl. 1992) bedeutet, dass sich die Mutter zur Verfügung stellt, um alle die noch nicht bewussten und noch unintegrierbaren

Affekte und Empfindungen des Säuglings (z. B. Wut und Angst) eine Zeitlang in sich zu bewahren, in sich stellvertretend zu verarbeiten, um so das Kind vor einem Überflutetwerden von seinen Affekten zu schützen (vgl. Trescher/ Finger-Trescher 1992, S. 94). Die Mutter als Behälter/Container *verdaut* die noch unverdaulichen (Beta-)Elemente des Kindes und hilft ihm damit, sie zunehmend eigenständig in verdauliche (Alpha-)Elemente zu verwandeln.

Vielfach sind aber Eltern – und das aufgrund ihrer eigenen biografischen Nöte – nicht mehr in der Lage, ihre Kinder zu containen. Das löst bei ihnen Insuffizienzgefühle aus, die sicherlich an schlimme frühe Erfahrungen gemahnen, sodass daraus ein nur schwer zu ertragendes Schuldgefühl erwächst. Denn sie können ihren Kindern nicht helfen, weil sie sich selbst nicht zu helfen wissen. Deshalb suchen sie schnell nach einem emotionalen Ausweg, und sie sind dankbar, sich mit Pädagogen/-innen, Psychologen/-innen und Mediziner/-innen darauf einigen zu dürfen, dass dieser Ausweg in der Medikation des Kindes liegt. Aus einem professionellen Mangel der pädagogischen, ärztlichen und psychotherapeutischen Fachkräfte heraus, die Eltern gemäß Winnicott zu halten, damit diese lernen können, ihre Kinder zu halten, erfolgt diese Scheinlösung. Wie und ob die Fachkräfte die damit verknüpften Schuldgefühle verarbeiten, steht auf einem anderen Blatt.

Jedenfalls hat diese Scheinlösung im ersten Moment eine große Entlastungsfunktion, und all jene werden von der Mesalliance aus Eltern und den jeweiligen Fachvertreter/-innen massiv attackiert, die diese Schimäre als solche benennen. Denn sie verhindern, dass die Schuld von ihnen genommen wird. Eltern verspüren hierbei ein besonders großes Dilemma, denn es geht um eine doppelte Schuld: dem Kind nicht das gegeben zu haben, was es brauchte, und ihm dafür jetzt etwas zu geben, das dem Betäubungsmittelgesetz unterliegt, zum Teil noch unerkannte Nebenwirkungen zeigt und die entwicklungspsychologisch so wichtige Erfahrung von Selbstwirksamkeit, um eigene Problemlösungsstrategien zu finden, vorenthält.

Aber um es noch einmal deutlich zu sagen: Auch wenn wir zunehmend deutliche Defizite bei den elterlichen Kompetenzen ausmachen, so wäre hier eine monokausale Verursachungshypothese ebenso fatal wie im anderen Fall der hirnphysiologischen Argumentation. Nicht zuletzt die Resilienzforschung hat uns gezeigt, dass selbst unter ungünstigen, risikobehafteten Umständen die *Schuld* der Mütter bei nur gut 10% liegt. Ohne eine multifaktorielle Betrachtung kommen wir keinen Schritt weiter. Und selbst wenn wir gravierende Kompetenzmängel auszumachen vermögen, so sind diese auch wieder differenziert und vor allem transgenerativ zu betrachten. Eltern werden nicht als solche geboren, sondern müssen, um diese Funktion gekonnt ausüben zu können, als Kind selbst verständige Eltern erlebt haben.

Es geht weder um einen Generalverdacht noch um eine Generalamnestie. Eltern haben eine Verantwortung vor ihren Kindern, der sie sich nicht mit dem Verweis auf eigenes Ungemach wirklich entziehen können. Oder anders ausgedrückt, so wie es Alexander Mitscherlich einmal in einer seiner berühmten Vorlesungen formulierte: Verstehen heißt nicht alles verzeihen.

Dennoch wäre es wünschenswert, könnte man Eltern helfen, ihrer Haltefunktion gerecht zu werden. Das würde den gesamten Kontext entlasten. Die indirekten Hilfen fürs Kind sind oftmals die besten. Gerade die Mütter sind es – und zwar vorrangig die von Jungen –, die sich schuldig und schuldig gemacht fühlen. Ihnen wird die gesamte Verantwortung für die gedeihliche Entwicklung des Nachwuchses auferlegt, das ist eine lang tradierte gesellschaftliche Sitte. Sie nehmen diese Bürde auch sogleich ohne große Widerrede auf sich, und ich frage mich, ob dies damit zu tun hat, dass Frauen manifest empfänglicher sind für Schuldgefühle als Männer.

Wem ausreichende Containingerfahrungen und daraus erwachsende Mentalisierungsfunktionen fehlen und der darum beständig zum Außenseiter wird, der weiß sicherlich um seine Auffälligkeit, nicht zuletzt deshalb, weil er immer nur kränkende Reaktionen erntet oder spürt, wie seine Mutter an ihm leidet. Hier entwickelt sich fortan ein System gegenseitig verstrickter Schuld. Und wem es, wie gesagt, nicht gelingt, seine Beta-Elemente in Alpha-Elemente zu verwandeln, der bleibt an ein sehr archaisch-sadistisches und externalisiertes Über-Ich fixiert, aus dem ein ebenso bedrohliches archaisches Schuldgefühl resultiert, von dem man sich auf dem Wege der projektiven Identifizierung (z.B. an die Adresse der Lehrer/-innen gewandt) wieder befreien möchte. Durch die damit zumeist ausgelösten harschen Reaktionen verstärkt sich der Leidensdruck.

Es gibt aber auch Lehrer/-innen, die nicht erst durch agierte Gegenübertragungsreaktionen im Drama mitspielen, sondern die selbst, z. B. aus mangelnder Motivation oder weil sie private Probleme haben, die sie an die Kinder delegieren, einen Übertragungszirkus in Gang setzen. Nicht selten werden Kinder Opfer ihrer verständnislosen Lehrer/-innen, und werden, da sie in der schwächeren Position sind, als Störer gebrandmarkt, obwohl ihr Verhalten nur die unmittelbare Antwort auf die latenten oder auch manifesten aggressiven *Vorschläge* des Erwachsenen (vgl. Milani Comparetti 1986) ist.

Es sei noch einmal betont, dass die Beschäftigung mit konflikthaften Familienthemen nicht als Vorwurf misszuverstehen ist. Im Gegenteil möchten wir Eltern einladen, ihre unbewussten Fantasien über sich und ihre Kinder an die Oberfläche zu bringen. Nur so verlieren sie ihre schädliche, weil dem Bewusstsein entzogene Wirkung. »Dabei zeigt sich regelmäßig, dass auf den ersten Blick unverständliches und pathogenes Interaktionsverhalten ein Ausdruck solcher Phantasien ist und wie ihre Durcharbeitung den Interaktionsstil, unter dem oft Eltern und Kinder gleichermaßen leiden, verändern kann« (Dornes 1993, S.1147).

Damit wurde dort, wo die Lehrer/-innen sich einließen, erreicht,

➤ dass es keine weitere Stigmatisierung gab,

➤ dass der Blick der Lehrer/-innen ein anderer, um nicht zu sagen *milder* und vielleicht *verstehender* wurde,

➤ dass die Kinder im viel zu großen Klassenverband eine/n weitere/n Ansprechpartner/-in fanden,

➤ was zur Entspannung auf beiden Seiten führte

➤ und damit bestehende Stigmatisierungen abgeschwächt werden konnten,

➤ sodass den Kinder eine Möglichkeit geboten wurde, für ihre ungelösten Lebensthemen, die sie natürlich mit in die Schule brachten, eine/n Dialogpartner/-in zu finden.

Voraussetzung für das (teilweise) Gelingen dieses Projekts war es, den Studierenden neben der Arbeit an der Theorie eine Praxisreflexion anzubieten, in welcher sie ihre Belastungen thematisieren und bearbeiten konnten. Genau jenes Moment der Entlastung fehlt gewöhnlich im Schulkontext, sodass die Lehrer/-innen eher dazu neigen, auf strikt verhaltensregulierende Maßnahmen zu setzen, ohne nach dessen tieferer Bedeutung zu fragen, oder auf der Medikation durch Methylphenidat, in den meisten Fällen Ritalin, zu bestehen. Es lässt sich beobachten, dass das Thema ADHS in den Schulen deshalb ein wenig aus dem allgemeinen Fokus schwindet, weil der überwiegende Teil der Zappelphilippe inzwischen ruhig gestellt ist.

Vor allem fiel eines auf, was im Übrigen durch alle mir bekannten qualitativen Untersuchungen bestätigt wird, dass nämlich immer ein psychosoziales Belastungsmoment bei den betroffenen Kindern zu finden war. Darin eingeschlossen sind problematische Reaktionsweisen von Lehrer/-innen, die selbst Störungspotenziale hervorbringen oder bestehende massiv unterstützen, was jeweils zu einer Verschärfung der Situation führt. Wenn ein Kind, das als impulsiv gilt, dank der Intervention einer empathischen Studentin beginnt, sich wie verlangt zu melden anstatt sogleich loszuplappern und dies vom Lehrer beharrlich ignoriert wird, bis das Kind die Lust verliert und dann wieder das altbekannte Lamento folgt, ist das wenig pädagogisch zu nennen. Was soll man sagen, wenn einem Kind im Heft für die Mutter nach Ende des Unterrichts nur seine Mängel aufgezählt werden (»hat wieder …, kann immer noch nicht …«), es für »gutes Betragen« aber nur ein banales Häkchen bekommt? Wie oft war bei den Studierenden in ihrer Identifikation mit den Kindern selbst ein tiefes Gefühl von Ohnmacht und Verzweiflung spürbar, wie oft aber auch ein Gefühl der Befreiung und Anerkennung, wenn sich Lehrer/-innen von ihnen anregen ließen.

Anstatt dieses psychosoziale Belastungsmoment aufzunehmen, welches in der Regel eine innerfamilial zugespitzte Situation spiegelt – was dann zu einer deutlichen Entspannung führen kann, wenn das betroffene Kind einen »potentiellen Raum« im Sinne Winnicotts finden, sich darin gehalten wie ausgehalten fühlt und also mit einem Gegenüber seine Potenziale entfalten darf –, setzt eher eine Fluchtbewegung ein, aus Angst, dass dieses Zulassen von Gefühlen den eigenen Druck nur noch mehr steigern würde. Niemand will für die angespannte Situation des Kindes die Verantwortung übernehmen, und so kommt es zur gegenseitigen Schuldzuweisung der Eltern untereinander, an die Lehrer/-innen und umgekehrt, an Ärzte und andere Fachvertreter/-innen, zu guter Letzt von allen an das Kind selbst.

Zum Schluss gebe ich zu bedenken, dass selbst dann, wenn wir uns um eine von Empathie und Verstehen getragene Haltung bemühen, wir an Grenzen stoßen. Figdor nennt dies die »Haltung der *verantworteten Schuld*« (vgl. 2006, S. 120). Jenseits einer Delegation der eigenen pädagogischen Unzulänglichkeiten an die *heutige Familie*, Schule, Scheidung, sozialpolitische Vorgaben geht es darum, die eigenen Grenzen des Machbaren zu erkennen. Kindern geht es *bei mir* nicht stets gut, noch tun sie das von selbst, was ich mir von ihnen erwarte. Insofern werden wir *schuldig*, ihnen nicht alle Wünsche und Hoffnungen erfüllen zu können. Wir müssen ihnen Befriedigungen versagen und unlustvolle Anpassungen abverlangen.

Aber Figdor weist darauf hin, dass diese Schuld nicht mit einer *Schädigung* des Kindes zu verwechseln ist:

> »Viele dieser das Kind frustrierenden Forderungen und Grenzen sind für die körperliche Gesundheit und Sicherheit unverzichtbar; viele sind für die Entwicklung des Kindes notwendig und sinnvoll, andere sind einem Mindestmaß an Wohlbefinden des Erwachsenen selbst geschuldet, was letzten Endes auch wieder dem Kind zukommen kann, weil dadurch dem Erwachsenen die Freude am (Zusammenleben mit dem) Kind erhalten bleibt; und schließlich sind da die Einschränkungen, welche durch die sozialen, ökonomischen und rechtlichen Abhängigkeiten der Erwachsenen selbst gefordert sind« (S. 120).

Nur wenn wir uns über diese Unterscheidung im klaren sind, können wir unsere Schuld an Enttäuschung, Einschränkung und Missbehagen des Kindes aushalten. Wenn mir bewusst wird, wie oft ich einem Kind Leid antun muss, erwerbe ich eine emotionale Haltung, die mir nichts anderes übrig lässt, als dem Kind Schmerz zuzufügen, sie bringt es aber mit sich, dass es mir leid tut. Und so werde ich versuchen, das Leid zu verringern und so »meine Schuld *wiedergutzumachen*«. Bin ich mir dagegen meiner Schuld nicht bewusst, dass das Kind jetzt traurig oder bockig ist, dann halte ich an der Vorstellung fest, alles für das Kind getan zu haben, sodass es gar keinen Grund hat, so zu sein, wie es ist. Und so finde ich auch keinen Anlass, irgendetwas gutmachen zu wollen und »fühle mich lediglich durch das Kind gestört« (vgl. S. 121). Vielleicht will das nicht glücken, weil Schuld die Kehrseite des Funktionieren-Müssens in einer geglätteten Welt ist. Und warum soll es da ein Kind besser haben als ich?

Literatur

Ahrbeck, Bernd (2007): Hyperaktivität, innere Welt und kultureller Wandel. In: Ahrbeck, Bernd (Hg.): Hyperaktivität. Stuttgart (Kohlhammer), S. 13–48.

Ahrbeck, Bernd (2008): Erregte Zeiten, unaufmerksame und hyperaktive Kinder. Psyche – Z psychoanal 7, 693–713.

Alvarez, Anne (2001): Zum Leben wiederfinden. Psychoanalytische Psychotherapie mit autistischen, Borderline-, vernachlässigten und missbrauchten Kindern. Frankfurt (Brandes & Apsel).

Alexander, Franz (1949): Fundaments of psychoanalysis. London (George Allen & Unwin).

Balint, Michael (1968): Therapeutische Aspekte der Regression. Die Grundstörung. Stuttgart (Klett).

Benz, Ute (2007): Zum Erregtsein verführt, zum Stillhalten gezwungen. Die Instrumentalisierung der kindlichen Unruhe. In: Ahrbeck, Bernd (Hg.): Hyperaktivität. Stuttgart (Kohlhammer), S. 95–106.

Bernfeld, Siegfried (1969): Antiautoritäre Erziehung und Psychoanalyse Bd. 1. Darmstadt (März).

Bion, Wilfried (1992): Lernen durch Erfahrung. Frankfurt (Suhrkamp).

Buchholz, Michael (2006): Profession und empirische Forschung in der Psychoanalyse – ihre Souveränität und Integration. Psyche – Z psychoanal 5, 426–454.

Buchholz, Michael (2008): Worte hören, Bilder sehen – Seelische Bewegung und ihre Metapher. Psyche – Z psychoanal 6, 552–580.

Dornes, Martin (1993): Psychoanalyse und Kleinkindforschung. Einige Grundthemen der Debatte. Psyche – Z psychoanal 12, 1117–1152.

Eckert, Amara Renate (2008): Trauma – Gewalt – Autonomie. Psychomotorische Gewaltprävention als Hilfe zur Verarbeitung erlebter Traumatisierung. Motorik 1, 18–24.

Figdor, Helmuth (2006): Psychoanalytische Pädagogik und Kindergarten: Die Arbeit mit der ganzen Gruppe. In: Steinhardt, Kornelia; Büttner, Christian & Müller, Burkhard (Hg.): Kinder zwischen drei und sechs. Bildungsprozesse und Psychoanalytische Pädagogik im Vorschulalter. Gießen (Psychosozial-Verlag), S. 97–126.

Fonagy, Peter; Gergely, György; Jurist, Elliot & Target, Mary (2004): Affektregulierung, Mentalisierung und die Entwicklung des Selbst. Stuttgart (Klett-Cotta).

Fonagy, Peter & Target, Mary (2006): Psychoanalyse und die Psychopathologie der Entwicklung. Stuttgart (Klett-Cotta).

Frankfurter Rundschau – Aktuell. URL: www.fr-online.de (Stand 11.08.2008).

Freud, Sigmund (1912g): Einige Bemerkungen über den Begriff des Unbewussten in der Psychoanalyse. GW VIII. Frankfurt (Fischer), 1968.

Freud, Sigmund (1912–13): Totem und Tabu. GW IX. Frankfurt (Fischer), 1968.

Freud, Sigmund (1923b): Das Ich und das Es. GW XIII. Frankfurt (Fischer), 1968.

Freud, Sigmund (1913j): Das Interesse an der Psychoanalyse. In: Freud, Sigmund: Darstellungen der Psychoanalyse. GW VIII. Frankfurt (Fischer), 1969.

Haubl, Rolf & Liebsch, Katharina (2008): Mit Ritalin leben. Zur Bedeutung der AD(H)S-Medikation für die betroffenen Kinder. Psyche – Z psychoanal 7, 673–692.

Hirsch, Mathias (2007): Schuld und Schuldgefühle. Zur Psychoanalyse von Trauma und Introjekt. Göttingen (Vandenhoeck & Ruprecht).

Klein, Melanie (1927): Frühstadien des Ödipuskonflikts. In: Stork, Jochen (Hg.): Frühstadien des Ödipuskomplexes. Frühe Schriften 1928–1945. Frankfurt (Fischer), 1985.

Klein, Melanie (1933): Die frühe Entwicklung des Gewissens beim Kinde. In: Stork, Jochen (Hg.): Frühstadien des Ödipuskomplexes. Frühe Schriften 1928–1945. Frankfurt (Fischer), 1985.

Köhler, Lotte (2000): Ergebnisse der Kleinkindforschung: Ihre Bedeutung für die Theorie und Praxis der Psychoanalyse und (Heil-)Pädagogik. In: Werkstattgruppe familienorientierte Frühförderung (Hg.): Das behinderte Kind und seine Eltern. Psychoanalytische Perspektiven der Frühförderung. Heidelberg (Asanger).

Kohut, Heinz (1975): Die Zukunft der Psychoanalyse. Frankfurt (Suhrkamp).

Künzli, Hansjörg (2007): Evidence-Based Coaching. Forum Supervision 29, 40–51.

Leber, Aloys (1985): Wie wird man psychoanalytischer Pädagoge? In: Bittner, Günther & Ertle, Christoph (Hg.): Pädagogik und Psychoanalyse. Würzburg (Königshausen & Neumann), S. 151–165.

Leuzinger-Bohleber, Marianne (2008): »Embodied« Memories – Vergangene Traumatisierungen in gegenwärtiger Inszenierung. Psychosozial 1, 27–43.

Leuzinger-Bohleber, Marianne; Fischmann, Tamara; Göppel, Gerlinde; Läzer, Kathrin & Waldung, Christina (2008): Störungen der frühen Affektregulierung: Klinische und extraklinische Annäherungen an ADHS. Psyche – Z psychoanal 7, 621–653.

Milani Comparetti, Adriano (1986): Von der »Medizin der Krankheit« zu einer »Medizin der Gesundheit«. In: Paritätisches Bildungswerk (Hg.): Von der Behandlung der Krankheit zur Sorge um Gesundheit. Frankfurt (Eigenverlag), S. 9–18.

Naumann-Lenzen, Michael (1994): Jenseits der Deutung. Zur Kontroverse um das Verhältnis von Deutungs-, Beziehungs- und Spielaspekten bei Psychopathologien. Analytische Kinder- und Jugendlichen-Psychotherapie 83, 235–272.

Ogden, Thomas (1997): Über den potentiellen Raum. Forum Psa. 13, 1–18.

Rohde-Dachser, Christa (1989): Abschied von der Schuld der Mütter. Praxis der Psychotherapie und Psychosomatik 34, 250–260.

Stern, Daniel (1998): Die Mutterschaftskonstellation. Stuttgart (Klett-Cotta).

Trescher, Hans-Georg (1993): Handlungstheoretische Aspekte der Psychoanalytischen Pädagogik. In: Muck, Mario & Trescher, Hans-Georg (Hg.): Grundlagen der Psychoanalytischen Pädagogik. Mainz (Grünewald).

Trescher, Hans-Georg & Finger-Trescher, Urte (1992): Setting und Holding-Function. In: Finger-Trescher, Urte & Trescher, Hans-Georg (Hg.): Aggression und Wachstum. Mainz (Grünewald).

Winnicott, Donald W. (1990): Reifungsprozesse und fördernde Umwelt. Frankfurt (Fischer), 1965.

»Das bist du deinen Eltern schuldig!«

Vom Geben und Fordern zwischen Eltern und Kindern

Barbara Rendtorff

Was ist man seinen Eltern schuldig? Oder: Ist man ihnen überhaupt etwas schuldig? Wenn ja, wofür? Und in welcher Höhe wird die Schuld bemessen? Vermutlich stellen sich alle Eltern diese Frage, aber mit Sicherheit alle Kinder – das heißt wir alle, sofern wir Kinder von Eltern sind, und diese Frage begründet einen Anspruch, der auch ein pädagogischer Anspruch ist.

Die Verwendung des Wortes »schuldig« hebt hier auf den Aspekt der »Schuldigkeit« ab. Schuldigkeit erwächst – obgleich etymologisch auf dieselbe Wurzel zurückzuführen – nicht wie die »Schuld« aus einer vergangenen Tat oder Unterlassung, sondern bezeichnet vor allem einen aus einer Art von Gegenseitigkeit erwachsenen Preis (»Was bin ich Ihnen schuldig?«) oder eine Selbstverpflichtung, die sich aus Dankbarkeit oder anderen Formen des Verpflichtetseins begründet: So schrieb z.B. Johann Christian Senckenberg anlässlich der Stiftung seines Vermögens an die Stadt Frankfurt: »Eines Christen Schuldigkeit ist, nicht allein das Gute mit dem Guten, was leicht zu tun ist, sondern auch das Böse mit dem Guten zu vergelten«[1]. Schuldigkeit ist also eine in die Zukunft gerichtete Verpflichtung, und wenn man Ricoeur folgt, ist sie als Verpflichtung zur Erinnerung an die »Nahestehenden« gebunden, das sind diejenigen, die zur eigenen Geschichte gehören, die vielleicht »meine Handlungen missbilligen, nicht aber meine Existenz« (Ricoeur 2004, S. 205).

---

1 Aus der Willensverordnung zur Stiftung, 18. August 1763 (zitiert im Blog der Frankfurter Rundschau, August 2008).

Rechtlich gesehen liegt die Verpflichtung zwischen Eltern und Kindern als »elterliche Sorge« vor allem aufseiten der Eltern, da bezieht sie sich auf materielle und personenbezogene Aspekte und schließt Pflege, Erziehung und Förderung des Kindes ein, während die Verpflichtung der Kinder nur unter bestimmten Umständen als Unterhaltsverpflichtung gegenüber bedürftig gewordenen Eltern festgeschrieben ist.

Zwar hält Matthias Hirsch das »Bedürfnis, von seinen Kindern – besonders im Alter – etwas zu bekommen« für ein »allgemeines Menschengut« (Hirsch 1997, S. 160), doch muss man differenziert betrachten, worauf sich diese Erwartungen richten, denn das Schuldverhältnis zwischen den Generationen hat etwa in agrarischen, auf Subsistenzwirtschaft gründenden Gesellschaften eine völlig andere faktische ökonomische Bedeutung als heute in Europa, wo die unmittelbaren, nicht nur materiellen Verpflichtungen aus dem sogenannten Generationenvertrag großenteils auf die Sozialsysteme übergegangen sind.

Grundsätzlich könnte man argumentieren, dass jeder Austausch ein Schuldverhältnis begründet, weil niemand geben kann, ohne genommen zu haben – denn das hieße, sich zum Schöpfer zu setzen. Das Nehmen enthielte, so gesehen, also immer eine Verpflichtung zum (Zurück-)Geben und erzeugte folglich eine Schuld (ob das auch für das Geben gilt, wird später noch zu fragen sein). So bezeichnet etwa der Wirtschaftsethiker Peter Koslowski auch das Eltern-Kind-Verhältnis als ein spezifisches »Schuldverhältnis« (Koslowski 2005, S. 2) – was mit einschließt, dass hier gegenseitige Forderungen auf ihre Berechtigung hin ausgehandelt werden, wobei die Kinder zwar deren Ursache, nicht jedoch aktive Verursacher sind, sofern sie ungefragt und unfreiwillig in diese Welt und damit diese Schuldigkeit geraten sind.

Der Grundgedanke sozialer Austauschbeziehungen ist das »Eintreten füreinander«, der jeweils Stärkeren für die jeweils Schwächeren. Im gesellschaftlichen Zusammenhang ist eine gelegentliche Position der Schwäche (z.B. Arbeitslosigkeit, Krankheit) möglich, aber nicht zwingend, doch im generationalen Verhältnis ist sie immer gegeben: Der Stärke der Gruppe der aktiven Erwachsenen korrespondiert eine Phase der Abhängigkeit in der Vergangenheit und eine in der Zukunft. Angesichts der Übertragung der gegenseitigen Verpflichtungen aus der Familie auf die Sozialsysteme, der

»Demutualisierung« der Gesellschaft und der Veränderungen von Familien- und sozialen Lebensformen muss also gefragt werden, ob diese Einflüsse das generationale Verhältnis strukturell tangieren. Auf einer Ebene wird argumentiert, dass von der Familie und deren Reproduktionsfunktion emanzipierte Lebensformen nicht nur ein *reproduktionsbiologisches* Risiko, sondern auch ein Risiko für den Sozialstaat seien (so etwa Koslowski 2005, S. 7); auf einer anderen Ebene, die näher mit unserem Thema zu tun hat, wäre zu fragen, wie sich das Verhältnis von Familie und Gesellschaft durch die Verschiebung der Verantwortlichkeiten verändert, wie die Herauslösung der Verpflichtung zur materiellen Sorge und das gegenseitige Aufeinander-Angewiesensein die Beziehungen zwischen Eltern und Kindern verändert und ob sich dabei die Positionen von Mutter und Vater unterscheiden.

Einen Sonderfall stellt außerdem die Schule dar, denn die hat sich als ein zweites die individuelle Entwicklung von Kindern beeinflussendes Element neben der Familie breit etabliert, wobei sie teilweise in Übereinstimmung mit den Eltern deren Haltung und Forderungen an das Kind unterstützt, teilweise aber auch im Widerspruch zu ihnen andere (größere) Forderungen erhebt oder umgekehrt das Kind auch von elterlichen Erwartungen zu entlasten versucht und ihm andere Wege aufzeigt. Es bildet sich hier eine Art Dreieck, für das dieselbe Regel gilt wie für das ödipale: dass nämlich nicht zwei sich gegen einen verbünden dürfen, und insbesondere nicht Schule und Elternhaus gegen das Kind, um nicht das Wohlergehen des Kindes zu schädigen.

Für die Eltern hieße das, dass der Erfolg ihrer Erwartungen an das Kind von der Schule modelliert und unter Umständen durchkreuzt wird, während für das Kind daraus folgt, dass seine Schuldigkeit gegenüber den Eltern gewissermaßen geteilt wird mit der gegenüber der Schule, wobei die Schule ein notwendiges Durchgangsfeld darstellt und deshalb zwangsläufig zum Kampfplatz und Austragungsort von Forderungen und Enttäuschungen wird.

Die wohl am häufigsten in psychoanalytischen Fallgeschichten beschriebene Konfliktkonstellation bezieht sich auf die Schere zwischen den Erwartungen der Eltern und dem kindlichen Handeln, oder auf konfligierende Erwartungen von Vater, Mutter und Schule in Bezug auf den erwarteten

Erfolg des Kindes und auf die Enttäuschungen, die das »missratene« Kind durch das Ausbleiben seines Erfolges allen Beteiligten verursacht. Oft genug sind diese Erwartungen in sich so widersprüchlich, dass ein »Erfolg« gar nicht herbeigeführt werden kann – z. B. wenn die Tatsache, dass das Kind die Eltern überflügelt, von diesen explizit gewünscht, insgeheim aber als Kränkung empfunden wird; oder wenn die Botschaft des Vaters sowohl den Erhalt des von ihm geschaffenen Werkes als auch dessen Verbesserung und also seine Aufhebung beinhaltet (Bourdieu 2000, S. 84); oder die Erwartungen der Eltern widersprechen einander, sodass die Erfüllung der Wünsche des einen Teils die Enttäuschung des anderen notwendig nach sich zieht. Was hier zur Debatte steht, ist die Frage, was Eltern in ihrem Kind sehen, wofür sie es wollen und was sie von ihm wollen, also die Stellung des Kindes innerhalb dessen, was Rodulfo den im mütterlichen Körper verdichteten »Familienmythos« nennt, gebildet aus dem Begehren, den Fantasien und Wünschen der Eltern. Und es geht um die Frage, welchen Spielraum diese Konstellation dem Kind für seine Entwicklung gibt, oder welchen »Raum« sie eröffnet.

Ich knüpfe hier zunächst an die Arbeit von Ricardo Rodulfo (Rodulfo 1996) an, einem argentinischen Kinderanalytiker, vor allem an seine Unterscheidung von zwei für sein Konzept zentralen Begriffen, mit denen diese Erwartungen gefasst werden: die Unterscheidung von »Subjektsignifikant« und »Überich-Signifikant«.

Unabhängig von den jeweiligen kulturellen Vorstellungen in Bezug auf gegenseitige Schuldigkeit als Basis für ein moralisches Gewissen geht Rodulfo davon aus, dass ein Kind, wenn es geboren wird, einen »Ort im Wunsch des Anderen« besetzt (S. 47), einen Ort, der ihm eine durchaus auch physisch verstandene Existenz ermöglicht (immerhin ist es ausgetragen und nicht abgetrieben worden) und diese zugleich durch die Art der Wünsche des »Anderen« begrenzt und färbt. Umgekehrt heißt das, dass jemand dem Kind »einen Ort schenken« muss, von dem aus es sich entwickeln kann, genauer gesagt: auf den es sich beziehen kann, indem es Differenzen zu ihm sucht und findet, auch dagegen kämpft, seine Grenzen zu überwinden sucht und so seinen eigenen Bewegungs- und Entfaltungsspielraum sukzessive erweitert und aufbaut. Es gehe mithin bei einem auffälligen Kind weniger um

die Frage »Was hat das Kind?«, als darum, zu fragen, »wo das Kind lebt«,
»wofür es gewünscht wird und in welcher Eigenschaft« (S. 103) und wo das
»familiale Wunschregime« es hinstellen will (S. 27). Die Zuschreibungen und
Markierungen, die es so erfährt, funktionieren als »Subjekt-Signifikanten«.
Das heißt, sie sind zwar nicht im engen Sinne determinierend, fokussieren
aber das Kind und begrenzen und strukturieren seinen Selbstentwurf, indem
sie sich in hartnäckigen Wiederholungen mit den alltäglichen Tatsachen des
Lebens verbinden (S. 30). Die Arbeit des Kindes besteht also zunächst in der
Frage: »Was gibt es hier, um mir einen Platz zu schaffen, was kann mir helfen,
um mich selbst in Besitz zu nehmen?« (S. 53), also darin, sich um einen Ort
zu bemühen, »Signifikanten zu finden, um damit die symbolische Ordnung
des Intersubjektiven zu erklimmen«, während es die Aufgabe der Eltern ist,
solche Signifikanten anzubieten, aus denen das Kind dann »unvorhersehbar
den einen oder anderen auswählt« (S. 116), um sich damit auseinanderzusetzen
und daran zu wachsen (wobei diese Wahl natürlich kein rational gesteuerter
Akt ist – Rodulfo argumentiert hier gegen allzu deterministisch enge Interpre-
tationen). Im gewöhnlichen Alltag sind diese Signifikanten Zuschreibungen
wie »Wie hübsch sie ist«, »der Kleine«, »Sie kommt nach ihrem Vater« oder
»Der wird es mal schwer haben, mit seinem Temperament« usw., und das
Kind muss und wird sich mit dieser Zuschreibung auseinandersetzen müssen.
Sie sind also in gewissem Sinne produktiv. Schwierig wird es aber vor allem
dann, wenn ein Signifikant, dem es zugeordnet oder unterstellt wurde (bzw.
eine Gruppe, ein Komplex, eine »Komposition« von Signifikanten), ihm keinen Raum zur Auseinandersetzung lässt und sich als so usurpierend erweist,
dass er das Subjekt vollständig auszulöschen droht – und Signifikanten dieses
Typs, die überwältigend und destruktiv wirken, nennt Rodulfo »Überich-
Signifikanten«. Auch manche psychoanalytische Autoren, schreibt Rodulfo,
schreiben »einzig und alleine« um z.B. mitzuteilen »ich bin Freudianer«,
um also »dem Signifikanten ›Freud‹ zugeordnet zu werden«, der dann »zu
einem institutionellen Überich-Signifikanten wird« – mit der Folge, dass beim
Lesen ihrer Artikel sich »die Langeweile (deren schlechter Geruch so viele
Treffen zwischen Analytikern kennzeichnet) sich sehr viel früher einstellt«
als irgendein interessanter neuer Gedanke (S. 67).

In Bezug auf Kinder und Jugendliche illustriert Rodulfo anhand von vielen Fallbeispielen, was passiert, wenn es an möglichen Subjekt-Signifikanten mangelt, oder, vor allem, wenn diese starr und festlegend sind. Da gibt es etwa den kleinen Jungen, dessen Bedrückung sich in seinem Namen »Luciano« zeigt: die Eltern hatten auf ein Mädchen gehofft, das sie »Lucia« nennen wollten, sodass er als »Lucia-no« auf einer Negation aufbauen musste. Oder einen kleinen Patienten, der von der Vorgabe getroffen wurde: »Die zweiten Söhne dieser Familie landen immer im Gefängnis«, was sich als Entschuldigung (für Fehlverhalten) wie als Erfüllungsdruck erwies; oder ein Mädchen, die sich in Auseinandersetzung mit dem Subjekt-Signifikanten »Püppchen« nach und nach immer weniger Spielraum erarbeiten konnte, bis sie tatsächlich und körperlich erstarrte. Sie blieb in der »Passivität eines keramischen Objekts« gebannt, was auch durch den sekundären Gewinn der sozialen Anerkennung ihrer Puppenhaftigkeit nicht aufgewogen werden konnte (S. 117); oder einen Jungen, der, positioniert durch die nach jeder Schularbeit von der Mutter gestellte Frage: »Du hast eine Eins gekriegt?« seiner eigenen Leistungsfähigkeit weitgehend beraubt wurde, weil eine gute Leistung den inzestuösen Aspekt annahm, die Mutter mit diesem Geschenk zu beglücken, sodass er Gefahr lief, letztlich sich selbst nur noch als dieses Geschenk wahrnehmen zu können, also nichts für sich selbst aus dem Signifikanten machen konnte. Subjekt- und Überich-Signifikanten gelten also nicht nur für das Kind, sondern beziehen sich auf alle Familienmitglieder.

Entscheidend ist nun, wie das Kind sich zu dem angebotenen Signifikanten verhält: ob im Zeichen der Wiederholung und Unterwerfung oder dem des Widerspruchs und der Modifikation. In jedem Fall muss (wird, will) es für sich selbst eine Differenz zu dieser signifikanten Zuschreibung suchen oder konstruieren (S. 57), etwas Neues und Eigenes daraus formen, wobei die Subjekt-Signifikanten sich als mehr oder weniger hilfreich erweisen können, sofern sie zur Suche nach Identität und Anerkennung usw. beitragen. Die komplexen und destruktiven Überich-Signifikanten dagegen lassen dem Kind keinen Raum zur Subjektwerdung, wenn es nicht Hilfe von außen bekommt, die es dabei unterstützt, eine Bresche in die Oberfläche des Komplexes zu schlagen und die Komposition der Signifikanten zu »entblocken« (S. 77). Dann könnte das

Kind einen Bewegungsraum zurückgewinnen, und damit die Voraussetzung für Entwicklung – denn »das Schlimmste, das jemandem geschehen kann, ist, dass er da bleibt, wo ihn bestimmte Signifikanten hingestellt haben, selbst wenn diese Signifikanten einen scheinbar guten Klang haben« (S. 32).

Das gelte, schreibt Rodulfo, im Übrigen auch für Theorien und Begriffe: Um sie zu benutzen, müsse man sie zerbrechen und »respektlos behandeln« (S. 70) dürfen, denn jede Art von Verehrung führt zu Stillstand, »und zwar auf jeder beliebigen Ebene« (ebd.). Das erinnert, ohne dies hier zu vertiefen, an die Gedichtzeile, die Otto Rank nach dem Zerwürfnis mit Freud seiner zweiten Auflage von »Das Inzestmotiv in Dichtung und Wahrheit« (1926) vorangestellt hat: »Und wenn Dir einst von Sohnespflicht, mein Sohn, Dein alter Vater spricht, gehorch ihm nicht, gehorch ihm nicht!«[2]. Dieses Nicht-Gehorchen, oder besser: die Möglichkeit der Wahl zwischen Gehorchen und Nicht-Gehorchen, ist natürlich die Voraussetzung dafür, dass ein Kind genügend Handlungsraum gewinnt, sodass es die Auseinandersetzung mit dem familialen Wunschregime führen kann, ohne dabei einen der Beteiligten zu opfern oder zu zerstören, und deshalb eröffnet es (zumindest der Möglichkeit nach) auch einen Handlungsraum für die Eltern.

»Das bist du deinen Eltern schuldig« fungiert also auch als ein Signifikant, und noch vor all den zum Missglücken führenden Konstellationen heißt er vor allem: ›Wir haben in dich die Hoffnung gesetzt, dass mit dir etwas Neues ankommt, eine neue Möglichkeit, unseren Wünschen und Vorstellungen eine Richtung zu geben – und nun sieh zu, dass du diese Hoffnung auch erfüllst, in dem Rahmen, den wir dir dafür geben und vorsehen‹. Schon dadurch allein hat das Kind gewissermaßen seinen Preis bezahlt, ist zur Projektionsfläche und zum Austragungsort widerstreitender Phantasmen geworden, sodass die Vorstellung unbotmäßig erscheinen würde, dass es seinen Eltern für die Tatsache, dass sie es ungefragt in ein von ihm selbst zunächst weitgehend unbeeinflussbares Leben hineingestellt haben, etwas schuldig sei. Und doch ist es nicht ganz so einfach. Denn zwar gehen in die Auswahl an Signifikanten, die die Eltern dem Kind anbieten und aus denen es sein individuelles Schicksal

---

2 Eine Zeile aus dem »Lied an meinen Sohn« von Richard Dehmel (1863–1920).

sozusagen »komponieren« wird, die Hoffnungen und Erwartungen der Eltern ein – doch ohne einen Ort im Universum der Wünsche der Eltern oder ein gewisses Quantum an phallischer Besetzung kann das Kind auch nicht gedeihen. So gesehen ist es also das Kind selbst, welches die Bereitstellung dieser von den Eltern angebotenen Signifikanten verursacht, die für es anschließend bestimmend sein werden.

Doch dann wird das Kind unweigerlich einen Verrat begehen und das elterliche Wunschregime verfehlen oder sich ihm widersetzen. Zum einen muss es sich selber schützen, denn was die Eltern wollen, ist ja (wie Lacan formuliert) stets »das Wohl des anderen nach dem Bild des meinen« (Lacan 1959, S. 227); zum anderen ist das Wunschregime, weil es sich ja aus den Phantasmen und dem Begehren der Eltern speist, sowieso unerfüllbar. Das Kind wird in jedem Fall, wie wir vorher gesehen haben, durch seine spontane und aktive Auseinandersetzung mit den angebotenen Signifikanten Differenzen setzen, Abweichungen und Irritationen hervorrufen, in Differenz treten zu jenen elterlichen Wünschen, und es wird dann die entscheidende Frage sein, wie die Familie »diese Differenzen aufnimmt, die ein Kind ständig ins Spiel bringt« (Rodulfo 1996, S. 120). Das »Schuldigsein« des Kindes besteht also nicht darin, dass es etwas nicht erfüllt, was von ihm erhofft wird, sondern dass es die Eltern damit konfrontiert, dass nicht mehr sie selbst das wunderbare Kind sind, dem alles offen steht, dass ihre Phantasmen oder ihr Begehren nicht erfüllbar sind und nicht *durch einen anderen* so beantwortet werden können und dürfen, dass sie dadurch zum Stillstand kommen. Wenn das Kind tatsächlich täte, was der Überich-Signifikant von ihm verlangt, wäre das wohl ein großes Unglück für alle Beteiligten. Wir müssten also von hier aus und auf dieser Ebene eine Schuldigkeit des Kindes verneinen, jedenfalls soweit sie sich auf bestimmte Handlungen und die Erfüllung bestimmter Erwartungen bezieht, oder, anders gesagt: Wir kommen zu dem Schluss, dass die Schuldigkeit des Kindes gerade darin besteht, das von ihm Erwünschte *nicht* zu erfüllen – und das umso mehr, je dringlicher der Wunsch der Eltern erscheint. Dieser Widerstand wäre aber nicht ein freiwilliger Entschluss, sondern Ergebnis einer Erfahrung, einer aus der Unmöglichkeit der Wunscherfüllung gewachsenen Notwendigkeit.

Nun gibt es allerdings ein prominentes feministisches pädagogisches Konzept, das gerade das Gegenteil behauptet, und deshalb habe ich mich aus Anlass dieses Vortrags noch einmal damit auseinander gesetzt. Seit den 1980er Jahren wird in Italien, im Umkreis des Mailänder Frauenbuchladens und namentlich von Luisa Muraro intensiv über die Bedeutung der Mutter diskutiert, und diese Diskusson ist organisiert um die Begriffe »Dankbarkeit« und »Schuld« bzw. Schuldigkeit. Wenn eine Frau nicht erkennt, »was sie anderen Frauen schuldig ist«, heißt es in dem Kultbuch der frühen 1980er Jahre *Wie weibliche Freiheit entsteht* (dt.: Libreria 1988), und wenn sie nicht »lernt, zu bezahlen«, wird sie »nie frei sein.« Einerseits betonen die Autorinnen, dass es sich um eine »symbolische Schuld« handele, und die Anerkennung dieser »symbolischen Schuld der Mutter gegenüber« wird als unabdingbare Grundlage weiblicher Freiheit dargestellt. Doch auf der anderen Seite wird die Mutter stets als konkrete Verursacherin dargestellt, und die anderen Frauen als konkrete Unterstützerinnen, mit dem Tenor: Derjenigen, die für das, was sie (von anderen Frauen) bekommen hat, für Hilfe, Schutz, Wissen und Ermutigung und nicht zuletzt: das Leben, nicht bezahlt, der wird es »nicht wirklich gehören«. Nur was bezahlt wird, ist anerkannt, und nur was anerkannt wird, hat einen Wert. So liegt im Mangel an Dankbarkeit und der daraus resultierenden mangelnden Anerkennung der eigentliche, schwerwiegendste politische Fehler der Frauen, der ihre Befreiung verhindert. So weit diese These, die sehr populär geworden ist und in ein politisch-pädagogisches Konzept, das sogenannte »affidamento« mündete (vgl. z.B. Haasis 2002), dem Konzept einer pädagogischen Beziehung zwischen einer »Frau, die weiß« und einer »Frau, die will«, wobei letztere sich der ersteren, meist älteren, »anvertraut« (so die Bedeutung von »affidamento«). Nur was gesprochen wird, nur was in den Diskurs eintritt, existiert und kann zirkulieren – so etwa wäre hier die Ausgangsüberlegung gedacht, und umgekehrt: Was nicht im Diskurs abgebildet wird (in diesem Fall: der Beitrag der Frauen und namentlich der Mütter zur zivilisatorischen und zur individuellen Entwicklung des Kindes), existiert auch nicht, kann nicht gewertschätzt und nicht einmal gesehen werden. Von dieser allgemeinen ethischen Überlegung aus gelangt das Konzept zu einer strengen Verpflichtung: Ein nicht ausgesprochener Dank erzeugt einen Fehl, die nicht gegebene Entschuldigung eine Lücke. Dies muss ebenso für den Undank gelten: Die nicht ausgesprochene Kritik ist nicht geschehen usf. und jede Art von sozialem Miteinander ist auf (Aus)Tausch angewiesen. Hier ist auch der Aspekt der dadurch erreichten »Freiheit« angelegt: Das Aussprechen von Dank, Entschuldigung und Kritik schafft eine Art von unmissverständlicher Klarheit, die mich und den anderen entlastet, deshalb müsse, so die Autorinnen, die symbolische Schuld der Mutter gegenüber »für alle sichtbar, öffentlich, vor aller Augen, vor Frauen und Männern, bezahlt werden« (Libreria 1988, S. 156).

Die Mutter »will Dankbarkeit« für das, was sie gegeben hat, heißt es im Text, und in Muraros späteren Schriften[3] wird sie gar zur »Schöpferin des Lebens« (Muraro 1993, S. 52, 96), zum Ursprung der Sprache und das Kind zu »ihrem Geschöpf«. Hier wird dann deutlich, dass das Konzept darauf hinausläuft, mit dem Vater den Dritten (das Andere) auszuschließen und zu verwerfen. Doch sollten wir es uns nicht zu einfach machen. Zwar müsste mit Sicherheit auch in dem ersten politisch-pädagogischen Buch sehr viel sorgfältiger begrifflich zwischen Dankbarkeit und Schuldigkeit unterschieden werden, und ich würde hier argumentieren, dass im Unterschied zur Schuldigkeit die Dankbarkeit nicht selbst einen Handlungsdruck erzeugt. Es müsste vor allem auch gefragt werden, ob und unter welchen Umständen aus der Tatsache, dass mir etwas gegeben wird, eine Verpflichtung erwächst, und zweitens: ob das Leben selbst eine solche Gabe ist. Doch sollten wir auch den Gedanken ernst nehmen, dass das systematische Verschweigen von gesellschaftlich notwendigen Arbeiten als Geringschätzung auch auf die Personen abfärbt, die diese Arbeiten verrichten. Und es muss auch immer wieder einmal darauf hingewiesen werden, dass die Psychoanalyse, weil sie vor Freuds ideologischem »Felsblock« in Bezug auf das Verhältnis von biologischem Körper und Triebentwicklung Halt gemacht hat, statt die auftauchenden Widersprüche für eine Weiterentwicklung der Theoriebildung zu nutzen (Müller 2002, S. 15), mit dazu beigetragen hat, dass die Vorstellungen

---

3 Insbesondere dem unerträglichen und theoretisch konfusen Buch »Die symbolische Ordnung der Mutter« (Frankfurt a. M., 1993).

von Geschlechterunterschieden in solchen unproduktiven Mustern verharren. Nicht zuletzt deshalb sind wir, was die Positionen von Mutter und Vater angeht, in der Theorieentwicklung noch längst nicht so weit, wie wir sein könnten und sollten.

(Es geht hier übrigens nicht um Liebe. Da ist Muraro ganz bibelfest, denn auch das vierte Gebot verlangt nur, die Eltern zu ehren, und nicht, sie zu lieben – im Unterschied übrigens zu den Feinden, die wir lieben sollen, was auch ein interessantes Detail ist.)

In pädagogischer Hinsicht ist das affidamento-Konzept Nohls Pädagogischem Bezug so ähnlich, dass auch von hier aus kein neuer Impuls zu erwarten ist. Die beiden Ansätze unterscheidet aber vor allem, dass das pädagogische Paar neben der Weiterentwicklung durch Austausch und gegenseitige Anregung noch ein gemeinsames, außerhalb seiner selbst liegendes Ziel verfolgt, nämlich durch die gegenseitige Wertschätzung auch die Wertschätzung von Weiblichkeit im gesellschaftlichen Kontext insgesamt zu befördern. Wir müssen also zu dem Schluss kommen, dass die Schuldigkeit der Tochter gegenüber der Mutter hier gerade durch den Versuch ihrer Aufwertung verdoppelt wird, sofern die Tochter zu der Verpflichtung zur Dankbarkeit und dem zwangsweisen Bezahlen für das, was sie bekommen hat, auch noch die politische Verantwortung zur Aufwertung der gesellschaftlichen Position von Frauen auferlegt bekommt. Ganz abgesehen davon, dass ich persönlich dieses politische Ziel für unterstützenswert halte, möchte ich doch bezweifeln, dass Unfreiwilligkeit eine brauchbare Basis für politisches Engagement abgeben kann, sodass dieses Konzept offensichtlich auch keine befriedigende Antwort auf unsere Ausgangsfrage geben kann.

Die Sache wird vielleicht klarer, wenn wir uns den Unterschied zwischen Tausch, Gabe und Geschäft näher anschauen. Ohne die Diskussion um den Charakter der Gabe aufzunehmen, wie sie etwa von Marcel Mauss, Starobinski oder Derrida geführt worden ist, lässt sich festhalten (und das macht Derrida ja gerade ganz deutlich), dass das, was eine Gabe »vergiftet«, ihr den Charakter der Gabe nimmt und sie zu einem Tauschgegenstand macht, die *Berechnung* ist, und das muss auch gelten, wenn das berechnete Gut im individuellen Freiheitsgewinn besteht. Wenn das Leben also eine Gabe sein sollte, müsste es der Ökonomie der Berechnung und des Tauschs entzogen bleiben, während die Reziprozitätsverpflichtung es zum Tauschgegenstand macht und ein Geschäft zwischen Eltern und Kindern begründet, in dem beide Tauschpartner etwas geben müssen, um etwas anderes zu bekommen. So ist es denn nur logisch, dass in der Tradition der Subsistenzwirtschaft ein Elternpaar (wie in Singapur geschehen) gegen die eigenen Kinder auf Altersunterhalt klagt, weil diese, angesichts der moralischen Verpflichtung zum Unterhalt und der tatsächlichen Angewiesenheit der Eltern, die »Reziprozitätserwartung in der Familie verletzt hätten« (Koslowski 2005, S. 6). In einem Land mit Goldgräber-Tradition, in dem die Ausbeutung von Rohstoffen die Basis der Wirtschaft bildet, würde dementsprechend die Verantwortung gegenüber den Kindern mit deren Erwachsenwerden enden (so basiert meines Wissens in Australien die Berechnung der Studienkredite auch nicht auf den Einkommen der Eltern).

Nun gibt es Eltern, die ihre Kinder mögen und gut behandeln, aber etliche mögen sie auch nicht besonders, oder sie mögen sie und behandeln sie trotzdem schlecht, und mit dem Entstehen von Sozialsystemen und staatlichen Bildungssystemen tritt die Gesellschaft in die Verantwortung für diese Kinder ein. Deshalb könnte man auch argumentieren, das Geschäft finde nicht zwischen Kind und Eltern statt, sondern zwischen dem Kind und der Gesellschaft, in die es hineingeboren wird, und die sich verpflichtet, auf es zu achten, es zu schützen und für seine Bildung Sorge zu tragen. Inwiefern ändert das die Position der Eltern? Und worin besteht in diesem Fall die Schuldigkeit des Kindes?

Was die Eltern angeht, so ist die Sache eigentlich einfach: Gute Beziehungen, Großzügigkeit in Vertrauen, Zuwendung, Herausforderung und Unterstützung bringen gute Beziehungen auch der Kinder zu ihren Eltern hervor, so wie auch Freundschaftsbeziehungen innerhalb der eigenen Generation dann befriedigend sind, wenn sie auf gegenseitigem Vertrauen und Zuwendung basieren. Solche Eltern haben gewissermaßen das Glück, gut gehandelt zu haben. Auch dürften sie nicht die »Erfüllung« ihres eigenen Lebens in die Kinder hineinprojizieren bzw. von ihnen abhängig machen, weder dahin, dass diese ihr Werk fortsetzen, noch dass sie den Eltern durch ihr Fortkommen Ehre und Ansehen einbringen sollen, und gute und unterstützende Beziehungen von Kindern zu ihren Eltern wären einzig ein Ergebnis einer liebevollen gemeinsamen Geschichte, ohne auf Forderungen zu gründen. Die Basis der Schuldigkeit des Kindes läge dagegen sehr viel mehr im Verhältnis des Einzelnen zum gesellschaftlichen Ganzen mit seinen Institutionen und Notwendigkeiten. Der »pädagogische Vertrag« würde also zwischen Kind und Gesellschaft geschlossen, wobei die Schule als erste Stellvertreterin der Gesellschaft auftreten müsste, deren Aufgabe es explizit auch wäre, Signifikanten anzubieten, die das familiale Set an Identifikationsaspekten erweitern oder gewissermaßen ›verdünnen‹ können. Die Schuldigkeit des Kindes läge insgesamt darin, zum gesellschaftlichen Ganzen einen irgendwie gearteten Teil beizutragen. Die Schule ist allerdings mit ihrer meritokratischen Perspektive schlecht auf einen solchen Part vorbereitet (Bourdieu 2000, S. 86) – sie konzentriert sich auf die Leistung und sieht die Entwicklungsförderung auf anderen Ebenen nicht als ihre Aufgabe an. Und das aus ihrer Perspektive ganz zu Recht, denn diese Frage ist niemals in einem gesellschaftlichen Diskurs gemeinsam geklärt worden. Der Gesellschaftsvertrag Rousseau'scher emphatischer Prägung kann sicherlich heute nicht mehr als Orientierung dienen – er müsste für diese neu entstandenen historischen Bedingungen neu formuliert und ausgehandelt werden, denn eine Gesellschaft ohne gegenseitige Verantwortung kann nicht überleben. Hier zeigt sich dann noch einmal sozusagen von der anderen Seite aus, dass dieser Aspekt in dem Konzept der »Italienerinnen« durchaus wichtig und richtig ist.

Und das bringt uns wieder zurück zu der Frage nach dem Geschlechteraspekt bei diesem Thema. Am Anfang unserer Überlegungen stand Rodulfo mit seinen Subjekt-Signifikanten. Diese sind natürlich immer sexuiert und färben die familialen Vorgaben, unter denen ein Kind sein individuelles Set an Möglichkeiten vorfindet und gestalten kann, geschlechtstypisch ein. Weibliche und männliche Vorurteile und Erwartungen, sexuelle und berufliche Begrenzungen usw. beeinflussen seine Entwicklung, das ist klar und auf dieser Ebene zunächst nur wenig voluntaristisch beeinflussbar. Im gesellschaftlichen und insbesondere auch im pädagogischen Bereich sind die geschlechtstypischen Vorgaben ohnehin nach wie vor überall und recht deutlich als Struktur wirksam, und wir kennen ihre Versatzstücke wie aktiv/passiv, öffentlich/privat, Vernunft/Empathie, Leiten/Helfen usw.

Im familialen Kontext sind wir gewohnt, die Mutter vor allem in ihren leiblichen Aspekten zu betrachten, in Bezug auf Schwangerschaft, Geburt und Stillen, Füttern und Wiegen, und beim Vater zwischen dem realen, dem imaginären und dem symbolischen Vater zu unterscheiden. Die Dichter besingen die Hände der Mutter und den Stolz des Vaters und sehen bei der Mutter die Gaben (der Zuwendung) und beim Vater die Forderungen (nach Leistung). Dementsprechend werden auch in der väterlichen Funktion die symbolischen Aspekte betont und bei der Mutter die konkreten Beziehungsanteile, was sich auch auf den Charakter der erwarteten Dankbarkeit und Schuld des Kindes erstreckt. Diese gewöhnliche stereotype Komplexitätsreduktion unterschlägt also beim Vater die Gaben und bei der Mutter die Forderungen – und wenn, dann erscheinen diese (ebenso gewöhnlich) als Forderung nach Liebe – wenn die als »gebende« konzipierten Hände der Mutter »leer« zurückbleiben, wie Matthias Hirsch die (extrem repressive) Mutter einer Patientin zitiert, denn, wie Freud schreibt: »ihre Klagen sind Anklagen« (Freud 1917, S. 202).

Tatsächlich ist aber das Interessante und, wenn ich so sagen darf, das Dramatische an der Position der Mutter, dass sie das Kind von Anfang an notwendig und unweigerlich frustriert, weil sie seine Bedürfnisse nicht unablässig und ungefragt befriedigt, weil sie nicht immer da ist und sogar, wie Lacan schreibt, auf den Ruf des Kindes »nur mehr nach ihrem Belieben antwortet« – und deshalb vermittelt sie über das Verhältnis Anwesenheit-Abwesenheit die »Anfangsgründe« der symbolischen Ordnung (Lacan 1956, S. 46). Die Mutter »gibt, was sie nicht hat« (Liebe, Zeit, Sprache und Symbolisierung; vgl. Gondek 1996), aber als das erste und immer schon verlorene Objekt des Begehrens bleibt sie unerreichbar, und der Verlust dieses unerreichbaren Objekts (bzw. der Verzicht darauf) kann durch nichts ausgeglichen werden. Zwar versuchen wir, diese Notwendigkeit, die Lacan die symbolische Kastration nennt, und die die Basis der Subjektwerdung darstellt,[4] zu verdecken oder zu verleugnen, aber wie das englische Wortspiel sagt: zum großen Anderen/

---

4 Vgl. z.B. Heinz Müller 2002; Bruce Fink 2006; Markus Verweyst 2000.

dem Gesetz gelangt man, wenn man das »m« in »mother« wegstreicht (Žižek 1994, S. 241).

Die Gabe der Mutter ist also die Symbolische Kastration, die dem Kind die eigenständige Auseinandersetzung mit den angebotenen Signifikanten ermöglicht und im Übrigen auch den Platz des Vaters eröffnet (vgl. Rendtorff 1996a). Das Aufgeben des mütterlichen Objekts ist also auch ein nicht-reziproker Akt: das Kind gibt »nichts im Austausch für etwas«, es gibt das verbotene mütterliche Objekt, das es ohnehin nicht hätte haben können, auf, um »das ›erlaubte‹ nicht-inzestuöse Objekt« zu gewinnen (Žižek 1994, ebd.) – und jetzt können wir zuletzt verstehen, was das Problem bei dem Konzept der »Italienerinnen« ist. Der anökonomische Charakter der mütterlichen Gabe und ihre Bedeutung als verlorenes Objekt verbieten nämlich strikt ein Konzept der Rückerstattung und der Berechnung. Die Wertschätzung dieser Gabe und auch die Dankbarkeit können (und sollten) Veranlassung sein für eine Art »Erstattung« in die Zirkulation, aber das Konzept der Rückerstattung an die Mutter (oder eine Stellvertreterin) verfehlt den Charakter der mütterlichen Gabe vollständig. Was also in diesem Konzept einzig übrig bleibt, ist das politische Ziel, den gesellschaftlichen Beitrag von Frauen besser zu sehen und höher zu bewerten. Denn auch die Bildung, die in einem auf Forderung basierenden pädagogischen Verhältnis stattfindet, bleibt ja dem Charakter der Reziprozität und des Geschäfts verhaftet. Wenn aber Bildung dem Kind ermöglichen will und ihm offen lassen soll, selber etwas daraus zu machen, wenn sie also als *Gabe* gedacht ist, dann muss sie vom Konzept der Schuldigkeit freigehalten werden. Wenn die Angebote der Schule und der Eltern aber eng bemessen zum nachvollziehenden Denken und ausführenden Handeln aufrufen, dann sind sie ohnehin keine Gabe mehr, sondern nur billige Geschäfte.

Literatur

Bourdieu, Pierre (2000): Das väterliche Erbe. Probleme der Vater-Sohn-Beziehung. In: Bosse, Hans & King, Vera (Hg.): Männlichkeitsentwürfe. Frankfurt a.M. (Campus), S. 83–91.

Fink, Bruce (2006): Das Lacansche Subjekt. Zwischen Sprache und Jouissance. Wien (Turia + Kant).

Freud, Sigmund (1917): Trauer und Melancholie. StA Bd. III, S. 193–212.

Gondek, Hans-Dieter (1996): Zu geben, was man nicht hat. In: RISS. Zeitschrift für Psychoanalyse 35/1966, 91–114.

Haasis, Martina (2002): Die feministische pädagogische Beziehung. Ausgewählte pädagogische Konzepte und der Beitrag des Affidamento. Königstein (Helmer).

Hirsch, Matthias (1997): Schuld und Schuldgefühl: Zur Psychoanalyse von Trauma und Introjekt. Göttingen (Vandenhoeck und Ruprecht).

Koslowski, Peter (2005): Gerechtigkeit zwischen den Generationen – Globale Perspektiven. ICER working paper 8/2005. http://www.icer.it/docs/wp2005/ICERwp8-05.pdf.

Lacan, Jacques (1956): Die Objektbeziehung. Das Seminar Buch IV. Übersetzt von Gerhard Schmitz. Selbstverlag o.J.

Lacan, Jacques (1959): Ethik der Psychoanalyse. Das Seminar Buch VII. Weinheim (Quadriga), 1996.

Libreria delle donne di Milano (1988): Wie weibliche Freiheit entsteht. Eine neue politische Praxis. Berlin (Orlanda).

Müller, Heinz (2002): Differenz, (symbolische) Kastration, Geschlecht – Die Frage der Sexuierung nach Lacan. In: Zs. Psa. Theorie u. Praxis XVII, 2002, Heft 1–2, 7–22.

Muraro, Luisa (1993): Die symbolische Ordnung der Mutter. Frankfurt a.M. (Campus).

Rendtorff, Barbara (1996a): Geschlecht und symbolische Kastration. Königstein (Helmer).

Rendtorff, Barbara (1996b): Das Ich ist nicht das Ich – oder: Der Preis der Freiheit, auch der Frauen. In: Materialienband – Facetten feministischer Theoriebildung Bd. 16, S. 49–67.

Ricoeur, Paul (2004): Gedächtnis, Geschichte, Vergessen. München (Fink).

Rodulfo, Ricardo (1996): Kinder – gibt es die? Die lange Geburt des Subjekts. Übersetzt und mit einem Vorwort versehen von Eckart Leiser. Freiburg (Kore).

Verweyst, Markus (2000): Das Begehren nach Anerkennung. Subjekttheoretische Positionen bei Heidegger, Sartre, Freud und Lacan. Frankfurt a.M. (Campus).

Žižek, Slavoj (1994): Denn sie wissen nicht, was sie tun. Genießen als ein politischer Faktor. Wien (Passagen).

IV *Gesellschaftliche Perspektiven*

Jenseits von Angst und Strafe

Theologisches und Philosophisches zum Thema Schuld

Michael Bongardt

Erleichterung

Freud hätte seine Freude.

Nach allen seriösen Umfragen sinkt in Mittel- und Westeuropa die Zahl der Christen kontinuierlich. Und auch unter denen, die sich noch dem Christentum zugehörig fühlen, sind – zumindest in diesem Kulturkreis – gewaltige Veränderungen zu beobachten (vgl. Wippermann 2005; Bertelsmann Stiftung 2008). Selbst von ihnen glauben immer weniger daran, dass es eine Auferstehung, ein Leben nach dem Tod gibt. Noch einmal kleiner ist die Zahl derer, die davon ausgehen und davor zittern, dass sie nach dem Tod ein Gericht erwartet. Um die Reihe zu Ende zu bringen: Selbst unter denen, die an der Vorstellung eines letzten Gerichts festhalten, wird die Zahl derer, die unter Höllenangst leiden, immer geringer. Einer der wichtigsten katholischen Theologen des 20. Jahrhunderts brachte es auf den Punkt: »Ich glaube an die Hölle. Aber ich hoffe, dass sie leer ist.«[1] Ähnliches vertrat übrigens bereits im dritten Jahrhundert unserer Zeitrechnung der Kirchenvater Origenes (vgl. Bachl 1999, S. 142–156).

Dem Bild eines allwissenden, gerechten und deshalb strafenden Gottes kommt eine nicht unerhebliche Bedeutung in Freuds Theorie der Gewissensbildung zu (vgl. Freud 1972, S. 482–486). Für Freud entsteht dieses Bild,

---

1 Dieses Diktum wird Karl Rahner zugeschrieben. Theologisch ausführlich begründet wird diese Hoffnung bei Hans Urs von Balthasar (Balthasar o. J.).

wenn religiöse Menschen die Dynamik der introjizierten Normen wieder nach außen wenden: Das Gewissen ist ihnen die Stimme eines Gottes, der alles sieht und jedes böse Handeln früher oder später bestrafen wird. Ihnen ist es nicht mehr möglich, ihr Gewissen zu beruhigen. Denn selbst wenn dies gelänge – Gott wäre noch nicht beruhigt. Ein Überborden der Schuldgefühle, ein zwanghaftes, skrupulöses Verhalten ist gerade bei Menschen mit ausgeprägten religiösen Vorstellungen nicht selten die Folge.

Soweit ich die gegenwärtige religiöse Landschaft in Deutschland überblicke, kann ich sagen, dass deren eingangs beschriebene Veränderungen durchaus zu den Konsequenzen führt, die sich mit Freuds Theorie hätten vorhersagen lassen: Religiöses Skrupulantentum ist nur noch selten zu finden – vorrangig in fundamentalistischen Kreisen christlicher oder anderer Provenienz. Auch eine besondere Spielart dieser Krankheitsform, die viel beschriebene »ekklesiogene Neurose«, wird mit der abnehmenden Kirchenbindung selbst der Gläubigen mehr und mehr zum Randphänomen.[2]

Kurz und gut: Ein Problem, das lange Zeit einzelne Menschen und ganze Gesellschaften belastet, das therapeutische Theorie und Praxis beschäftigt hat, verflüchtigt sich allmählich. Freud hätte seine Freude. Und auch ich sehe keinen Grund, die beschriebenen Veränderungen zu beklagen. Wäre es angesichts dieses Befunds nicht ratsam, das Nachdenken über Gewissen und Schuld zu beenden, das doch so eng mit den Religionen, vor allem mit dem Christentum, verbunden ist?

Wohl kaum. Denn man würde es sich mit dem Phänomen von Schuldgefühlen und Schuld zu leicht machen, würde man es lediglich als Epiphänomen der christlichen Tradition abhandeln und ablegen. Denn solange wir als Einzelne und als Gesellschaften nach der Unterscheidung von Gut und Böse fragen; solange wir davon ausgehen, dass Menschen auf diese Frage sinnvolle Antworten finden können; solange wir daran festhalten, dass Menschen ihr

---

2 Die Rezeption von Tilman Moser, *Gottesvergiftung* (Moser 1976), ist für diese Veränderung signifikant: Nach seinem Erscheinen wurde das Buch schnell zum Bestseller, weil viele Zeitgenossen in ihm ihre eigene religiöse Biografie wiederentdeckten. Heute wird dieses Buch von jüngeren Lesern allenfalls als historisches Zeugnis und mit einem erheblichen Maß an Unverständnis gelesen.

Verhalten nach den so gefunden Maßstäben ausrichten können; solange wir also die Vorstellung von einer verantwortungsfähigen Freiheit noch nicht verabschiedet haben, so lange haben wir auch mit dem Phänomen von Schuld zu tun. So lange haben wir weiterhin mit uns selbst und mit anderen Menschen zu tun, die wissentlich und willentlich Böses tun; die anderen und/oder sich selbst vermeidbaren Schaden zugefügt zu haben. Sicher bedürfte dieser so definierte Begriff von Schuld zahlreicher Erläuterungen und Differenzierungen, um philosophisch und theologisch hinreichend bestimmt zu sein. Doch für den hier interessierenden Zusammenhang mag es hinreichen, von Schuld zu sprechen angesichts eines bewusst herbeigeführten vermeidbaren Schadens. Wo aber Menschen in diesem Sinne schuldig wurden, stehen wir vor der Notwendigkeit, einen Umgang mit Schuld zu finden. Wie sieht eine menschliche und lebensdienliche Reaktion auf Schuld aus? Die Frage stellt sich in ganz verschiedenen Perspektiven. Sie bedrängt Menschen, die Schuld auf sich geladen haben; aber kaum weniger auch diejenigen, die mit ihnen zu tun haben – als Opfer, als Richter, als Therapeuten, als Pädagogen, als Angehörige, als Freunde, nicht zuletzt als Gesellschaft.

Bevor ich auf diese Frage näher eingehe, ist eine Zwischenbemerkung notwendig: Sehr bewusst habe ich gerade mehrfach die Formulierung »solange wir …« verwendet. Denn natürlich weiß ich, dass all die genannten Voraussetzungen heute von verschiedenen Seiten, nicht zuletzt von der Psychologie, in Frage gestellt werden. Doch mich hat noch keiner dieser Destruktionsversuche wirklich überzeugt. Deren wichtigste seien kurz benannt:

➤ Es ist eine heute allgemein akzeptierte Tatsache, dass die Antwort auf die Frage nach Gut und Böse nicht definitiv und endgültig beantwortet werden kann. Es mag ein paar sehr abstrakte Formulierungen geben, die kaum noch bestritten werden. Der sogenannte kategorische Imperativ, den Kant formulierte, ist dafür das wohl bekannteste Beispiel (Kant 2005a, BA 52). Aber je konkreter die Situationen sind, in denen ethische Entscheidungen verlangt werden, desto fragiler und umstrittener werden die Antworten auf die Frage, was zu tun ist.

➤ Hinreichend oft ist nachgewiesen worden, dass jede konkrete Ethik von den jeweiligen kulturellen, ökonomischen und politischen Rahmenbedingungen beeinflusst ist. Aber trotzdem haben weder Philosophen noch Gesellschaften aufgehört, nach Regeln zu suchen, die für ein Zusammenleben unverzichtbar sind.[3]

➤ Große Aufmerksamkeit ist heute den Hirnphysiologen sicher, wenn sie die organischen Mechanismen untersuchen, die unser Handeln und Entscheiden ermöglichen, begleiten und offensichtlich oft auch bestimmen. So lernen wir ständig neue Bedingungen kennen, unter denen unser Verhalten steht. Aber die gewonnenen Einsichten reichen nicht zur Destruktion der Auffassung, dass Menschen bewusste Entscheidungen treffen und für sie auch zur Rechenschaft gezogen werden können (vgl. Pauen/Roth 2008).

Es gibt keinen zwingenden Grund, das Bewusstsein menschlicher Freiheit und Verantwortungsfähigkeit und damit die Rede von Moral und Schuld zu verabschieden. Mehr noch: Ich halte es trotz der eingangs geäußerten Erleichterung über die Veränderung der religiösen Landschaft auch für sinnvoll und hilfreich, die christliche Tradition auf ihren Umgang mit Schuld und Schuldigen zu befragen. Denn sie hat über zweitausend Jahre zahlreiche Erfahrungen und Einsichten gesammelt, die wertvoll bleiben. Nur darum kann und soll es im Folgenden gehen.

Schuld und Strafe – ein Teufelskreis

Freud rekurriert in seiner eben schon erwähnten Schrift nicht ohne Grund auf biblische Gottesvorstellungen. Denn die Vorstellung, Gott sei der letzte Garant dafür, dass die Taten der Menschen ihren gerechten Lohn bzw. ihre gerechte Strafe erhalten, wird von biblischen Schriften vertreten. »Tun-Ergehen-Zu-

---

3 Die Vielfalt verschiedener, nicht selten gegensätzlicher Normen und Lebensregeln hat schon früh Kritiker auf den Plan gerufen, die es für unmöglich halten, verbindliche Aussagen über Gut und Böse zu machen. Verteidiger einer universal geltenden Ethik dagegen sind bemüht, hinter den unterschiedlichen Regeln ein jeweils gemeinsames Ziel menschlichen Handelns und Wollens auszumachen (vgl. Cassirer 2005, S. 53–80).

sammenhang« nennen die Bibelwissenschaftler jenes Gefüge, das in unzähligen biblischen Berichten zu entdecken ist (vgl. Schreiner 1995, S. 164–183). So erzählen die sogenannten Bücher der Chronik die Geschichte des Volkes Israel nach einem ganz starren Schema: Ist der König fromm und gerecht, lebt das Land in Frieden und Wohlstand; ist der König böse und götzendienerisch, leidet das Land unter Krieg und Not. Selbst Immanuel Kant, der die Begründung von Moral von jedem religiösen Einfluss freihalten wollte, hält an der Vorstellung einer solchen ausgleichenden göttlichen Gerechtigkeit noch fest, hält sie gar für eine notwendige Forderung der Moralphilosophie (Kant 2005b, S. 226).

Es mag ja sein, dass ein solches Bild von Gott und dem Ablauf der Geschichte zur Disziplinierung von Menschen hilft. In die Debatte, ob die Angst vor Strafe Verbrechen verhindert, will ich mich an dieser Stelle nicht einschalten.

Mir ist ein anderer Punkt wichtig: Das Konzept von einer Strafe, die notwendig auf die Schuld folgt, verändert seine Funktion vollkommen, wenn ein Mensch schuldig wurde. Was soll er tun, wenn nur noch Strafe ihn erwartet? Schon die Erzählung von Adam und Eva sagt dazu alles Wichtige (*Die Bibel*, Genesis 3,1–13):[4] Im Augenblick der Schuld gehen dem Schuldigen die Augen auf. Mag er vorher noch alle möglichen guten Gründe für seine geplante Tat zusammengesucht haben – sobald das Unrecht geschehen ist, verlieren sie jede Kraft. Adam und Eva erkennen, dass sie nackt sind. Die erste Reaktion: Sie verstecken sich. Als Gott Adam findet und zur Rede stellt, greift der zweite Mechanismus. Adam schiebt die Schuld auf Eva, sucht sich zu entschuldigen; Eva verfährt nach dem gleichen Muster, verweist auf die Schlange. Der Philosoph Sören Kierkegaard hat, was hier passiert, treffend auf den Begriff gebracht: Bei einem Menschen, der schuldig geworden ist, steht die »Freiheit in der Unfreiheit Dienst« (Kierkegaard 1985, S. 15)[5]. Alles Tun ist darauf fixiert, Wege zu finden, der Strafe zu entgehen.

---

4 Eine sehr ausführliche, nicht unumstrittene psychoanalytische und tiefenpsychologische Auslegung der Erzählung vom Sündenfall findet sich bei Eugen Drewermann (Drewermann 1977, S. 69–246). Kritisch dazu Görres/Kasper 1988.

5 Ausführlich beschreibt Kierkegaard die von ihm sogenannte dämonische Verschlossenheit in einem anderen Werk: *Der Begriff Angst* (Kierkegaard 1983, S. 122–160).

Das Verhalten des Adam passt meines Erachtens glänzend in unsere gegenwärtige Gesellschaft. Immer wieder zeigt sich, dass Schuld, vor allem schwere Schuld, mit nichts anderem als gnadenloser Strafe rechnen muss. Die Reaktionen der Boulevardpresse lassen das deutlicher erkennen als die weit differenzierter reagierende Justiz. Darum wissend, werden die schuldig Gewordenen erfindungsreich. Das Geschehene wird verharmlost oder dreist zur Schau gestellt; man entschuldigt sich mit den Umständen oder den vermeintlich guten Absichten; man schiebt die Verantwortung auf andere oder taucht einfach ab. Freiheit in der Unfreiheit Dienst. Und was ist mit den Geschädigten?

Doch es geht, wenn die Last der Schuld allein im Horizont von Strafe betrachtet wird, um noch viel mehr als um die jeweils konkret Betroffenen: Wenn in der gesellschaftlichen Diskussion Schuld aus Angst vor Strafe nicht mehr angeschaut werden kann, nicht bedacht werden kann, wenn sie nur noch mit Schweigen bedacht wird, dann geht Schritt für Schritt die Sensibilität verloren für das, was gut und was böse ist. Dann ist es nicht mehr möglich, nüchtern und beharrlich einzuüben, was dem Leben dient. Auch die von Freud deutlich gesehene Unterscheidung von neurotischen Schuldgefühlen und zu bereuender Schuld (vgl. Freud 1972, S. 491) wird immer schwieriger. Und die Tugend, eigene Fehler ungeschönt zu gestehen, geht als Erstes verloren.

Die individuellen und gesellschaftlichen Folgen eines solchen Verlusts brauche ich nicht auszumalen. Aber gibt es eine Alternative?

Vergebung – der Weg in die Freiheit

Die Bibel – und nicht erst, wie ein hartnäckiges Klischee behauptet, das Neue Testament – kennt eine Alternative. Die Beter der Psalmen bitten Gott um Vergebung. Und sie erfahren, dass Ihnen solche Vergebung geschenkt wird.[6] Die Vergebung der Schuld wird zu einem Zentrum der Deutung, die

---

6 Von besonderer Bedeutung – auch in der christlichen Gebetstradition – ist Psalm 51. Zur Gruppe der Bußpsalmen zählen außerdem die Psalmen 6; 32; 38; 102; 130; 143.

die Autoren des Neuen Testaments dem Leben und Tod Jesu von Nazareth geben.[7] Damit ist das entscheidende Stichwort gefallen: Vergebung, nicht eigenmächtige Entschuldigungsversuche und auch nicht Strafe befreit Menschen von ihrer Schuld. Die Bibel spricht davon, dass Gott Schuld vergeben kann, vergeben will und vergeben wird.

Vergebung ist der einzige Weg aus der Schuld: Das gilt auch außerhalb des religiösen Kontextes, das gilt auch zwischen Menschen, gilt auch in gesellschaftlichen Zusammenhängen.

Doch ganz gleich, ob man über Vergebung in einer religiösen oder in einer rein zwischenmenschlichen Perspektive spricht: Vergebung ist nicht das wohlfeile Patentrezept, mittels dessen man wie von Zauberhand aus dem Teufelskreis von Schuld und Strafe herausgeholt wird. Eine »billige Gnade« würde weder der Schuld, noch dem Schuldigen und erst recht nicht den Geschädigten gerecht werden (Bonhoeffer 1976, S. 13–27). So ist eine Befreiung aus »der Unfreiheit Dienst« nicht möglich.

Die kirchliche Tradition hat in langer Erprobung eine »Agenda für Schuldfälle« entwickelt und die Schritte herausgearbeitet, die nötig sind, damit Vergebung, die nie eingefordert, sondern immer nur als Geschenk empfangen werden kann, lebenswirksam und befreiend wird (vgl. Werbick 1985, S. 147–168).

Am Anfang steht die *Gewissenserforschung.* Die Hoffnung auf Vergebung befreit aus der Strafangst und ihren schon beschriebenen Folgen. Diese Hoffnung macht es möglich, genau und sensibel zu prüfen, welche Handlungen unrecht und böse waren. Ziel der Gewissenserforschung ist es, das Böse böse zu nennen (*Die Bibel*, Jes 5,20) – aber auch nur das Böse. Hier schon ist der

---

7 Dass der Tod Jesu die Menschen von der Last der Sünde befreit, ist ein in den meisten Schriften des Neuen Testaments bezeugter Glaube. In den Mittelpunkt des Bekenntnisses wird er von Paulus gerückt. Vor allem durch die Paulusdeutung des Augustinus im fünften Jahrhundert kommt es in der Westkirche zu einer Konzentration von Theologie und Seelsorge auf die Sündenthematik, die den Ostkirchen stets fremd geblieben ist. In den letzten Jahrzehnten bemüht sich die katholische Theologie, die hamartologische, das heißt auf die Sünde konzentrierte Vorstellung von Erlösung zu überwinden und wieder zu einem weiteren Verständnis erlösten Lebens zu gelangen (vgl. Pröpper 1988; Greshake 2004).

Ort, die Unterscheidung zwischen unangemessenen Schuldgefühlen und zu verantwortender Schuld einzuüben.[8]

Auf die Gewissenserforschung soll die *Reue* folgen. Es gibt in der kirchlichen Tradition die zunächst merkwürdig klingende Anweisung, Reue zu »erwecken«. Kann man Emotionen befehlen? Doch hinter der Weisung verbirgt sich die Erfahrung, dass die rationale Einsicht, etwas Falsches getan zu haben, noch keineswegs zu Verhaltensänderungen führen muss. Erst wenn auch die Emotionalität des Menschen erreicht und berührt wird, kann etwas in Bewegung kommen. Beim »Erwecken der Reue« geht es darum, sich von dem Schmerz, den man zugefügt hat, selbst berühren zu lassen. Die Tradition empfahl dazu die Betrachtung des Kreuzes Christi –, weil es für Glaubende das Symbol des Leidens aller Menschen ist.[9] Der offene Blick auf das von mir verschuldete Leiden anderer kann die gleiche Wirkung haben: das Berührt- und Bewegtsein vom Geschehenen – vom durch mich Geschehenen.

Aus dieser Bewegung kann – und soll – der Entschluss entstehen, solche Handlungen nicht zu wiederholen. Gefordert ist der *Vorsatz* zur Veränderung von Leben und Gewohnheiten, die Neuorientierung an dem, was gut ist.

Die bisher genannten Schritte vollziehen sich im klassischen Bußritus in Einsamkeit, in der Selbstbetrachtung des Einzelnen, allenfalls angeleitet durch schriftliche oder auswendig gelernte Regeln zur Gewissenserforschung und Erweckung der Reue (Bischöfe Deutschlands et al. 1975, Nr. 62–64). Dann aber ist Öffentlichkeit gefordert.

---

8 Auf die Unterscheidung Freuds zwischen Schuldgefühl und Reue wurde bereits hingewiesen. Sicher wird im Fall schwerer neurotischer Störungen diese Unterscheidung erst in einem langen therapeutischen Prozess für die Klienten möglich sein. Doch weder die therapeutische Hilfe noch die persönliche Gewissenserforschung können darauf verzichten, einen – nicht zuletzt philosophisch – verantworteten Begriff von Schuld zu entwickeln. Es ist nicht nur, aber auch die rationale Prüfung möglicher Selbstvorwürfe, die zur nötigen Unterscheidung hilft (Werbick 1985, S. 15–19).

9 Ein durch die Passionsmusik Johann Sebastian Bachs bis heute sehr bekanntes Zeugnis dieser Frömmigkeit stammt aus einem Gedicht Paul Gehardts. Die vierte Strophe seines Passionsliedes *O Haupt voll Blut und Wunden* lautet: »Was du, Herr, hast erduldet, ist alles meine Last; ich, ich hab es verschuldet, was du getragen hast. Schau her, hier steh ich Armer, der Zorn verdienet hat; gib mir, o mein Erbarmer, den Anblick deiner Gnad« (Bischöfe Deutschlands et al. 1975, Nr. 179,4).

Denn der nächste Schritt ist das *Bekenntnis*, das Aussprechen der Schuld. Das ist etwas anderes als das Entschuldigen oder Verdrängen, das Prahlen oder Verharmlosen. Möglichst klar und ehrlich soll ausgesprochen werden, wo persönliche Verantwortung nicht wahrgenommen wurde, wo der oder die Bekennende Schuld auf sich geladen hat. In der frühen Kirche galt es, dieses Bekenntnis vor der gesamten Gemeinde auszusprechen – nicht in generalisierter, sondern in ganz persönlicher, konkreter Form.[10] Erst im Mittelalter wurde daraus die Beichte des Einzelnen vor einem Priester.

Beim Blick auf Räume außerhalb von Kirche und Religion stellt sich die wichtige Frage, welche Orte und Räume des Bekenntnisses dort vorgesehen sind. Gerichte erkennen Schuldgeständnisse, die mit erkennbarer Reue einhergehen, als strafmindernde Sachverhalte an. Andere Formen im Rahmen öffentlichen Gedenkens befinden sich eher noch im Entwicklungsstadium. Für unseren Zusammenhang entscheidend ist aber in jedem Fall die Bereitschaft, vor den Geschädigten die eigene Schuld einzugestehen.

Erst wenn all diese Schritte getan sind, wird dem Bekennenden die *Vergebung* zugesprochen. Dies geschieht in der katholischen Kirche durch einen Priester, der ausdrücklich nicht aus eigener, sondern aus kirchlicher Vollmacht spricht – im Glauben, dass Gott selbst dem Sünder diese Vergebung schenkt. Wieder abgesehen vom kirchlich-religiösen Kontext: Vergebung kann nur zugesprochen, nicht selbst erdacht werden.

Und ein letzter Schritt ist noch zu nennen: Die sogenannte *Buße*. Sie ist keine Leistung, mit der die geschenkte Vergebung nachträglich verdient werden müsste. Diese ist zugesprochen und gilt. Recht verstanden ist die Buße die Bereitschaft, die Folgen der Schuld, die ja durch die Vergebung nicht einfach aus der Welt geschafft sind, zu tragen oder zumindest mitzutragen: durch den Versuch, den Schaden zu mindern, und die Bereitschaft, gegebenenfalls auch zu ertragen, dass vieles sich nicht wiedergutmachen lässt.

Der Weg aus dem Schuldigsein ist, so dürfte deutlich geworden sein, nicht leicht. Für den schon erwähnten Kierkegaard bestand darin sogar das

---

10 Die generalisierte Form, in der ein ritueller Text gemeinsam gesprochen wird, ist bis heute wesentlicher Bestandteil des Gottesdienstes in vielen christlichen Konfessionen (Bischöfe Deutschlands et al. 1975, Nr. 353,4).

eigentliche Ärgernis des Christentums: Dass die zugesagte Vergebung den Menschen nur erreicht, wenn er zugesteht und bekennt, dass er ihrer bedarf (Kierkegaard 1986, S. 60–66). Aber gerade darin liegt auch das für unseren Zusammenhang Entscheidende. In der Hoffnung auf Vergebung – und nur in ihr – ist es möglich, den schwierigen Weg aus der Schuld zu gehen. Nur so wird der Teufelskreis aus Schuld, Strafe und Angst durchbrochen.

Bevor ich zum Schluss einige Anmerkungen zur möglichen Bedeutung dieser Tradition für therapeutische und pädagogische Zusammenhänge mache, ist noch eine weitere Zuspitzung der Problematik vonnöten.

Gelegentlich ist der Vorwurf zu hören, die Christen machten es sich – trotz der Mühe der Buße – zu leicht. Sie würden nämlich ihre Schuld mit ihrem Gott abmachen, und auf der Strecke blieben die Geschädigten. Träfe dieser Verdacht zu, wäre die christliche Praxis des Umgangs mit Schuld in der Tat unannehmbar. Würde Gott über die Opfer hinweg den Tätern Vergebung zusagen, wäre dies eine Kumpanei, die die Opfer nochmals zu Opfern macht. Doch so einfach macht es sich der christliche Glaube gerade nicht. Es gibt schon in der Bibel maßgebliche Stimmen, die betonen, dass Gott nicht vergeben kann, ohne dass die Opfer dieser Vergebung zustimmten.[11] Die Versöhnung mit Gott wird nur im Einklang mit der Versöhnung zwischen den Menschen möglich.[12] Diese Vorstellung wäre allerdings ihrerseits geradezu unerträglich, gäbe es da nicht die Hoffnung, dass Gott am Ende alle Menschen dazu bewegen wird, in seinen Vergebungswillen einzustimmen. »Am Ende« und »alle«, also selbst die, die durch die Schuld anderer ums Leben kamen.

---

11 Vgl. *Die Bibel*, Mt 5,23f.: »Wenn du deine Opfergabe zum Altar bringst und dir dabei einfällt, dass dein Bruder etwas gegen dich hat, so lass deine Gabe dort vor dem Altar liegen; geh und versöhne dich zuerst mit deinem Bruder, dann komm und opfere deine Gabe«. Noch deutlicher Joh 20,23: »Wem ihr die Sünden vergebt, dem sind sie vergeben; wem ihr die Vergebung verweigert, dem ist sie verweigert«. Wenn dieser Satz nicht als Legitimation kirchlicher Jurisdiktionsgewalt herangezogen wird – was gegen den historisch möglichen Sinn oft geschieht –, kann er als Ausdruck der Bindung Gottes an die Vergebungsbereitschaft der Menschen verstanden werden.

12 Radikaler als in der christlichen wird dieser Zusammenhang in der jüdischen Tradition festgehalten. In der Theologie des höchsten jüdischen Feiertages, des Versöhnungstages, wird ausdrücklich betont, dass Gott nicht vergeben kann, was Menschen einander angetan haben, und sie deshalb auch nur einander vergeben können (Cohen 1966, S. 257f.).

Diese Hoffnung geht zwangsläufig über die Grenzen menschlichen Lebens hinaus, richtet sich auf eine jenseitige Wirklichkeit. Es ist die Hoffnung, dass in einer jenseitigen Wirklichkeit alle versöhnt sein werden, weil Gott sie versöhnen will (Striet 1998, S. 64–73).

Fragliche Übersetzbarkeit

Was hat all das Dargestellte zu bedeuten für den Umgang mit Schuld in einer weitgehend säkularen Gesellschaft? Was bedeutet es in therapeutischen oder pädagogischen Zusammenhängen?

Manches scheint mir recht unmittelbar übertragbar, gar vergleichbar: Das therapeutische Setting ist von seiner Definition her ein zensurfreier, von einer grundlegenden Akzeptanz eröffneter Raum. Und keine gelingende Pädagogik kann darauf verzichten, an bestimmten Stellen ebenfalls solche Räume zu schaffen. Denn sie sind notwendig, damit so etwas wie Ich-Werdung und die Entwicklung von selbstständigen Subjekten möglich wird. Doch Subjektwerdung ist auch verbunden mit der Einsicht in verpasste Chancen, in zurückliegende Fehler, in Schuldzusammenhänge, für die ich Verantwortung trage. In den gerade genannten Räumen wird es möglich, solche Einsichten anzuschauen, Schuld zu erinnern, sich vom Schmerz darüber berühren zu lassen, Schuld auszusprechen. Hier kann der Wunsch zu Veränderung wachsen, ebenso die Bereitschaft, die Folgen des eigenen Handelns zu tragen.

Doch all das trifft noch nicht den Kern dessen, worum es im theologisch-religiösen Zusammenhang ging: all das ist Akzeptanz, aber noch keine Vergebung. Sicher, die Therapeutin, der Pädagoge können Menschen Mut machen, sich selbst zu verzeihen, was sie sich selbst angetan haben: das Verpassen von Chancen, die Selbstverletzung. Sie können außerdem dazu ermutigen, die Schuld auch denen zu bekennen, die darunter gelitten haben oder noch leiden – in der Hoffnung, dass die Betroffenen zur Vergebung bereit sind. Doch was, wenn diese die Vergebung verweigern? Und was vor allem tun, wenn die Opfer von Schuld nicht mehr vergeben können, weil sie nicht mehr leben?

Hier stößt, wenn ich recht sehe, die therapeutische und die pädagogische Situation an Grenzen, an denen sich gewichtige Fragen stellen: In welcher Instanz kann ein Therapeut, könnte eine Pädagogin nicht nur Akzeptanz, sondern auch Vergebung zusagen? Wie steht es um unsere Gesellschaft – wie viel Gnade sind die Menschen in ihr zu schenken bereit? Wie groß ist ihre Fähigkeit, auch Folgen von Schuld, von fremder Schuld zu tragen, ohne in den Kreislauf von Schuld, Strafe und Angst zu geraten?

Diese Fragen sollen die therapeutische und pädagogische Arbeit nicht diskreditieren, erst recht werden sie nicht in »missionarischer« Absicht gestellt. Ich stelle sie aber auch nicht rhetorisch, um die Antworten sofort nachzuliefern. Denn so wichtig mir die Antworten im Blick auf das Leben aller Einzelnen und für das Zusammenleben unserer Gesellschaft auch scheinen – ich habe sie nicht.

Ein Nachwort

Im Anschluss an den hier dokumentierten Vortrag entspann sich eine rege Diskussion, für die ich allen Beteiligten herzlich danke. Sie soll hier nicht ausführlich wiedergegeben werden, doch die sich dabei herausbildende Antwort auf die Schlussfrage des Vortrags scheint mir der Veröffentlichung wert. Es herrschte einhelliger Konsens, dass die angesprochene Grenze besteht und auch im therapeutischen Kontext unbedingt eingehalten werden muss. Es gibt keine Instanz, in der ein Therapeut oder eine Therapeutin einem schuldig Gewordenen Vergebung zusprechen könnte – es sei denn, sie selbst seien von den Klienten verletzt und geschädigt worden. Aber die Anerkennung dieser Grenze macht die Bearbeitung von Schuld im therapeutischen oder auch pädagogischen Rahmen nicht unmöglich, sondern gerade erst möglich.

Im therapeutischen Raum dürfen die Klienten auf die unbedingte Wertschätzung und Achtung ihrer Person vertrauen. Sie dürfen darauf bauen, dass in diesem Raum zwar Schuld als Schuld benannt und verurteilt wird, dass dies aber nicht mit einer Verurteilung ihrer selbst als der Schuldigen einhergeht. Wo diese Unterscheidung durchgehalten wird – und das Strafrecht gewährt dem therapeutischen Raum den dafür nötigen Schutz – kann der Teufelskreis von Schuld, Strafe und Angst durchbrochen werden. So werden nicht nur die genannten Schritte, die zu einem Bekenntnis der Schuld führen, möglich. Die Begleitung der schuldig Gewordenen kann über dieses Eingeständnis noch hinausgehen: Sie kann dazu ermutigen, auch gegenüber den Geschädigten zu der Schuld zu stehen, um Vergebung zu bitten; sie kann, wo solche Vergebung nicht mehr möglich ist oder verweigert wird, den Schuldigen helfen, den Schmerz über diese bleibende Wunde anzuerkennen und auszuhalten, ohne ihn durch neue (Selbst-)Verletzungen überwinden zu wollen. Ein solcher Umgang mit Schuld wird häufig nicht zu einer vollständigen Lösung führen – aber gerade so ist es ein menschlicher Weg. Wenn Therapie und Pädagogik Menschen diesen Weg weisen, ist dies ein deutlicher Gegenpol zur aktuellen Gnadenlosigkeit unserer Gesellschaft, der im Glücksfall sogar deren Veränderung anstoßen kann.

Literatur

Bachl, Gottfried (1999): Eschatologie I. Graz, Wien, Köln (Styria).

Balthasar, Hans Urs v. (o. J.): Kleiner Diskurs über die Hölle. Ostfildern (Schwabenverlag).

Bertelsmann Stiftung (2008): Religionsmonitor 2008. Gütersloh (Gütersloher Verlagshaus).

Bischöfe Deutschlands, Österreichs und der Bistümer Bozen-Brixen und Lüttich (1975): Gotteslob. Katholisches Gebet- und Gesangbuch. Stuttgart (Katholische Bibelanstalt).

Bonhoeffer, Dietrich (1976): Nachfolge (1937). 11. Aufl. München (Christian Kaiser),

Cassirer, Ernst (2005): Axel Hägerström. Eine Studie zur schwedischen Philosophie der Gegenwart. In: Cassirer, Ernst: GW. Hamburger Ausgabe Bd. 21. Hamburg (Meiner), S. 1–116.

Cohen, Hermann (1966): Religion der Vernunft aus den Quellen des Judentums. 2. Aufl. Darmstadt (Metzler).

Drewermann, Eugen (1977): Strukturen des Bösen Bd. 2: Die jahwistische Urgeschichte in psychoanalytischer Sicht. München u. a. (Schöningh).

Freud, Sigmund (1972): Das Unbehagen in der Kultur. In: GW XIV. Frankfurt (Fischer), S. 419–506.

Görres, Albert & Kasper, Walter (Hg.) (1988): Tiefenpsychologische Deutung des Glaubens? Anfragen an Eugen Drewermann. Freiburg i.Br., Basel, Wien (Herder).

Greshake, Gisbert (2004): Gnade – Geschenk der Freiheit. Mainz (Grünewald).

Kant, Immanuel (2005a): Grundlegung zur Metaphysik der Sitten. In: Kant, Immanuel : Werke in sechs Bänden. Bd. 4. Hg.: Weischedel, Wilhelm (Wissenschaftliche Buchgesellschaft).

Kant, Immanuel (2005b): Kritik der praktischen Vernunft. In: Kant, Immanuel: Werke in sechs Bänden. Bd. 4. Hg.: Weischedel, Wilhelm (Wissenschaftliche Buchgesellschaft).

Kierkegaard, Sören (1983): Der Begriff der Angst. In: Kierkegaard, Sören: GW. 11. Abt., 2. Aufl. Hg.: Hirsch, Emanuel & Gerdes, Hayo. Gütersloh (Gütersloher Verlagshaus).

Kierkegaard, Sören (1985): Philosophische Brocken. In: Kierkegaard, Sören: GW 10. Abt., 2.Aufl. Hg.: Hirsch, Emanuel & Gerdes, Hayo. Gütersloh (Gütersloher Verlagshaus).

Kierkegaard, Sören (1986): Einübung im Christentum. In: Kierkegaard, Sören: GW 26. Abt., 2. Aufl., Hg.: Hirsch, Emanuel & Gerdes, Hayo. Gütersloh (Gütersloher Verlagshaus).

Moser, Tilman (1976): Gottesvergiftung. Frankfurt (Suhrkamp).

Pauen, Michael & Roth, Gerhard (2008): Freiheit, Schuld und Verantwortung. Grundzüge einer naturalistischen Theorie der Willensfreiheit. Frankfurt (Suhrkamp).

Pröpper, Thomas (1988): Erlösungsglaube und Freiheitsgeschichte. Eine Skizze zur Soteriologie. 2. Aufl. München (Kösel),

Schreiner, Josef (1995): Theologie des Alten Testaments. Würzburg (Echter).

Striet, Magnus (1998): Versuch über die Auflehnung. Philosophisch-theologische Überlegungen zur Theodizeefrage. In: Harald Wagner (Hg.): Mit Gott streiten. Neue Zugänge zum Theodizee-Problem. Freiburg i.Br., Basel, Wien (Herder), S. 48–89.

Werbick, Jürgen (1985): Schulderfahrung und Bußsakrament. Mainz (Grünewald).

Wippermann, Carsten (Hg.) (2005): Religiöse und kirchliche Orientierungen in den Sinus-Milieus 2005. München (Medien-Dienstleistung GmbH).

Schuld – Verantwortung – Jugendgefängnis

Wie geht das zusammen?

Philipp Walkenhorst

Einleitung

Unklar und bisher weitgehend gemieden, auch von mir, ist der Fragenkomplex von Schuld, Verantwortung, Reue, Wiedergutmachung in einer (Jugend-) Strafvollzugs- und Straffälligenpädagogik. Ich versuche, mich aus dem Überschneidungsfeld von Recht und Pädagogik dem Thema zu nähern und, zugegebenerweise sehr pragmatisch, danach zu fragen, was jungen Menschen aus pädagogischer Perspektive zukunftsweisend im Hinblick auf diese Thematik und ihre eigene Beteiligung daran auf den Weg mitgegeben werden könnte, damit sie nicht erneut Opfer schädigen, Verängstigung und körperliches wie seelisches Leid über andere Menschen und sich selbst bringen. Während der Arbeiten an diesem Text traf ich eine schon betagte Nachbarin aus dem Haus nebenan, welche vor einiger Zeit Opfer eines Raubüberfalls durch einen jungen Mann geworden war, einen Oberschenkelhalsbruch erlitten und drei Monate im Krankenhaus gelegen hatte. Sie berichtete mir, dass es ja schon besser ginge, sie könne mit ihrer Gehhilfe wenigstens einmal kurz vor die Tür gehen, aber es dauere mindestens noch ein halbes Jahr, bis sie wieder einigermaßen laufen könne. Nun ja, der Täter werde ja vor Gericht gestellt, aber die mit dieser Verletzung zugebrachte Lebenszeit könne man damit ja auch nicht mehr zurückholen! Und es sei schon ein anderes Gefühl, jetzt allein draußen unterwegs zu sein, anders als vorher und schon gar nicht mehr so unbeschwert. Und seit dem Sturz schmerzten die Knochen erst recht beim Gehen ... Für mich liegt eine der großen Schwierigkeiten, die Thematik von Schuld und Verantwortung pädagogisch und pragmatisch zukunftsorientiert in den Blick zu nehmen, in der Struktur des eben geschilderten Falles. Hier ist nicht nur ein Leben, eine Lebensqualität, die körperliche Unversehrtheit eines Menschen punktuell beschädigt worden, sondern Lebenszeit ist unwiederbringlich dahin, Tage und Monate eines sich dem Ende zuneigenden Lebens, dem es eigentlich vergönnt sein sollte, in Frieden und unbeeinträchtigt durch Mitmenschen diese Zeit noch zu genießen bzw. wenigstens im Rahmen des Möglichen selbstbestimmt zu verbringen. Diesen konkreten Fall, der für viele andere steht, die Opfer wurden, vor Augen, fällt es dem Alltagsmenschen und nicht zuletzt auch manchem, der tagtäglich mit Inhaftierten arbeitet, schon schwer, nicht die Wut zu bekommen, nicht in einem archaischen Impuls härtere Strafen für solche Übeltäter zu fordern, stattdessen mit Vernunft sich dem Sachverhalt zu nähern, sich nicht den Emotionen zu überlassen, nachzudenken, sich zu fragen, wie man Folgenabschätzung, Verantwortlichkeit, Einfühlsamkeit, Mitgefühl für andere Menschen bei jungen Straftätern aufbauen bzw. bestärken kann, und dies in der dazu eigentlich am wenigstens geeigneten Umgebung, dem Strafvollzug. Andererseits und bei näherer Betrachtung ist in Rechnung zu stellen, dass viele solcher und ähnlicher Situationen Vorgeschichten haben, dass sie nicht allein auf eine Täter-Opfer-Dichotomie reduziert werden können und dass solche Situationen, so unbefriedigend es erscheinen mag, in der Regel nicht allein durch eine individualisierende Sichtweise, reduziert und konzentriert auf die Frage der Ermittlung sowie Bewertung der jeweiligen individuellen Täterschaft und nachfolgender Verurteilung/Bestrafung des Täters, zu bewältigen und, was noch wesentlicher erscheint, zukünftig zu verhindern beziehungsweise zu vermindern sind.

Strafrecht und Sanktionierung

Ein, wenn nicht *das* große öffentliche Diskussionsthema bezüglich junger Menschen ist das des Umgangs mit ihren abweichenden, problematischen, klinisch gesprochen, internalisierenden und vor allem, weil öffentlich deutlicher wahrgenommen, externalisierenden Verhaltensauffälligkeiten, -störungen und Straftaten, sprich, den Verhaltensweisen, mit denen sie andere Menschen bedrohen, erpressen, physisch und psychisch vorsätzlich schädigen. Verwunderlich zwar, denn die Vielzahl der kreativen, helfenden, prosozialen, Verantwortung übernehmenden Beiträge und Verhaltensmuster junger Menschen erfährt in der Regel wenig Aufmerksamkeit und bedürfte so dringend der Ermutigung, aber das ist ein anderes Thema …

Während in den Bereichen von Schule, Jugendhilfe und Jugendpsychiatrie idealiter auch bei abweichendem Verhalten Ressourcenorientierung, Ermutigung, Gegenwirkung, therapeutische Intervention und ggf. Erziehungsstrafen die pädagogischen Mittel der Wahl darstellen, ist im justiziablen Kontext die Strafe das einschneidendste Zwangsmittel des Staates gegenüber seinen Bürgern; sie berührt in jedem Fall die Grundrechtssphäre (zur Grundfrage der Verrechtlichung vgl. z. B. Kohler 1987). Zwar greift der Staat im Interesse friedlichen und geordneten Zusammenlebens auch sonst auf vielfältige Weise reglementierend in das Leben seiner Bürger ein, selbst mit Freiheitsverlusten (z. B. Internierung bei Seuchengefahr). Jedoch enthält die Verhängung einer Strafe darüber hinaus ein sozial-ethisches Unwerturteil, das im Namen des Volkes, der Rechtsgemeinschaft, ausgesprochen wird. Sie wirft dem Täter vor, dass er Rechtsgüter oder Werte missachtet hat, die unabdingbare Grundlage des Lebens einer Gemeinschaft sind. Dieses Unwerturteil gibt dem staatlichen Eingriff der Strafe neben seiner teilweise Existenz vernichtenden Intensität sein besonderes Gewicht. Nicht zuletzt deswegen sind Sinn und Berechtigung der Strafe immer wieder infrage gestellt worden. Die in der Verfassung verankerten obersten Werte der Freiheit und Menschenwürde zwingen dazu, die Frage der Rechtfertigung von Strafe immer neu zu stellen. Dies betrifft sowohl die Straftatbestände des Strafgesetzbuches (StGB) als auch den selbst dem Straftäter zukommenden Schutz der Verfassung. Die von ihr geschützte Wertordnung gebietet, »auch im Verbrecher die Menschenwürde zu achten, ihn als ›Mitmenschen‹ und nicht als Ausgestoßenen zu behandeln« (Benda 1974, S. 19f.).

Strafe setzt nach geltendem Schuld- oder Verantwortungsprinzip *(»nulla poena sine culpa«, vgl. Artikel 20 Abs. 3 Grundgesetz)* die Schuld des Täters voraus. »Schuld« ist eine Kategorie des Alltagsdenkens und des Strafrechts.

Sic ist eine Kategorie der individuellen Zurechnung. Das Strafrecht rechnet ein schädigendes Ereignis einem Einzelnen nur dann vor, wenn er überhaupt gehandelt hat und wenn das Ereignis als vom Handeln des Einzelnen verursacht nachgewiesen werden kann. Die Kategorie der Schuld stellt sicher, dass »jemand für ein schädigendes Verhalten strafrechtlich nur dann einstehen muss, wenn er es ›verantwortlich‹ herbeigeführt hat« (Hassemer 1993, S. 450). Der Schuldvorwurf richtet sich wiederum nach den geltenden Gesetzen und nicht nach sittlich-moralischen Vorstellungen. Für die strafrechtliche Schuld wird Schuldfähigkeit (§§19, 20 StGB) vorausgesetzt, ferner das Unrechtsbewusstsein. Der Täter musste das Verbotensein der Tat erkennen können (Verbotsirrtum, §17 StGB). Das Recht ist determiniert, wie es Krauß (1992, S. 6) formulierte, »seine Adressaten als freie, sittlich fundierte, durch Normen und Wertvorstellungen motivierbare und als ›schuldfähige‹ Personen vorauszusetzen«. Dahinter scheint die hier nicht weiter zu verfolgende grundsätzliche Frage der menschlichen Willensfreiheit bzw. seiner Determinierung auf (vgl. z. B. Dreher 1987; Roth/Lück/Strüber 2006; Oster 2007). Die strafrechtliche Verantwortlichkeit eines Jugendlichen ist nach §3 Jugendgerichtsgesetz (JGG) positiv festzustellen, bei mehreren verhandelten Straftaten für jede gesondert. Beurteilt wird hier jeweils die Reife zur Einsichts- und Steuerungsfähigkeit. Bezüglich der Einsichtsfähigkeit muss der Jugendliche allgemein die Fähigkeit gehabt haben, Recht von Unrecht zu unterscheiden wie auch im konkreten Tatzusammenhang zu erkennen, dass sein konkretes Verhalten Unrecht und nicht Recht ist (Eisenberg 2000, §3, Rn 16). Bezüglich der Steuerungsfähigkeit geht es darum, ob der Jugendliche zusätzlich in der Lage war, Hemmungsvorstellungen oder Elemente des Widerstands gegenüber der Tatbegehung abzurufen und/oder sie wirkkräftiger werden zu lassen als die Elemente, die auf das strafrechtlich relevante Verhalten gerichtet waren (ebd., Rn 17). Letztlich beurteilt werden diese Fähigkeiten durch den Jugendrichter oder das Jugendschöffengericht. Kommentatoren verweisen darauf, dass Jugendliche damit Handlungsmaßstäben und moralischen Kategorien unterworfen werden, die nicht der von ihnen erlebten Wirklichkeit entsprechen. So ist auch das Konstrukt der Verantwortlichkeit letztlich ein Produkt richterlicher Wertung (Eisenberg 2000, §3, Rn 9).

Hinsichtlich der Zweckbestimmung und Rechtfertigung (staatlichen) Strafens lassen sich grob drei Ansätze des rechtswissenschaftlichen Diskurses unterscheiden: absolute und relative Straftheorien sowie Vereinigungstheorien (vgl. zur Übersicht Benda 1974, S. 21ff.; weiterführend: Roxin et al. 2006):

Absolute Straftheorien sind ohne finalen Zweck, orientieren sich am Vergangenen, am begangenen Unrecht und seinen Ursachen. Sie postulieren die Notwendigkeit von Strafe, weil ein Verstoß gegen die Rechtsordnung und ihre Rechtsgüter vorlag. Hier geht es um Tatvergeltung, um ausgleichende Gerechtigkeit, um einen beschädigten Rechtsfrieden wiederherzustellen. Das begangene Unrecht soll durch die Bestrafung aufgewogen werden, wenngleich die Strafe nicht das Ausmaß des angerichteten Unrechts übersteigen soll. In diesem Zusammenhang viel zitiert wird das Inselbeispiel von Immanuel Kant: Bevor ihre Bewohner auseinander gehen und die Insel verließen, müsste der letzte Mörder noch hingerichtet werden, damit jedermann widerfahre, was seine Taten wert seien. Im Zusammenhang absoluter Straftheorien hat man der Strafe auch den Sinn der Sühne gegeben (z. B. Naegeli 1971, S. 50). Jedoch ist Verbüßung der Strafe niemals Sühne ohne die entsprechende innere Einstellung des Täters. So kann Strafe nur die Ermöglichung von Sühne bedeuten, nur der Täter selbst kann der Strafe den Sinn der Sühne geben (Benda 1974, S. 23).

Die zweckfreie Sinngebung setzt nach vielfacher Auffassung voraus, dass es »Schuld« gibt, dass der Mensch die Möglichkeit hat, sich grundsätzlich frei zu entscheiden. Diese Frage ist nach wie vor heftig umstritten, ebenso die Auffassung, dass Schuld gemessen und für die Strafe zur Richtschnur gemacht werden kann (vgl. Benda 1974, S. 23). Neuere Entwicklungen insbesondere aus dem angloamerikanischen Bereich zielen hier auf eine sogenannte »restaurative Strafrechtspflege«. Es geht um die gemeinsame (Täter und Opfer) Bewältigung der Tatfolgen, zukunftsorientierte Lösungen durch Wiedergutmachungsvereinbarungen, aber auch um »Beschämung« des Täters durch Verdeutlichung des Opferschadens.

Die Kritik an absoluten Straftheorien bezieht sich auf die Annahme, man könne ein Übel durch Zufügung eines weiteren Übels (die Strafe und das mit

ihr verbundene Strafleid) ausgleichen. Fraglich ist ebenso, ob durch Übelzufügung eine Läuterung des Straftäters erreicht werden kann.

Relative Straftheorien sind zweckbestimmt und zukunftsorientiert. Der
Grundgedanke: Durch die Wirkung der verhängten und vollstreckten Strafe
soll künftig ein erneuter·Verstoß gegen die Rechtsbestimmungen verhindert
werden. Der Sinn staatlichen Strafens wird in Verbrechensverhütung und
Prävention gesehen. Strafen zielen hier *gesellschaftsbezogen* auf eine negative
Generalprävention (Abschreckung anderer durch statuiertes Exempel) bzw.
auf eine positive Generalprävention (Bestärkung der Normtreue der Bevölkerung durch Normdurchsetzung). Kritisch zu bedenken ist hier, dass die
Abschreckungsdimension zu möglichst hohen Strafen führt, wie auch Strafe
in letzter Konsequenz zu Aufrechterhaltung bestehender Machtverhältnisse
oder aber zu uferlosen Strafen nicht nur gegen Täter, sondern auch dessen
sozialem Umfeld führen kann (Benda 1974, S. 26).

Täterbezogen zielen Strafen in der o.g. Logik entweder auf negative
Spezialprävention (Denkzettel, Abschreckung des konkreten Täters) oder
auf positive Spezialprävention (Befähigung, Resozialisierung). Der letztere
Zugang wurde von Franz von Liszt Ende des 19. Jahrhunderts unter dem
Eindruck naturwissenschaftlicher Erkenntnisse über Vererbung und Milieu
als Ursachen des Verbrechens entwickelt. Hier tritt statt der Tat der Täter in
den Mittelpunkt. Die Tat ist Anlass, nicht mehr Grund für die Strafe! Durch
individuelle Abschreckung, Sicherung (negative Spezialprävention) oder
Besserung (positive Spezialprävention) tritt an die Stelle der Schuld nunmehr
die »Gefährlichkeit« des Straftäters. Verantwortlichkeit, Schuld und Strafe
als sozialethisches Unwerturteil haben in diesem System letztlich keinen sys-
tematischen Ort. Der im Kern eines solchen individualpräventiven Systems
stehende Erziehungs- oder Resozialisierungsgedanke sagt jedoch nichts aus
über die Ziele und Methoden dieser Behandlung oder Erziehung. Auch
vermag der Erziehungsgedanke nicht zu verhindern, dass in seinem Namen
Unmenschliches geschehen kann (Benda 1974, S. 27). Insofern ist auch dem
Erziehungsgedanken gegenüber erhöhte Vorsicht geboten!

Die heute überwiegend vertretenen Vereinigungstheorien reagieren darauf,
dass absolute wie auch relative Straftheorien keine letztlich befriedigende

Rechtfertigung staatlichen Strafens vorlegen. Sie sind in der Formulierung des BVerfG so auf den Punkt gebracht: »Strafe ist – unbeschadet ihrer Aufgabe abzuschrecken und zu resozialisieren – Vergeltung für begangenes Unrecht« (Bundesverfassungsgericht Entscheidungen 21, 391 (404)). Inhaltliche Spannungen zwischen den Teilzwecken lassen sich dabei nicht leugnen. In jüngster Zeit wird die Vereinigungstheorie immer weiter verdrängt vom Ansatz der positiven Spezialprävention (vgl. Schlüchter 2000, S. 2). Bemerkenswert ist in diesem Zusammenhang die Feststellung von Pothast (1993, S. 109), dass zum gegenwärtigen Zeitpunkt der Geschichte und bei gegebener Struktur existierender Gemeinwesen die staatliche Strafe als Stabilisierungsmittel und zum Schutz der Gesellschaftsmitglieder unverzichtbar sei, weil kein besseres Mittel zur Verfügung steht.

Jugendstrafrecht und Indikation von Strafe

Die hier interessierende strafrechtliche Ahndung von Straftaten junger Menschen wird durch das Jugendgerichtsgesetz geregelt. Es gilt für alle jungen Menschen von 14 bis unter 18 Jahren, ebenso für Heranwachsende von 18 bis unter 21 Jahren, wenn nach §105 JGG diese zum Tatzeitpunkt in ihrer Verantwortungsreife noch Jugendlichen gleichzustellen waren. Vorherrschend ist auch im Jugendstrafrecht zwar der Ansatz der Vereinigungstheorie. Das 1923 verabschiedete, mehrfach modifizierte, im Kern aber bis heute gültige Jugendgerichtsgesetz war dennoch, wie es Horst Viehmann in einem Festvortrag beschrieb, ein »enormer kultureller Fortschritt im Strafrecht. Die Gesellschaft war zivilisiert genug geworden, jungen Menschen nicht mit Rache und Vergeltung zu begegnen, sie war reif genug, die Verfehlungen Jugendlicher zu ertragen mit und in dem Bemühen, durch erzieherische Hilfen deren Lebenslagen zu verbessern« (Viehmann 2005, S. 3). So folgt das Jugendstrafrecht als spezialpräventives Strafrecht der Annahme, hinter Jugendstraftaten verbürgen sich spezifische erkennbare psychosoziale Probleme des Täters selbst oder in Täter-Umfeld-Beziehungen, die in kausalen Wirkzusammenhängen mit der Tatgenese stehen. Dieser Logik entspricht der Erziehungsgedanke des JGG und der Jugendstrafvollzugsgesetze. Ziel und Reichweite dieser »erzieherischen Gestaltung« sind allerdings jeweils auslegungsbedürftig (Hassemer 2004, S. 352f.).

Nun besteht zwar nach Art. 6 Abs. 2 Satz 2 Grundgesetz (GG) ein sekundäres Erziehungsrecht des Staates. Im Hinblick auf die Zwangseinrichtung Jugendgefängnis darf jedoch »Erziehung« als beabsichtigter Versuch einer Einstellungs- und Verhaltensänderung nach herrschender Meinung nicht mit Gewalt erzwungen werden, da diese einen Verstoß gegen das Selbstbestimmungsrecht der Person und die Menschenwürde bedeuten würde (Art. 2 Abs. 1; Art. 1 Abs. 1 GG). Auch kann und darf die »Zielsetzung ›guter Mensch‹ ... mit dem Strafrecht nicht angestrebt werden ... Wenn mit dem JGG erzogen werden soll, so nicht um der Erziehung, nicht um der Personalisation, auch nicht um der Sozialisation im allgemeinen willen, sondern um den Beschuldigten von der Wiederholung der Straftat abzuhalten« (Ostendorf 2003, S. 5f.). Welche Inhalte, Methoden und Lernarrangements grundsätzlich in diesem Sinne zu dieser Zielerreichung beitragen, wird nach wie vor kontrovers diskutiert. Die spätestens seit dem 1.1.2008 geltenden Jugendstrafvollzugsgesetze der einzelnen Bundesländer stellen insofern, wenngleich mit länderspezifischen Unterschieden, einen zumindest didaktischen Fortschritt dar, als im Unterschied zu den Bestimmungen des bis zum 31.12.2007 gültigen §91 Abs. 2 Jugendgerichtsgesetz mit seiner eher rudimentären Skizze der inhaltlichen Fundamente des Jugendvollzuges (»Ordnung, Arbeit, Unterricht und Leibesübungen«) nunmehr doch in recht differenzierter Weise Inhaltsbereiche der Förderung explizit benannt werden, welche auch in der Förderplanung für den je einzelnen jungen Inhaftierten ihren Niederschlag finden (vgl. im Einzelnen dazu Ostendorf 2008, S. 133ff.). So heißt es z.B. im §5 Abs. 2 HessJStVollzG (Leitlinien der Förderung): »Die Maßnahmen sollen den Gefangenen ermöglichen, sich mit ihrer Straftat und deren Folgen auseinanderzusetzen. Sie umfassen darüber hinaus insbesondere schulische und berufliche Bildung, Arbeitstherapie, soziales Training, Sport und die verantwortliche Gestaltung des alltäglichen Zusammenlebens, der Freizeit sowie der Außenkontakte.« Damit ist, wenn man so will, ein regelrechtes Curriculum eines Jugendstrafvollzugs als Bildungseinrichtung mit der Zielsetzung der Befähigung des jungen Gefangenen, künftig in sozialer Verantwortung ein Leben ohne Straftaten zu führen (vgl. §2 Abs. 1 HessJStVollzG). Bemerkenswert in diesem Zusammenhang ist, dass die Gesetzgeber der Bundesländer sowohl in den Gesetzestexten der Jugendstrafvollzugsgesetze als auch in den zugehörigen Begründungen der zukunftsorientierten Aufarbeitung der Straftaten sowie der Tatfolgen einen recht hohen Stellenwert zumessen, unter anderem ablesbar in der Reihenfolge der inhaltlich im Vollzug zu bearbeitenden Themen sowie ihrer Lokalisierung in den Förder- bzw. Vollzugsplänen für die jungen Inhaftierten[1]. Zumindest nicht explizit erwähnt wird diese Thematik dagegen in den (Jugend-)Strafvollzugsgesetzen von Bayern und Niedersachsen.

Fast durchgängig fordern die Gesetzgeber im Rahmen der erzieherischen Ausgestaltung des Jugendvollzuges Folgendes ein:

➤ die Auseinandersetzung des jungen Inhaftierten mit den eigenen Straftaten als selbstständigen thematischen Bestandteil der pädagogischen Arbeit im Strafvollzug,

➤ die Weckung der Einsicht in die beim Opfer verursachten Tatfolgen durch eine entsprechende Vollzugsgestaltung sowie

➤ Maßnahmen und Angebote zum Ausgleich von Tatfolgen als Teil der Sozialen Hilfen, mit dem der Jugendvollzug zur (Re-)Integration des jungen Inhaftierten nach der Haftentlassung beitragen soll.

---

1 Vgl. z.B. §22 Abs. 5, §25 Abs. 2 Nr. 5, §57 Abs. 2 Satz 1 JStVollzG Baden-Württemberg; §3 Abs. 1 Satz 3, §5 Abs. 3, §8 Abs. 1 Satz 2, §11 Abs. 3 Nr. 10 JStVollzG Berlin; §3 Abs. 1 Satz 3, §5 Abs. 3, §11 Abs. 3 Nr. 10 JStVollzG Brandenburg; §3 Abs. Satz 3, §5 Abs. 3, §11 Abs. 3 Nr. 10, Bremisches JStVollzG; §3 Abs. 1 Satz 3, §5 Abs. 3 Satz 1, §10 Abs. 4 Nr. 11, §26 Abs. 1 Satz 2 HessJStVollzG; §3 Abs. 1 Satz 3, §5 Abs. 3, §8 Abs. 1 Satz 2, §11 Abs. 3 Nr. 19 JStVollzG Mecklenburg-Vorpommern; §5 Abs. 3, §6 Satz 2, §12 Abs. 3 Nr. 10 JStVollzG NRW; §8 Abs. 2 Nr. 5 Strafvollzugsgesetz Hamburg; §3 Abs. 1 Satz 3, §5 Abs. 3, §8 Abs. 1 Satz 2, §11 Abs. 3 Nr. 10 JVollzG Rheinland-Pfalz; §3 Abs. 3 Satz 3, §5 Abs. 3, §8 Abs. 1 Satz 2, §11 Abs. 3 Nr. 10 JStVollzG Saarland; §3 Abs. 1 Satz 3, §5 Abs. 2, §8 Satz 2, §11 Abs. 3 Nr. 10 Sächsisches JStVollzG; §3 Abs. 3 Satz 3, §5 Abs. 3, §8 Abs. 1 Satz 2, §11 Abs. 3 Nr. 10 JStVollzG Sachsen-Anhalt; §3 Abs. 1 Satz 3, §4 Abs. 3, §8 Abs. 1 Satz 2, §11 Abs. 3 Nr. 10 JStVollzG Schleswig-Holstein; §3 Abs. 1 Satz 3, §8 Abs. 1 Satz 2, §10 Abs. 3 Satz 10 Thüringisches JstVollzG.

Grundsätzlich gilt damit eine »Behandlung« der Jugendstraftaten zugrunde liegenden Problemlagen und ihrer Auswirkungen als möglich und Erfolg versprechend. Geringe Effektivität oder Interventionsrückschläge werden in der Regel allerdings nicht der Intervention, sondern dem Subjekt der Behandlung zugeschrieben (Kerner 1996, S. 5f.). Ihren Niederschlag findet diese Interventionssystematik des »Mehr desselben« in der sich verschärfenden Stufenfolge jugendstrafrechtlicher Maßnahmen (Weisungen – Zuchtmittel – Jugendstrafe).

Die »Indikationen« der Jugendstrafe weisen grundsätzliche Unterschiede zu Systemen psychosozialer Hilfe auf. Stellen bei letzteren Kriterien fachpsychologischer oder -pädagogischer Provenienz die Grundlage der Hilfeangebote dar, wird Jugendstrafe verhängt, »wenn wegen der schädlichen Neigungen des Jugendlichen, die in der Tat hervorgetreten sind, Erziehungsmaßregeln oder Zuchtmittel zur Erziehung nicht ausreichen oder wenn wegen der Schwere der Schuld Jugendstrafe erforderlich ist« (§17 Abs. 2 JGG). Schädliche Neigungen bezeichnen »Mängel, die ohne längere Gesamterziehung die Gefahr der Begehung weiterer Straftaten in sich bergen, die nicht nur gemeinlästig sind oder den Charakter von Bagatelldelikten haben« (ständige Rechtsprechung, vgl. Bundesgerichtshof Rechtsprechung zu JGG §17 Abs. 2 »schädliche Neigungen«). Verhängung von Jugendstrafe aufgrund schädlicher Neigungen ist auch, wie A. Böhm (1985, S. 173) formulierte, Ergebnis jugendrichterlicher Ratlosigkeit. Wenn nämlich keine andere Maßnahme Erfolg verspricht, ist Jugendstrafe auch zu verhängen, wenn sie ebenfall als ungeeignete Reaktion erscheint.

In der Praxis ist die Verurteilung zur Haftstrafe nicht primär Ausdruck fachpsychologisch begründeter »Gefährlichkeit« des Täters oder fachlicher Notwendigkeit stationärer Gesamterziehung, sondern Konsequenz strafjustizieller Behandlung des Falles. Die Belegungsentwicklung im Jugendvollzug bildet zunächst wenig anderes ab als justizielle Strategien des Umgangs mit (schwerer) Jugendkriminalität (Walter 2000, S. 253). So existiert auch eine fachlich »ideale« Strafzeit mehr als abstrakte Idee denn als fassbare Erfahrung. Die Umwandlung der Tatschuld in Zeiteinheiten erscheint letztlich als irrationaler Vorgang: »Die Dauer der verhängten Freiheitsstrafe steht in letztlich nicht überprüfbarer Beziehung zu ihren Bestimmungsgründen wie auch ihrem Erziehungserfolg« (Ortner 1988, S. 44). Selbst ein zur (Re-) Sozialisierung notwendiges Zeitmaß der Interventionen ist kaum bestimmbar. Beim gegenwärtigen Stand der Sanktionsforschung ist nicht zu ermitteln, ob längerer oder kürzerer Strafvollzug größere Aussicht auf Resozialisierung verspricht (Ostendorf 2003). Konsens besteht, dass spätestens nach vier bis fünf Jahren entsozialisierende Wirkungen größer sind als resozialisierende.

Jugendstrafe und Jugendstrafvollzug: Befunde

Die Jugendstrafe (§17 JGG) ist die schwerste Sanktionsform des Jugendgerichtsgesetzes, gilt als vorverbüßte Freiheitsstrafe nach §57 Abs. 2 Nr. 1 StGB und wird im Bundeszentralregister vermerkt. Ihre Mindestdauer beträgt 6 Monate, das Höchstmaß bei Jugendlichen 5 Jahre, bei Heranwachsenden und schwersten Verbrechen Jugendlicher 10 Jahre (§18 JGG). Jugendstrafe bis zur Dauer von 2 Jahren kann bei guter Prognose zur Bewährung ausgesetzt werden. Rechtlich geregelt ist der Vollzug der Jugendstrafe im Gefolge der Föderalismusreform seit dem 1.1.2008 durch die (Jugend-) Strafvollzugsgesetze der Bundesländer.

In den 27 selbstständigen Jugend- und sechs selbstständigen Frauenanstalten befanden sich zum Stichtag 31.08.2007 6168 junge Inhaftierte von 14 bis unter 25 Jahren (5750 im geschlossenen, 418 im offenen Vollzug). Davon waren 248 junge Frauen in geschlossenen und 8 in offenen Formen des Jugendvollzuges untergebracht (vgl. Statistisches Bundesamt 2007). Zum 31.3.2006 saßen im Jugendvollzug zu 89% mindestens 18-jährige Erwachsene und ca. 11% unter 18-jährige ein. Letztere stellen eine kleine Minderheit von selten mehr als 10% der gesamten jeweiligen Vollzugspopulation dar (vgl. auch Dünkel/Geng 2007, S. 69). Verbüßt werden eher kurze Strafzeiten (männlich: 5 bis 30 Monate, im Durchschnitt ca. 13 Monate; weiblich: 5 bis 16 Monate, im Durchschnitt 8.5 Monate, vgl. Walter 2000, S. 252 u. 264). Etliche Inhaftierte kommen wegen kurzer Haftzeit nicht für die Teilnahme an schulischen bzw. beruflichen Maßnahmen infrage. Im Jahre 2005 saßen die meisten Strafgefangenen in Jugendanstalten wegen Eigentums- und Vermögensdelikten (33,5%) ein, gefolgt von Raub/Erpressung mit 25,7% und Gewaltdelikten mit 22,9%. Drogendelikte haben einen Anteil von 7,4%, Sexualdelikte von 3,6% (Dünkel/Geng 2007, S. 70).

Die Lernausgangslagen junger Inhaftierter, ihre schulische und berufliche Qualifikation werden als überwiegend ungünstig beurteilt. Für NRW wird eine Quote von ca. 70% junger Inhaftierter ohne Schulabschluss angegeben (vgl. Eder 2004, S. 5). Erhebliche Anteile verfügen über keinerlei qualifizierende Berufsausbildung. Sie sind der Gruppe der Ungelernten zuzurechnen. Hinsichtlich vorgehender Sozialisationsbelastungen werden für männliche Inhaftierte Desintegrationsprozesse, übermäßige Aggressivität, Schuleschwänzen, Lehrabbrüche, Arbeitsbummelei und fortgesetzte Straftatbegehung beschrieben. Lebenslagen inhaftierter Mädchen sind durch schwierige Familienverhältnisse, Herkommen aus Restfamilien, Alkohol- und Medikamentenabhängigkeit beider Elternteile, knappe materielle Ressourcen, in Einzelfällen auch grenzenlose Verwöhnung, familiale Gewalt, frühen sexuellen Missbrauch, Drogenkonsum, Anschaffungsprostitution, Weglaufen von Zuhause, Heimaufenthalte, frühe Kriminalisierung und teilweise lange Maßnahmekarrieren gekennzeichnet (vgl. Jansen 1999, S. 68ff.; König 2002, S. 141f.). Hinsichtlich der ethnischen Zusammensetzung sind in westdeutschen Jugendanstalten bis zu 20% Aussiedler und weitere ca. 40% »Nichtdeutsche« inhaftiert (=Ausländer und Staatenlose; vgl. Walter 2000, S. 252; Dünkel/Geng 2007, S. 71). Genaue Zahlen über psychisch kranke Inhaftierte in deutschen Jugendanstalten liegen nicht vor. Jedoch wiesen nach einer Untersuchung im schleswig-holsteinischen Strafvollzug rund 81% Störungen im Sozialverhalten und 77% eine Persönlichkeitsstörung auf (vgl. dazu im Einzelnen Köhler 2004).

Erfolgsnachweise der Haft sind schwierig. Untersuchungen hinsichtlich der Leistungseffizienz fehlen weitgehend. Gesicherte Praxisempfehlungen zum förderlichen Umgang mit jungen Straftätern sind nur ansatzweise möglich (Stelly/Thomas 2006). Rückfallquoten liegen je nach Untersuchung zwischen 73% und 81% (Ostendorf 2009a, S. 88ff.) und hängen deutlich von Einflüssen der Arten des Vollzugs ab (gelockerter Vollzug, Urlaub und Ausgangsgewährend, Vermittlung eines Schulabschlusses oder einer Lehre, intensiver Entlassungsvorbereitung, Entlassung in Arbeit, vgl. Dolde/Grübl 1996).

Eine Untersuchung von Hosser et. al. (2005) zum Thema »Scham, Schuldgefühle und Delinquenz« prüfte die Frage, inwieweit Scham- und Schuldgefühle junger Inhaftierter, die während der Haft erlebt wurden, straffälliges Verhalten nach Haftentlassung beeinflussten. Schuldgefühle entstehen dann, wenn eine Person internalisierte soziale Normen oder Erwartungen verletzt hat und dieses Verhalten von der Person selbst oder anderen als unangemessen verurteilt wird. Scham hingegen wird als Angst vor einer sozialen Degradierung bzw. als Wahrnehmung einer negativen Bewertung des Selbst durch andere betrachtet. Beide selbstbewertenden Emotionen sanktionieren abweichendes Verhalten. Sie sind auch Grundlage gelingender sozialer Interaktion und sozialer Kontrolle. Die Befragung von 447 jungen Inhaftierten zeigte, dass Schuld- und Schamgefühle eher selten auftraten (31% unmittelbar nach Haftbeginn: nie Schuldgefühle; 61% nach Haftbeginn: nie Schamgefühle). Noch interessanter: zum Zeitpunkt der Entlassung sind 61% Schuld- und 72% Schamgefühle fremd. Sofern überhaupt vorhanden, nahmen diese Gefühle in den ersten zwei bis drei Monaten nach Inhaftierung deutlich ab. Weder Strafmaß noch Delikt erwiesen sich hier als bedeutsam für die Entstehung von Schuld und Scham. Auch hatten Fördermaßnahmen wie Sozialtherapie oder AAT keinen Einfluss auf die Entwicklung solcher Gefühle oder auf die Rückfallrate. Allerdings: Lagen bei schweren Gewaltdelikten Schuldgefühle vor, so gingen diese mit deutlich geringeren Rückfallraten bei 24 Monaten nach Haftentlassung einher (Gewalttäter mit Schuldgefühlen: 34%, ohne solche: 75%, vgl. ebd.; zum Hintergrund moralischer Entwicklung bei straffälligen Jugendlichen vgl. auch Weyers 2004, 2005).

Offen bleibt, ob angesichts der Entwicklung, Qualität, Beständigkeit und Strukturmerkmale von Jugendkriminalität das System jugendstrafrechtlicher Sozialkontrolle im Verhältnis zu Sozialisations- und Kontrollinstanzen wie Familie, Schule, Gleichaltrige, Nachbarschaft oder beruflicher Eingliederung bezüglich der Verhinderung neuer Straftaten faktisch mehr Schaden als Nutzen anrichtet. Befunde der Sanktionsforschung deuten darauf hin, dass strafrechtliche »Überreaktionen« gegebenenfalls die Delinquenz Jugendlicher eher verstärken als reduzieren. Es scheint im Hinblick auf die Reduktion von Straftaten im strafrechtlichen Kontext mitunter besser zu sein, weniger oder nichts zu tun als etwas zu tun (Schneider 1987, S. 663).

Straffälligkeit junger Menschen: Folgen und Wirkungen

Auch Jugendstraftaten haben Folgen, die Gegenstand zumindest eines Verantwortungsdiskurses sein können:

➤ deliktspezifisch individuelle Folgen (aufseiten der Opfer mögliche Traumatisierungen, individueller Verlust des Glaubens an die staatlichen Handlungs- und Interventionsmöglichkeiten; aufseiten der Täter mögliche Selbstverstärkungen strafbarer Verhaltenstendenzen durch geringes Entdeckungsrisiko, bei Anzeige häufig nicht kontingente Reaktionen der Justiz, welche aufgrund zeitlich großer Distanz zur Tat den Zusammenhang zwischen Anlass und Intervention für den jungen Straftäter nicht mehr erkennen lassen; aber auch das Problem nachhaltig stigmatisierender Folgen jugendstrafrechtlicher Interventionen wie Arrest und nicht zur Bewährung ausgesetzter Jugendstrafe),

➤ materielle Folgen (angerichteter Schaden; Ausbau der Sicherheitstechnik mit entsprechenden Kosten für Einzelpersonen und/oder Unternehmen; Video-Überwachungen mit der Folge der Entöffentlichung öffentlicher Räume durch totale Überwachung),

➤ ökonomische Folgen (Kostenbelastungen durch Vandalismus und Sachbeschädigungen; Krankenkassenkosten durch Körperverletzungsdelikte einerseits, andererseits auch der Versorgung drogenabhängiger oder sonst wie körperlich kranker, durch eine ungesunde Lebensführung bedrohter junger Straftäter; Versicherungskosten; Kosten für Unterbringung, Versorgung und Bildung junger Straftäter in Einrichtungen der Jugendstrafrechtspflege),

➤ soziale Folgen (Verunsicherung der Bevölkerung durch tatsächliche sowie medial inszenierte Kriminalität insbesondere junger Menschen; Einschränkung der individuellen Bewegungsfreiheit durch antizipierte

Bedrohungsgefühle, z. B. Parkanlagen, Fußgängerunterführungen, U-Bahn-Anlagen, Entwicklung von Angsträumen und no-go-areas, entsprechend negative städtebauliche Entwicklungen) sowie

➤ politische Folgen (politische Scharfmacherei; Beförderung einer law-and-order-Mentalität; Begünstigung rechtspopulistischen Gedankenguts durch Inszenierung und Funktionalisierung von Bedrohungsszenarien; unsachliche Polarisierungen der sicherheitspolitischen Diskussionen; Ausbau von Überwachungsinstrumentarien; langsame Erosion bürgerlicher Freiheitsrechte).

Um nun den Bogen nicht zu überspannen: In der Regel liegt der von jungen Menschen angerichtete Schadensmittelwert etwa bei 20 bis 50 . Das ist nicht viel, ganz im Gegensatz zu dem, was Erwachsene anrichten und anrichten können. Insofern ist, abgesehen vom individuell zu verantwortenden Tatgeschehen im konkreten Fall, Vorsicht geboten bei allen Versuchen und öffentlichen Diskursen, abweichendes Verhalten junger Menschen zu kriminalisieren bzw. sich undifferenziert dem zeitweise herrschenden kriminalpolitischen Alarmismus hinzugeben.

Pädagogisches Handeln im Jugendvollzug

Die Praxis des Strafvollzugs, auch des Jugendvollzugs, bildet die Zwiespältigkeit der oben schon erwähnten Vereinigungstheorien ab. Strafvollzug ist einerseits faktisch Bestrafung, Übelzufügung, kann auch in gewissem Sinne als Tatvergeltung gesehen werden, wenngleich seine Ausgestaltung andererseits erzieherisch-förderlich erfolgen soll. So ist die Jugendstrafe auch nach dem Urteil des Bundesverfassungsgerichts vom 31.5.2006 als Förderung und erzieherisch auszugestalten. Erziehung in öffentlichen Einrichtungen bedeutet »Lernen ermöglichen« (Giesecke 1996). Dies geschieht durch begrenzte Korrekturen (seinen Alltag ordnen, Lebensbewältigung lernen, Umgangsformen verändern, mit Stress und aggressiven Impulsen konstruktiv umgehen, von Drogen freikommen, lernen, kontinuierlich zu arbeiten usw.).

Im Sinne einer Ressourcenorientierung nicht zu vernachlässigen ist das Ziel der Bewahrung positiv eingeschätzter Dispositionen (soziale Einstellungen, religiöse Orientierungen, Hilfsbereitschaft, Sensibilität usw.), die in der rauen Vollzugswirklichkeit allzu leicht untergehen und äußerer Stützung bedürfen, um nicht zu zerfallen. Schließlich geht es um die im Vollzug so notwendige Verhütung des Erwerbs unerwünschter schädlicher Dispositionen durch Fernhalten schädlicher Einflüsse oder Immunisierung dagegen.

Die einzelne erzieherische Maßnahme bemisst sich nicht daran, ob jetzt und gleich ein gewünschtes Verhalten eintritt (dann fielen Erziehung und Disziplinierung zusammen), sondern ob sich nach und nach verantwortliche Selbstständigkeit in den Handlungen des jungen Menschen zeigt. Man kann nicht befehlen, dass sich ein anderer selbstständig verhält. Man kann ihn jedoch methodisches Vorgehen, Möglichkeiten für Problemlösungen, Selbstbeherrschung u. a. lehren, und man kann ihn in Situationen bringen, in denen er selbstständig Handlungen durchführen muss und über diese Erfahrungen Selbstständigkeit gewinnen kann (Geißler 1982, S. 20). Hier zeigt sich auch die Notwendigkeit nachsorgender Angebote und Stabilisierungshilfen nach Haftentlassung angesichts der viel kritisierten vollzuglichen Tendenzen zur Verunselbstständigung und Entmündigung der Inhaftierten als Teil der vom Gesetzgeber selbst erkannten »Haftschäden« (auf die mit dem »Gegenwirkungsgrundsatz« des Strafvollzugsgesetzes von 1977 sowie mit entsprechenden Bestimmungen der neuen Jugendstrafvollzugsgesetze zumindest gesetzlich auch reagiert wird).

Inhaltlich ist Jugendvollzug zweifellos in sich sehr widersprüchlich und als Erziehungsfeld hoch problematisch (vgl. u. a. den Bericht der Kommission: »Gewaltprävention im Strafvollzug – Nordrhein-Westfalen« 2007), jedoch auch lebendig und durch vielfältige, engagierte Förderaktivitäten gekennzeichnet. Je nach Anstalt und mit Engagement gegen vielfache Widerstände durchgesetzt werden differenzierte schulische Qualifizierungsangebote, Alphabetisierungsangebote, berufliche Ausbildungsgänge, deliktspezifische Behandlungsangebote für Gewalt- und Sexualstraftäter, ebenso für extremistisch motivierte Täter, Drogentherapien, vielfältige Sport- und Freizeitangebote, Seelsorge, erlebnispädagogische Projekte, Segeltouren, Gedenkstättenpädagogik mit Gelockerten, Soziales Entlassungstraining, Übergangsmanagement und Nachbegleitung Haftentlassener (vgl. zur Übersicht Goerdeler/ Walkenhorst 2007).

Pädagogisches Handeln hat dennoch einen schweren Stand. Zu den schwierigen Lernausgangslagen der Inhaftierten kommen hinzu:

➤ das Lernen für die Freiheit unter Bedingungen von Weggeschlossenheit, deren Chancen als Labor und Trainingsmöglichkeit für angemessenes Verhalten jedoch auch beachtet werden müssen,

➤ das systemkonstitutive Machtgefälle zwischen Inhaftierten und Mitarbeiterschaft, wenn doch Lernen aufgrund von Einsicht und nicht aufgrund erzwungener Opportunität stattfinden soll,

➤ ein behördlich-hierarchisierter Anstaltsalltag und Mentalitätsbestände, die zu Verbürokratisierung, Überregulierung und vor allem Demotivierung engagierten Personals neigen, mit Wirkung auf die Inhaftierten und die Ausbildung von Eigenverantwortlichkeit,

➤ Konzentration verhaltensproblematischer junger Menschen auf engstem Raum unter weitgehender Absenz positiver Verhaltensmodelle,

➤ die Unmöglichkeit, allen vorhandenen Förderbedarfen in differenzierter Weise gerecht zu werden,

➤ kurze Verweildauern, welche eine umfassende Förderung (schulisch, beruflich, psycho-sozial) kaum zulassen,

➤ begrenzt aussichtsreiche Perspektiven nach der Haftentlassung jenseits der Illegalität (Was kann man ehrlich versprechen?),

➤ Probleme der Bereitstellung und Finanzierung nachgehender Hilfen sowie

➤ ein verbreitetes Desinteresse von Öffentlichkeit und Medien an auch gelingenden Sozialisationsprozessen in den Anstalten.

Schuld – Verantwortung – Gefängnis?

Die widersprüchlichen Facetten des Problems »Umgang mit dem jungen Inhaftierten« und noch viele andere, hier nicht erwähnte, ergeben kein in sich stimmiges und schlüssiges Bild. In welchem Umfang, mit welchen Adressatengruppen, zu welchem Zeitpunkt der Inhaftierung, durch welche Personen, mit welchen Inhalten, welchen Methoden und mit welcher Aussicht auf Verhaltenswirksamkeit die Schuld- und/oder Verantwortungsproblematik in ein Curriculum der Erziehungsarbeit im Jugendstrafvollzug eingearbeitet werden soll, ist eine bislang wenig systematisch bearbeitete und methodisch umgesetzte Thematik. Ausnahmen stellen hier das Denkzeit-Training von Körner/Friedmann (2005) sowie einzelne Bestandteile des Anti-Aggressivitäts-Trainings von Weidner (2008) dar. Opferbriefe, -filme und -aufsätze dienen hier zur »Einmassierung des Opferleids« (Weidner 2008, S. 23). Weitere Anregungen können ebenso aus schulpädagogischen Unterrichtsmaterialien zum Themenfeld »Gewissen, Schuld und Vergebung« abgeleitet werden (vgl. z. B. Braun-Müller et al. 1996).

Für den Augenblick lassen sich meines Erachtens folgende Punkte festhalten:

➤ Der Umgang mit Tatschuld und Verantwortlichkeit junger Menschen unterliegt dem Prinzip der Rechtsstaatlichkeit. Gültig sind, unabhängig von den im Einzelfall aufwühlenden Tatfolgen und Rachegefühlen des Publikums, die entsprechenden Rechtsvorschriften, auch diejenigen für die Behandlung des Täters bzw. der Täterin.

➤ Verbindlich gelten für die Gestaltung der Jugendhaft die Jugendstrafvollzugsgesetze der Länder. Gemeinsam geteilte Zielvorstellung des Jugendvollzuges ist die Befähigung des jungen Straftäters zu einem Leben in Freiheit und ohne Straftaten.

➤ Das Instrument der Jugendstrafe ist in sich widersprüchlich und hinsichtlich seiner Wirkung umstritten. Die Tatvergeltung spielt darin sehr wohl eine Rolle, führt aber im Hinblick auf den rechtsverbindlich geltenden Erziehungs- und Förderansatz nicht weiter.

➤ Die strafrechtlich festgestellte und dem Inhaftierungsurteil zugrunde liegende Schuld beruht nicht auf der »reinen Wahrheit« und tatsächlichen Schuld, sondern auf einer »geeinigten«, für das strafrechtliche Handeln präparierten und selektiven, wenn man so will, funktionalen »Wahrheit«. Mitmenschliche Schuld im eigentlichen Sinne kann deshalb von einer juristischen Schuldfeststellung nicht unmittelbar oder auch überhaupt nicht abgeleitet werden (vgl. Busch 1988, S. 147, Anm. 8).

➤ Der Jugendstrafvollzug ist in seiner gegenwärtigen Struktur sicher kein gut geeigneter Ort, um sich mit seinem Leben, seiner Verantwortung, der Frage von Schuld, Vergebung und Versöhnung, der Veränderung des eigenen Lebens auseinanderzusetzen. Diese Themen signalisieren in der Subkultur des Vollzugs Schwäche, Komplizenschaft mit dem Personal, auch Bedrohung der eigenen brüchigen Identitätskonstruktionen. Die neuen Jugendvollzugsgesetze können hier vielleicht pädagogische Entwicklungen befördern, sicher ist dies aber nicht.

➤ Erziehungs- bzw. Fördermaßnahmen gehen selten unmittelbar deliktbezogen vor (Ausnahme: Sexual- und weitere Gewalttaten). Sie zielen meist auf Behebung allgemeiner, in der Förderplanung sichtbar gewordener Entwicklungs-, Persönlichkeits- und Verhaltensstörungen in der Hoffnung auf spätere Legalbewährung. Diese oder auch Rückfall sind – wenn überhaupt – meist nur mittelbares Ergebnis von Behandlungs- und Erziehungsmaßnahmen im Vollzug (Obergfell/Wulff 2008).

➤ Der bedeutsame Aspekt der Verantwortlichkeit wird jedoch schon zum pädagogischen Gegenstand, wenn z.B. §5 Abs. 3 des hessischen Jugendstrafvollzugsgesetzes (HessJVollzG) vom 19.11.2007 fordert: »Die Maßnahmen sollen den Gefangenen ermöglichen, sich mit ihrer Straftat und deren Folgen auseinanderzusetzen. Sie umfassen darüber hinaus insbesondere schulische und berufliche Bildung, Arbeitstherapie, soziales Training, Sport und die verantwortliche Gestaltung des alltäglichen Zusammenlebens, der Freizeit sowie der Außenkontakte« (vgl. auch die weiter oben angeführten Nennungen). In der Förderplanung kann der »Ausgleich von Tatfolgen« (z.B. §12 Abs. 3 Nr. 10 JVollzG NRW) auch als Teil von Verantwortungsübernahme gedeutet werden. Oerter (2000, S. 29f.) verweist darauf, dass junge Menschen schon sehr frühzeitig Verantwortung als Einstehen für die Konsequenzen des eigenen Handelns verstehen. Für junge Menschen sei es umso wichtiger, dass Handlungskonsequenzen rasch erfahren werden und der Zusammenhang zwischen Handlung und Konsequenz nicht verloren geht. Dies gilt nicht nur für den Umgang mit Verfehlungen und Rechtsverletzungen junger Menschen generell, sondern ebenso für den Umgang mit Disziplinkonflikten im Kontext des Strafvollzugs. Ausdrücklich jedoch ist dieser Seite von Verantwortung auch jene der Partizipation, der freiwilligen Verantwortungsübernahme für Abläufe, für überschaubare und gestaltbare Teile des Alltagslebens, auch hinter Mauern, gegenüberzustellen. Die Erfahrung zeigt, welche große Bereitschaft zum Engagement und zur Verantwortungsübernahme junge Menschen zeigen, wenn sie verantwortlich und partizipativ in die Gestaltung ihrer Lebenswelten einbezogen werden (ebd.). Dies ist ohne allzu großen Aufwand, dafür mit beharrlicher Geduld, auch unter Vollzugsbedingungen möglich.

➤ Offen bleibt, auf welchem Wege inhaltlich und methodisch dieser Verantwortungsdiskurs unter Vollzugsbedingungen geführt und gelebt werden kann. Max Busch (1988, S. 145f.) wies darauf hin, dass es angesichts der Maßnahmenorientierung sowie des Denkens in Kategorien der Maßnahmenapplikation im Vollzug bei der Bearbeitung der Schuldfrage weder um pädagogische Methoden noch um Therapie geht, sondern um das Ansprechen des Täters auf diese Frage hin, ebenso auf die Frage der Verantwortung für das eigene Tun. Dabei wäre eine »Befreiung« der Schuldfrage vom Schuldstrafrecht unter (päd-)agogischen Aspekten zu begrüßen, könnte man doch einen anthropologisch und sozial zentrierten Schuldbegriff zugrunde legen, ohne sich ständig mit dem juristischen Schuldbegriff auseinandersetzen zu müssen (ebd., S. 146; vgl. auch Gründel 1974, S. 140ff. zum Verhältnis von moralischer und rechtlicher Schuld).

➤ Mittelbare Ansätze zur Förderung alltäglicher Eigenverantwortlichkeit und Folgenabschätzung sind im Konzept eines Wohngruppenvollzuges sowie dem der »Gerechten Gemeinschaft« der JVA Adelsheim zu erkennen (Walter/Waschek 2002; zu schulischen Umsetzungsmöglichkeiten vgl. auch Aufenanger/Garz 1981). Auch der Ansatz, Disziplinkonflikte nicht unmittelbar strafend zu sanktionieren, sondern ein erzieherisches Gespräch als Klärungshilfe und Vorstufe eigentlicher Sanktionen in den Anstaltsalltag einzubauen, kann als Beitrag zur

Ermutigung von Selbstverantwortung betrachtet werden (z. B. §92 Abs. 1 JVollzG NRW).

➤ Umstritten ist die von den Gesetzgebern durchgängig geforderte Mitwirkungspflicht. Sie kann es nur formal geben, das heißt, an Unterricht teilzunehmen, der Arbeitspflicht nachzukommen, bei bestimmten Maßnahmen physisch präsent zu sein. Inhaltlich muss in einem Rechtsstaat auf einklagbare Forderungen weiter gehender inhaltlicher Beteiligung verzichtet werden, weil sonst ein unzulässiger Eingriff in die Persönlichkeitsrechte des Einzelnen zu befürchten ist. »Da Sühne aktives Bemühen erfordert, setzt sie ein entsprechendes inneres Verhalten, ein Jasagen zu positivem Tun voraus, womit sich gleichzeitig, zum mindesten ansatzweise, eine innere Wandlung vollzieht. Sühne im Sinne einer ausgesprochen sittlichen Leistung kann selbstverständlich nicht vom Staat erzwungen werden. Sie beruht auf Freiwilligkeit« (Naegeli 1974, S. 50; vgl. auch Gründel 1974, S. 142ff.). Auch aus dieser Perspektive muss die rechtliche Sanktionierung versäumter Mitwirkungspflicht äußerst zurückhaltend betrachtet werden.

Schlussbemerkung

Die vorgetragenen Überlegungen sind bruchstückhaft und vorläufig. Dennoch erlaube ich mir Zweifel daran, den Aspekt der Schuld, des individuellen Versagens oder auch des vorsätzlich schlecht Handelns zumindest bei jungen inhaftierten Menschen in den Vordergrund der Förderung zu stellen. So bleiben viele Fragen offen:

➤ Kommt mit der Frage nach der Schuld bzw. mehr noch die Frage nach den daraus folgenden Konsequenzen für den Umgang mit dem Schuldigen der alte vorzivilisatorische Gedanke der Rache, der Vergeltung, abgebildet in politischen Forderungen nach härterem Durchgreifen und Strafen, wieder zum Tragen? Welche ungewollten Nebenwirkungen hat eine neue Schulddebatte?

➤ Der Schulddiskurs ist gerade im Kontext spektakulärer Jugendstraftaten

Kristallisationspunkt hochproblematischer Entwicklungen, z. B. der leidigen Forderung nach Herabsetzung des Strafmündigkeitsalters auf zwölf Jahre, der Heraufsetzung des Höchstmaßes der Jugendstrafe auf 15 Jahre oder der durchgängigen Anwendung des Erwachsenenstrafrechts auf Heranwachsende von 18 bis unter 21 Jahren. Diese Entwicklungen gibt es, und angesichts der schon viele Bastionen der Bürgerrechte schleifenden Sicherheitshysterie bedarf es großer Vorsicht, um nicht von rückwärtsgewandten Straf- und Sühneapologeten vereinnahmt zu werden. Können Öffentlichkeit und Politik überhaupt, und wenn ja, mit welchen belastbaren, verstehbaren und vermittelbaren Argumenten, von der Sinnhaftigkeit einer auf Erziehung, Förderung und Verantwortungslernen abstellenden Gestaltung jugendstrafrechtlicher Verfahrensweisen wie auch Maßnahmen überzeugt werden?

➤ Soll der Schuldvorwurf ein Leben weiter begleiten? Soll einem jungen Autofahrer, der durch vermeidbare Fahrfehler wie überhöhte Geschwindigkeit das Leben eines anderen Menschen und vielleicht auch dessen Angehöriger zerstört hat, dies ein Leben lang vorgeworfen werden? Oder soll dies aus dem Förderprozess in der Haft selbst, evtl. auch in der Bewährungszeit, weitgehend ausgeblendet bleiben? Wenn nicht, wie wäre denn mit dem Thema im Hinblick auf junge Straftäter umzugehen?

➤ Und um welche Schuld bei welchen Inhaftierten geht es eigentlich? Wenn über 80% aller wegen einer Drogenstraftat Einsitzenden suchtabhängige Kleindealer sind, kriminalisiert der Gesetzgeber die durch ihre Sucht geschädigten Opfer wegen ihrer nunmehr gefährlichen Sucht zu Straftätern (Krauß 1992, S. 20). Ist hier die Schuld das vorrangige oder überhaupt ein Thema, oder nicht vielmehr die Sucht?

➤ Drastischer: kräht überhaupt ein Hahn danach, ob und wer sich unverantwortlich und schuldhaft verhält? Ist Gewissen angesichts vielfältiger normativer Verunsicherungen überhaupt ein Thema? Verweisen diese Fragen nicht wieder auf das alte Thema der »Erziehung in einer wertunsicheren Gesellschaft«, wie es Wolfgang Brezinka 1993 als Buchtitel formuliert hat?

Literatur

Aufenanger, Stefan; Garz, Detlef & Zutavern, Michael (1981): Erziehung zur Gerechtigkeit. Unterrichtspraxis nach Lawrence Kohlberg. München (Kösel-Verlag).

Benda, Ernst (1974): Vom Sinn menschlichen Strafens. In: Gareis, Balthasar & Wiesnet, Eugen (Hg.): Hat Strafe Sinn? Freiburg i.br., Basel, Wien (Herder), S. 16–31.

Böhm, Alexander (1985): Einführung in das Jugendstrafrecht. 2. Aufl. München (C. H. Beck).

Braun-Müller, Cäcilia; Richter, Nikola & Nörtersheuser, Hans W. (1996): Neu anfangen – Gewissen, Schuld und Vergebung. Freiburg (Institut für Religionspädagogik der Erzdiözese Freiburg)

Brezinka, Wolfgang (1993): Erziehung in einer wertunsicheren Gesellschaft. München, Basel (Ernst Reinhardt).

Busch, Max (1988): Umgang mit dem Schuldigen. Zum Verhältnis von Sozialpädagogik und Strafrechtspflege in der Praxis. In: Busch, Max & Krämer, Erwin (Hg.): Strafvollzug und Schuldproblematik. Pfaffenweiler (Centaurus), S. 135–148.

Christmann, Rainer M. (2002): Das Schuldprinzip im Licht sozialwissenschaftlicher Deutungen jugendlicher Gewaltdelinquenz – Am Beispiel des Straßenraubs. Berlin (Dissertation, Juristische Fakultät der Humboldt-Universität zu Berlin).

Dolde, Gabriele & Grübl, Günter (1996): Jugendstrafvollzug in Baden-Württemberg. Untersuchungen zur Biographie, zum Vollzugsverlauf und zur Rückfälligkeit von ehemaligen Jugendstrafgefangenen. In: Kerner, Hans-Jürgen; Dolde, Gabriele & Mey, Hans-Georg (Hg.): Jugendstrafvollzug und Bewährung. Analysen zum Vollzugsverlauf und zur Rückfallentwicklung. Bonn (Forum-Verlag), S. 219–256.

Dreher, Eduard (1987): Die Willensfreiheit. München (C. H. Beck).

Dünkel, Frieder & Geng, Bernd (2007): Rechtstatsächliche Befunde zum Jugendstrafvollzug in Deutschland. Forum Strafvollzug 56, 65–80.

Edel, Gottfried (1988): Schuld und Sühne – Anmerkungen zur Rechtsphilosophie und Strafvollzugspraxis. In: Busch, Max & Krämer, Erwin (Hg.): Strafvollzug und Schuldproblematik. Pfaffenweiler (Centaurus), S. 85–94.

Eder, Ulrike (2004): Jugendstrafvollzug in NRW heute. Ein aktueller Sachstandsbericht. In: Fraktion Bündnis 90/Die Grünen im Landtag NRW (Hg.): Ist der Jugendstrafvollzug noch zeitgemäß? Dokumentation eines Fachgesprächs am 17. November 2003. Düsseldorf, S. 4–7.

Eisenberg, Ulrich (2000): Kriminologie, Jugendstrafrecht, Strafvollzug. München (C. H. Beck).

Geißler, Erich E. (1982): Erziehungsmittel. Bad Heilbrunn (Verlag Julius Klinkhardt).

Giesecke, Hermann (1996): Pädagogik als Beruf – Grundformen pädagogischen Handelns. 5. Aufl. Weinheim, München (Juventa).

Goerdeler, Jochen & Walkenhorst, Philipp (Hg.) (2007): Jugendstrafvollzug in Deutschland – Neue Gesetze, neue Strukturen, neue Praxis? Mönchengladbach (Forum-Verlag).

Gründel, Jochannes (1974): Schuld – Strafe – Sühne. In: Gareis, Balthasar & Wiesnet, Eugen (Hg.): Hat Strafe Sinn? Freiburg i.br., Basel, Wien (Herder), S. 127–151.

Hassemer, Wilfried (1993): Schuld und Verantwortung. In: Kaiser, Günther; Kerner, Hans-

Jürgen; Sack, Fritz & Schellhoss, Hartmut (Hg.): Kleines kriminologisches Wörterbuch. Heidelberg (C.F. Müller Juristischer Verlag), S. 450–454.

Hassemer, Wildfried (2004): Jugend im Strafrecht. Zeitschrift für Jugendkriminalrecht und Jugendhilfe 15, 344–356.

Hosser, Daniela; Windzio, Michael & Greve, Werner (2005): Scham, Schuldgefühle und Delinquenz. Zeitschrift für Sozialpsychologie 36, 227–238.

Jansen, Irmgard (1999): Mädchen in Haft. Opladen (Leske + Budrich).

Kerner, Hans-Jürgen (1996): Erfolgsbeurteilung nach Strafvollzug. In: Kerner, Hans-Jürgen; Dolde, Gabriele & Mey, Hans-Georg (Hg.): Jugendstrafvollzug und Bewährung. Analysen zum Vollzugsverlauf und zur Rückfallentwicklung. Bonn (Forum-Verlag), S. 3–96.

Köhler, Denis (2004): Psychische Störungen bei jungen Straftätern. Hamburg (Verlag Dr. Kovac).

König, Helmut (2002): Weiblicher Jugendvollzug. Vollzugskonzeptionelle Grundlagen und Praxis des weiblichen Jugendvollzuges in der JVA Frauen Vechta. In: Bereswill, Mechthild & Höynck, Theresia (Hg.): Jugendstrafvollzug in Deutschland. Mönchengladbach (Forum-Verlag), 143–152.

Körner, Jürgen & Friedmann, Rebecca (2005): Denkzeit für delinquente Jugendliche. Theorie und Methode dargestellt in einer Fallgeschichte. Freiburg i.Br. (Lambertus-Verlag).

Kohler, Georg (1987): Verrechtlichung und Verantwortung, Themen einer Epochenschwelle. In: Holzhey, Helmut & Kohler, Georg (Hg.): Verrechtlichung und Verantwortung: Überlegungen aus Anlass der Parole »Weniger Staat, mehr Freiheit« = État, Droit et Responsabilité. Studia Philosophica Suppl. 13/1987. Bern, Stuttgart (Haupt-Verlag), S. 7–32.

Kommission: »Gewaltprävention im Strafvollzug – Nordrhein-Westfalen« (Hg.) (2007): Schlussbericht – Ergebnis der Überprüfung des Jugend – und Erwachsenenstrafvollzuges in Nordrhein-Westfalen. Bonn, 26.07.2007.

Krauß, Detlef (1992): Schuld im Strafrecht: Zurechnung der Tat oder Abrechnung mit dem Täter? Antrittsvorlesung 3. Juni 1992, Humboldt-Universität zu Berlin, Fachbereich Rechtswissenschaft. URL: http://edoc.hu-berlin.de/humboldt-vl/krauss-detlef/PDF/Krauss.pdf. (Stand: 16.02.2009).

Marlie, Markus (2008): Schuldstrafrecht und Willensfreiheit – Ein Überblick. Zeitschrift für das juristische Studium 1, 41–46.

Naegeli, Eduard (1971): Der Sinn des Strafens in der heutigen Gesellschaft. In: Strafen und bestraft sein. Loccumer Protokolle 12/1971 (Eigenverlag der Ev. Akademie Loccum), S. 26ff.

Obergfell-Fuchs, Joachim & Wulf, Rüdiger (2008): Evaluation des Strafvollzugs. Forum Strafvollzug 57, 231–236.

Oerter, Rolf (2000): Was können Kinder und Jugendliche? Was können sie verantworten? In: Justizministerium Baden-Württemberg (Hg.): Verantwortung junger Menschen im Recht. Stuttgart, S. 20–65.

Ortner, Helmut (1988): Gefängnis. Weinheim, Basel (Beltz).

Ostendorf, Heribert (2003): Jugendgerichtsgesetz. Kommentar. 6., völlig überarbeitete Aufl. Köln, Berlin, Bonn, München (C. Heymanns).

Ostendorf, Heribert (2009a): Vorbemerkungen. In: Ostendorf, Heribert (Hg.): Jugendstrafvollzugsrecht. Baden-Baden (Nomos-Verlag), S. 45–96.

Ostendorf, Heribert (2009b): Vollzugsplanung. In: Ostendorf, Heribert (Hg.): Jugendstrafvollzugsrecht. Baden-Baden (Nomos-Verlag), S. 128–200.

Oster, Manfred (2007): Verantwortung und Schuld aus der Sicht der Neurowissenschaften. In: Fakultät für Sozialwesen der Hochschule Mannheim (Hg.): Kriminologie für Soziale Arbeit. Aachen (Shaker), S. 38–62.

Pothast, Ubrich (1993): Probleme bei der Rechtfertigung staatlicher Strafe. In: Juristische Arbeitsblätter 2, 104–110.

Roth, Gerhard; Lück, Monika & Strüber, Daniel (2006): »Freier Wille« und Schuld von Gewaltstraftätern aus Sicht der Hirnforschung und Neuropsychologie. Neue Kriminalpolitik 2, 55–59.

Roxin, Claus; Arzt, Gunther & Tiedemann, Klaus (2006): Einführung in das Strafrecht und das Strafprozessrecht. 5. Aufl. Heidelberg (C. F. Müller).

Schlüchter, Ellen & Herzog, Felix (2000): Strafrecht. Allgemeiner Teil in aller Kürze. 3., vollst. überarbeitete Aufl. Thüngersheim, Frankfurt a. M. (EuWi-Verlag).

Schneider, Hans-Joachim (1987): Kriminologie. Berlin, New York (de Gruyter).

Statistisches Bundesamt (2007): Rechtspflege, Justizvollzug. URL: http://www.destatis.de/jetspeed/portal/cms/Sites/destatis/Internet/DE/Content/Statistiken/Rechtspflege/Justizvollzug/Tabellen/Content50/Strafgefangene,templateId=renderPrint.psml. (Stand: 15.02.2009).

Stelly, Wolfgang & Thomas, Jürgen (2006): Die Reintegration jugendlicher Mehrfachtäter. Zeitschrift für Jugendkriminalrecht und Jugendhilfe 17, 45–51.

Tisma, Aleksandar (1995): Die Schule der Gottlosigkeit. München (dtv).

Viehmann, Horst (2005): Glanz und Elend des Jugendkriminalrechts – Aufstieg und Fall des Jugendgerichtsgesetzes. Manuskript der Festrede zum 25-jährigen Bestehen des Vereins sozial-integrativer Projekte in Münster am 28.10.2005. URL: http://www.horst.viehmann.net/festredemuenster.pdf. (Stand: 08.01.2009).

Walter, Joachim (2000): Aktuelle kriminalpolitische Strömungen und ihre Auswirkungen auf den Jugendstrafvollzug. DVJJ-Journal 11, 251–265.

Walter, Joachim & Waschek, Uli (2002): Die Peergroup in ihr Recht setzen. Das Just Community Projekt in der Justizvollzugsanstalt Adelsheim. In: Bereswill, Mechthild; Höynck, Theresia (Hg.): Jugendstrafvollzug in Deutschland. Grundlagen, Konzepte, Handlungsfelder. Beiträge aus Forschung und Praxis. Mönchengladbach (Forum-Verlag), S. 191–214.

Weyers, Stefan (2004): Moral und Delinquenz. Moralische Entwicklung und Sozialisation straffälliger Jugendlicher. Weinheim, München (Juventa).

Weyers, Stefan (2005): Moralische und biographische Entwicklung straffälliger Jugendlicher. Perspektiven für die Sozialpädagogik. Zeitschrift für Sozialpädagogik 3, Heft 2, 114–137.

Weidner, Jens (2008): Konfrontation mit Herz. In: Weidner, Jens & Kilb, Rainer (Hg.): Konfrontative Pädagogik. Konfliktbearbeitung in Sozialer Arbeit und Erziehung. 3. Aufl. Wiesbaden (Verlag für Sozialwissenschaften), S. 13–25.

Die Schuld der Väter

Micha Brumlik

Diagnosen einer Generation

In seinen politisch-biografischen Reflexionen zu den Jahren des Umbruchs, dem *Tagebuch einer Schnecke*, berichtet Günter Grass von einem makabren Vorfall auf dem damals – 1967 – stattfindenden Stuttgarter Kirchentag, bei dem ein älterer Mann sich nach einer Podiumsdiskussion in einer überfüllten Halle am Mikrofon zu Wort meldete, dies und das äußerte, schließlich einen letzten Gruß an die Kameraden von der SS entbot, um endlich vor allen Anwesenden eine kleine Flasche mit Zyankali aus dem Rock zu ziehen, ihren Inhalt zu trinken und sofort tot zu Boden zu stürzen. Die Redakteurin der links-alternativen Tageszeitung taz, Ute Scheub, hat Jahre später in einem erschütternden Erinnerungsbuch ihr Verhältnis zu diesem ihrem Vater geschildert (Scheub 2006).

Wenn es überhaupt jemals prägnante Kürzel für die soziale und seelische Befindlichkeit Deutschlands und der Deutschen nach dem Zweiten Weltkrieg gegeben hat, so war das erstens der kurze Titel eines wissenschaftlich inspirierten Sachbuches: *Die Unfähigkeit zu trauern*. Das von Alexander Mitscherlich und seiner Frau Margarethe Mitscherlich gemeinsam verfasste Buch erschien 1967, zu Beginn der Jahre des Umbruchs, der Wahl des Emigranten Willy Brandt zum Bundeskanzler, der tödlichen Schüsse auf Benno Ohnesorg und der beginnenden studentischen Protestbewegung, die die Anklage gegen die dem Nationalsozialismus botmäßigen Väter mit einem wütenden Aufbegehren gegen den Krieg der USA in Vietnam verband. Zweitens – Jahre später – stellte der Publizist Ralph Giordano mit seinem Buch *Die zweite Schuld* der deutschen Befindlichkeit eine weitere Diagnose – eine Diagnose, die nunmehr unmittelbar zu Alexander Mitscherlich, dessen einhundertster Geburtstag demnächst begangen wird, und dessen Stellung zur deutschen Studentenbewegung führt. Aber wie hängen die *Unfähigkeit zu trauern*, die *Vaterlose Gesellschaft* und die *Zweite Schuld* (Giordano) miteinander zusammen? Ein Blick auf die sogenannte »Väterliteratur« der Generation der Kriegskinder wird zeigen, dass noch nicht einmal Alexander Mitscherlich das von ihm in den Blick genommene Phänomen tatsächlich verstanden hat.

Der relativ früh einsetzende Entfremdungsprozess zwischen Mitscherlich und der Studentenbewegung verweist auf ein basales Missverständnis, nämlich darauf, dass die protestierenden Studenten und Mitscherlich von Anfang an von unterschiedlichen Warten und Erfahrungen aus agierten, kurzfristig eine Allianz bilden konnten und gleichwohl später auseinander gehen mussten. Das lag im Kern daran, dass Mitscherlich und die protestierende Studentengeneration das, was sie als Kritik von Autoritarismus und (falscher) Väterlichkeit ansahen, grundsätzlich anders verstanden; in aller Kürze: Während Mitscherlich das Fehlen einer wahren Väterlichkeit beklagte, richtete sich der studentische Protest überhaupt gegen jedwede väterliche Autorität. Dass die Väter des Krieges wegen tot, gefangen oder anwesend abwesend waren, entging sowohl Mitscherlich als auch den protestierenden Studenten.

In einer Passage seiner elegischen Abrechnung mit dem eigenen Vater, 1980 erstmals unter dem Titel *Suchbild. Über meinen Vater* erschienen, nimmt der Grafiker und Autor Christoph Meckel in einer rätselhaften Passage auf das Werk Alexander Mitscherlichs Bezug: »Die Vaterlosigkeit fehlte, sie fehlte und fehlte. Es fehlten Verschütten, Zerschlagen und Überschäumen. Es fehlte die gute und schöne Maßlosigkeit, aber der Mehltau, der Mehltau war immer da« (Meckel 2005, S. 135). Damit reagiert Meckel, ohne dass er es in dieser biografischen Reflexion eigens begründet hat, auf eine eigentümliche Kluft, die Alexander Mitscherlichs Hauptwerk durchzieht: Während sich die gemeinsam mit Margarete Mitscherlich verfasste Studie zur *Unfähigkeit zu trauern* – erschienen 1967 – ausführlich mit den sozialpsychologischen Voraussetzungen und Konsequenzen des Nationalsozialismus auseinandersetzt, findet sich in dem vier Jahre zuvor von ihm alleine verfassten Werk über die *Vaterlose Gesellschaft* zu diesem Thema vergleichsweise wenig. Die von Mitscherlich in der *Unfähigkeit zu trauern* kritisierte Führerbindung der Deutschen wird in der *Vaterlosen Gesellschaft* mit David Riesman und dem Freud von *Massenpsychologie und Ich-Analyse* als Resultat mangelnder, authentischer Väterlichkeit untersucht.

»Sind wir«, so fragt Mitscherlich aus der Mitte einer, seiner, nationalen Gemeinschaft heraus,

> »zu gehorsam, gleichsam zu leichtfertig im Einschwenken auf dekretiertes Verhalten? Fehlt uns die Zivilcourage? Oder, und wo, sind wir zu wenig gehorsam? Was ist die Ursache dieses Zerfalls von Gehorsamsordnungen in der Geschichte? In welchem sozialen Zusammenhang, in welcher Rolle könnten wir allzu destruktiv-rücksichtslos, gesetzes- und gehorsamsverachtend, in welcher untertänig, devot, gehorsamsversessen sein? Was wirkt befreiend in der Ordnung und was versklavend?« (Mitscherlich/Mitscherlich 1967, S. 211).

Vor diesem Hintergrund ist Mitscherlichs Erziehungsprogramm eindeutig: Ihm geht es darum, dass Erwachsene, namentlich die Väter, ihren Charakter ändern, um einfühlsamer auf ihre Kinder eingehen zu können, wobei sich Mitscherlich in heute auffälliger Weise vor allem für das Vater-Sohn-Verhältnis interessiert. Gleichwohl: Mitscherlich kann genau angeben, warum er speziell das Verhältnis von Vater und Sohn in den Mittelpunkt seiner Betrachtungen stellt: Ihm erscheinen die westlichen, Gesellschaften, zumal die westdeutsche, zwanzig Jahre nach dem Zweiten Weltkrieg als »paternistische Gesellschaften«: Die Vater-Sohn-Beziehung steht für Mitscherlich auch noch 1965 beispielhaft für andere familiäre Konstellationen: »zwischen Vater und Tochter, Sohn und Mutter, zwischen den Söhnen und nicht zuletzt auch zwischen den Söhnen selbst«. Das setzt einen kleinsten gemeinsamen Nenner voraus: dass nämlich menschliche Lebensläufe bei aller sonstigen Verschiedenheit durch die psychischen Mechanismen von Identifikation und Projektion geprägt sind und dass es in normativer Hinsicht um die Reifung und Bildung einer vorausgesetzten »Ich-Begabung« geht: »An der Veränderung, welche die gesellschaftlichen Prozesse in diesem Verhältnis erzwungen haben, kann man beobachten« – und das ist das zeitdiagnostische Projekt, das sich Mitscherlich gestellt hat –, »wie die paternitäre Gesellschaftsordnung sich selbst in eine kritische Lage manövriert hat. Aus ihr« – so schließt Mitscherlich, Kliniker und Gesellschaftstheoretiker in einem –, »wird sie nicht mit dem gleichen festgegründeten Bewusstsein einer unumstößlichen Ordnungsform hervorgehen, das der hinter uns liegende Äon besaß« (ebd., S. 218). Diese Kritik des Paternismus ist hier immer zugleich als Reaktion auf die Geschichte Deutschlands im Zwanzigsten Jahrhundert und zumal unter dem Nationalsozialismus zu lesen: Mitscherlich ist mit der klassischen Massenpsychologie Gustave Le Bons und vor allem Freuds *Massenpsychologie und Ich-Analyse* davon überzeugt, dass ein schwach ausgebildetes Ich, dem in der frühen Kindheit Zuwendung und Einfühlung vorenthalten wurden, beliebigen Autoritätsverstärkungen oder Verheißungen von Lustgewinn so erliegt, dass dadurch die fortschreitende »Ich-Integration« gelähmt wird. Blinder Antiautoritarismus und eine durch schwache oder gestürzte Väter verursachte immer stärker werdende Peer-Group-Sozialisation konnte auf der Basis dieser Überzeugungen nur in eine neue Botmäßigkeit führen, weshalb Alexander Mitscherlich sich schon früh von dem, was er für die Studentenbewegung hielt, lossagte. Bereits im April 1968 verfasste Mitscherlich in Reaktion auf den Frankfurter SDS-Kongress, in dem es um die mögliche Beteiligung an einem linken, linksradikalen, Wahlbündnis gehen sollte, im Wochenmagazin *Der Spiegel* eine ebenso tiefgründige wie polemische Analyse, in der er die Verheißungen, Strategien und den Antiparlamentarismus des SDS als Äußerungen von Menschen deutet, die im Zugriff zwar begabt, jedoch von geringer Ausdauer seien. Ausdauer aber »wäre erforderlich« (Mitscherlich 1998, S. 351). Nach einem nicht immer entschlossenen Räsonnement, ob und wie man sich zur Parlamentarismuskritik des SDS stellen soll, kommt Mitscherlich, er war im Frühjahr 1968 bereits 60 Jahre alt, zu einer Frage und einer Antwort:

»Auf welcher Grundlage wollen wir human und durch Autoritäten nicht verkrüppelt weiterleben?« (ebd., S. 352), um dann zu einer kurzgefassten Diagnose der vom SDS geführten Studentenbewegung zu kommen: »Nein, nein, sie sind keine *vaterlands*losen Gesellen: Die Geschichte ist längst weiter. Die politische Tradition der Väter löst sich auf. Was da in der Frankfurter

Mensa dachte und um Formulierungen der Wirklichkeit rang, waren deshalb *vaterlose* Gesellen – von den Vätern im Stich gelassene« (ebd.). Literarische Imagination hat das, was Mitscherlich sagen wollte, prägnanter und erfahrungsnäher ausgedrückt:

>»Schreibend und noch mehr lesend hielt er an sich fest. Nie wieder kam er so dicht an sich selber heran. Er hatte zeitlebens als Bildungsbürger gelebt, den schöne Literatur erhob und erfüllte. Er blieb ein Bildungsleser und Idealist, der Aphorismen notierte, von Sinnsprüchen zehrte, Trost in Sentenzen fand und tiefe Bedeutungen schätzte ... Ein einziges Mal in vier Lebensaltern fand er kritischen Zugang zu sich selbst. Da setzte er sich gefährlichen Einsichten aus. Er stellte das Fehlen echter Güte fest, erkannte das PROBLEMATISCHE einer lebenslangen, durch Lagerhaft noch verstärkten Selbstisolation. Er spürte GEWISSE VERENGUNGEN seines Wesens, Begrenzungen seines Charakters und den HANG ZUR VERDRÄNGUNG. Später trübte sich die Erkenntnis ein, das – vergleichsweise scharfe – Erhelltsein der eigenen Person ging im Alltag verloren« (Meckel 2005, S. 81, Hervorhebung im Orig.).

Noch einmal: Die Unfähigkeit zu trauern

Hatten die Deutschen also nach dem Krieg – wie es die These von der *Unfähigkeit zu trauern* suggeriert, nach dem Zweiten Weltkrieg – tatsächlich keine Chance, eigenes Leid oder den Verlust von Millionen gefallener Väter zu betrauern?

Das Gegenteil scheint der Fall zu sein: Die neuerlich aufbrechende Debatte über die deutschen Opfer des Bombenkrieges, der Flucht, der Vertreibungen, der Vergewaltigungen und nicht zuletzt der von Hitler und seinen Generälen an allen Fronten des Krieges sinnlos verheizten Landser – oft genug Täter so gut wie Opfer – sowie der hinterbliebenen Familien scheint eindringlich zu beweisen, dass hier ein Thema lange Jahre entweder tabuiert oder verdrängt wurde. Das scheint, nimmt man etwa die Äußerungen eines bekannten deutschen Publizisten, Joachim Fest, zur Kenntnis, nicht der Fall zu sein. In einer für diesen sonst so beherrschten Mann ungewöhnlich ressentimentgeladenen Weise gab der Historiker am 9. April des Jahres 2005 der Berliner Zeitung in einem Interview zu Protokoll:

»Es gibt viele Deutsche, die unablässig jeden Tag über die Opfer weinen könnten. Meine Verwandten waren gegen Hitler, schon weil mein Vater gegen Hitler war. Auch sie waren Leute, die ihre Heimat verloren haben, die vergewaltigt worden sind, totgeschlagen wurden – und zwar mehr als dreißig Personen. Ich betrauere sie sehr. Als Deutscher darf man sie eigentlich nicht einmal betrauern. Es gibt andere Völker, die zwar ein moralisch größeres Recht haben, ihre von den Nazis umgebrachten Menschen zu betrauern. Dass aber unsere unschuldigen Toten dabei vergessen wurden und aus dem Gedächtnis der Welt einfach herausgefallen sind, als hätten sie nie existiert, das ist auch nicht richtig.«

Nein – die Rede von einem Tabu oder gar – wie Fest meint – von einem Trauerverbot bezüglich der deutschen Opfer des Zweiten Weltkriegs ist im besten Fall Ausdruck historischer Unbildung, im schlechtesten Fall eine geschichtsklitternde Lüge. Der Volksbund Deutsche Kriegsgräber fand gerade in den fünfziger Jahren mit seinen jährlichen Veranstaltungen zum Volkstrauertag großen Zuspruch, die sogenannte Trümmerliteratur von Wolfgang Borchert bis zu Hans Erich Nossack hat – entgegen dem Diktum H. G. Sebaldts – früh und intensiv auch den Untergang der deutschen Städte im Bombenkrieg zum Thema gehabt. In seinem 1999 erschienenen Roman *Tagundnachtgleiche* hat Dieter Forte das Ende einer Bombennacht in Köln im Jahr 1945 geschildert:

»Irgendwann wurden von außen Holzbohlen unter die Kellerdecke getrieben, die Kellerlöcher wurden aufgeschlagen, sie wurden herausgezogen, man warf ihnen eine Decke über den Kopf, weil die Luft zum Versengen heiß war, sie stolperten, fielen hin, sie standen wieder auf, schauten unter ihrer Decke hervor, standen in einer Reihe ordentlich nebeneinandergelegter Toter, die vom Feuer verkohlt oder vom Wasser aufgeweicht, auf ihr Massengrab im Löschkalk warteten, während ein zusammengetragener Haufen von Köpfen, Beinen, Armen, geteilten Rümpfen von KZ-Gefangenen mit großen Schaufeln auf einen Lastwagen geladen wurde« (Forte 1999, S. 543).

So haben das Schicksal und die Erfahrungen von Kindern während des Bombenkrieges in der Literatur durchaus ihren Niederschlag gefunden, während die Literatur zu den gefallenen oder gefangenen Vätern seit dreißig Jahren kaum noch abreißt. Wenn es also überhaupt so etwas wie ein Tabu gibt, dann handelte es sich um das innere Tabu – man sollte wohl besser von einer inneren Zensur sprechen – einer jüngeren Generation, die in ihren Zwanzigern den ihnen als Opfer und Täter durchaus bekannten oder doch erahnten Eltern nicht verzeihen mochten, da sie auch – oft genug – in vielen Fällen mörderische Täter oder schäbige Nutznießer waren.

Literatur der Kriegskinder

Hanns-Josef Ortheil hat dieser Erfahrung immerhin schon vor erstmals 17 Jahren, 1992, prägnanten Ausdruck verliehen:

>»Und so war der Hass auf meinen Vater, der mich immer wieder befallen hatte, ein Hass auf die Zeitzeugenschaft meines Vaters gewesen, ich hatte ihm keine persönliche Schuld unterstellen, und doch hatte ich ihn als einen noch lebenden Zeitzeugen und als lebendes Überbleibsel der Vergangenheit gehasst. Denn ich hatte mir meinen Vater als tapferen Menschen und, wenn es um die Judenverfolgungen betraf, sogar als Helden vorstellen wollen, ich hatte hören wollen, dass mein Vater auf der Seite der Verfolgten gestanden, etlichen von ihnen das Leben gerettet oder sonstige Heldentaten vollbracht hätte. Mein Vater aber hatte sich – ich habe nie erfahren, ob aus Unwissenheit, Lethargie oder Angst, nicht einmal das habe ich erfahren – nicht um das Schicksal der Juden gekümmert, und genau das, diese mangelnde Zuwendung oder Stellungnahme, hatte ich ihm vorgeworfen« (Ortheil 1999, S. 108).

Andere konnten, wenn sie wollten, Gewissheit finden. Martin Pollack, dessen Buch *Der Tote im Bunker* im Jahr 2004 erschien, musste zur Kenntnis nehmen, dass sein Vater ein Massenmörder war – Leiter einer SS-Einsatzgruppe, die in Slowenien Juden zu erschießen hatte. Zwischen Massengräbern in Slowenien wird dem inzwischen sechzig Jahre alten Autor klar, vor einem unlösbaren lebensgeschichtlichen Rätsel zu stehen:

»In jenem Moment hatte ich verstanden, dass es mir nie möglich sein würde, eine Antwort auf die quälende Frage zu finden, wie es geschehen hatte können, dass ausgerechnet mein Vater ›kraft seiner Kompetenzen‹ diese Taten angeordnet, vielleicht selber zur Waffe gegriffen hatte. Der Vater, der Sturmbannführer, dem einer seiner Männer Jahrzehnte später bescheinigen sollte, er sei stets human verfahren. Human. Was bedeutete das« – so fragt Pollack – »in der Sprache der Täter?« (Pollack 2004, S. 221).

Das sind nachträgliche Reflexionen – die betont unreflektierte Erinnerung an eine Kindheit im Krieg konnte jedoch auch ganz anders wirken. Christoph Meckel hat in seinem *Suchbild. Meine Mutter.* seine idyllische Kriegskindheit in Freiburg im Breisgau geschildert:

»Schwarzwälder Sommerferien während des Kriegs. Mit Leiterwagen, Rucksäcken, Eimern und Gläsern und der fest verpackten Grundnahrung für sechs Wochen (Zucker, Graupen, Nudeln und Haferflocken) traf man am Bahnhof von Littenweiler ein … In heißen Tagen und Nächten verschwand die Zeit. Wie viele Wunder nahm der Sommer auf. Peitschenknallen und Viehhüten an den Halden, das Heu, der Staub und der Heustaub auf den Tennen, die Milcheimer in den Brunnen, das Melken der Kühe, das Schnitzen der Schindeln, die Kornernte und die Strau. Ich holte Brot und Milch vom Steigerhof, die Post kam gegen Mittag im Pferdegespann. Ich nahm die Feldpost meines Vaters mit, der war in Polen, und dort war der Krieg« (Meckel 2005, S. 53).

Das wahre Problem – und darauf verweist Meckels scheinbar nebensächliche Bemerkung zur Feldpost – war indes die Abwesenheit des Vaters. Darum geht es – auch wenn die Literatur des Verlusts gelegentlich von einem Bruder handelt.

Bruder und Vaterimago

Uwe Timms *Am Beispiel meines Bruders* (Timm 2003) erzählt in schlichter, aber eindrucksvoller Form von einer verspäteten Suche, von der Suche eines inzwischen erwachsenen Mannes, dessen Mutter eben gestorben war, nach seinem älteren Bruder, der sich 19-jährig zur SS gemeldet hatte und 1943 nach einem Beinschuss in einem Lazarett in der Ukraine gestorben war. Die Debatte, die sich an Uwe Timms Roman *Am Beispiel meines Bruders* entzündete, ist ein trefflicher Beleg dafür, mit welcher Wucht das Fehlen oder Versagen der männlichen Kriegsgeneration auch noch fünfzig Jahre später die Gemüter umtreibt. Zunächst im Wochenmagazin *Der Spiegel*, dann in dem sozialdemokratischen Periodikum *Neue Gesellschaft* setzt sich der 1947 geborene Schriftsteller Günter Frantzen mit der »Mitleidlosigkeit«, so der Herausgeber der *Neuen Gesellschaft*, Peter Glotz, »eines bestimmten Typus von Achtundsechzigern mit deutschen Opfern« auseinander. Dabei geht Frantzen auf Timms Buch ein, dem er einen Mangel an bekundeter Ambivalenz vorhält und besonders ankreidet, am Ende des Buches gegen Kriegstreiberei aufzurufen. Frantzens furiose Kritik lohnt ein Zitat:

> »Dass dieses nachgetragene und deshalb nicht ganz so kostbare pazifistische Credo die Agonie des durch den Dreck kriechenden Menschenrests auf groteske Weise verfehlt, spricht für das Scheitern einer Suche, die sich im behaglichen Gehäuse einer blitzsauberen Gesinnung mit der Verhaftung der üblichen Verdächtigen begnügt und damit in der Sphäre der literaturästhetischen Wirklichkeit überhaupt nicht stattgefunden hat. Uwe Timm«– resümiert Frantzen nun seine Kritik – »könnte der Großvater dieses in der Weite Russlands verschollenen Neunzehnjährigen sein. Er könnte sich seines Bruders erbarmen. Er könnte den Kopf des seiner Uniform, seiner Gewaltinsignien und seiner pubertären Großmäuligkeit beraubten, auf seine kreatürlichen Abmessungen geschrumpften Jungen in seinen Schoß betten und ihm das Sterben erleichtern: Ich werde nie genau wissen, wer du bist und was du getan hast. Aber ich stehe bei dir, weil ich dein Bruder bin« (Franzen 2003).

In seiner paradoxen Forderung nach Mitleid und Erbarmen übergeht Frantzen freilich das tiefe Erschrecken, das Timms Buch durchherrscht. In einem Brief vom Juli 1943 muss Timm lesen, dass beider Mutter ihrem im Feld stehenden Sohn mitgeteilt habe, dass er – der damals dreijährige – alle Russen totschießen wollte: »Wie die Goldmutsch mir schrieb, willst Du alle Russen totschießen und dann mit mir türmen«, weshalb der Autor kaum anders kann, als sich sechzig Jahre später zu fragen: »Wie kommt ein dreijähriges Kind dazu, alle Russen totschießen zu wollen? Es war die selbstverständliche Rede. Es könnte aber auch eine höchst indirekte mütterliche Aufforderung gewesen sein, zu desertieren, die, wegen der Briefzensur, einem Kind in den Mund gelegt worden war. Denn es ergibt keinen Sinn, wenn man alle Russen totschießt, muss man nicht mehr türmen« (Timm 2003, S. 57/58).

Timms *Am Beispiel meines Bruders* handelt davon, wie ein inzwischen an der Schwelle zum Alter stehender Mann seine kindliche Angst überwindet und der Wahrheit, der Wahrheit der eigenen Familie, seiner Mutter, seines Vaters und seiner selbst auf die Spur kommen will, eine Selbsterforschung, die einen bisher im Schatten stehenden Teil der eigenen Persönlichkeit ans Licht ziehen will, einen Teil, der den Autor selbst zum – wie er schreibt – »Nachkömmling« gemacht hat: »Abwesend und doch anwesend hat er mich durch meine Kindheit begleitet, in der Trauer der Mutter, den Zweifeln des Vaters, den Andeutungen zwischen den Eltern« (Timm 2003, S. 10). Die Unterscheidung der Abfolge von Anwesenheit und Abwesenheit ist indes nicht nur das Ergebnis von Lernschritten in der frühesten Kindheit – also dem Spiel –, sondern auch Ausdruck einer Angst vor der Wiederkehr der Toten, die in Gestalt der Wieder- und Doppelgänger in Literatur und Halluzination gleichermaßen belebt werden kann. In seiner Studie über das »Unheimliche« aus dem Jahr 1919 hat Sigmund Freud das Gefühl des Unheimlichen im Falle des Doppelgängertums mit Erfahrungen erläutert, wonach der eine

> »das Wissen, Fühlen und Erleben des andern mitbesitzt, die Identifizierung mit einer anderen Person, sodass man an seinem Ich irre wir oder das fremde Ich an die Stelle des eigenen versetzt, also Ich-Verdopplung, Ich-Teilung, Ich-Vertauschung – und endlich die beständige Wiederkehr des Gleichen, die Wiederholung der nämlichen Gesichtszüge, Charaktere, Schicksale, verbrecherischen Taten, ja der Namen durch mehrere aufeinanderfolgende Generationen« (Freud 1999, S. 246).

Uwe Timms Bruder hatte sich im Alter von 19 Jahren, im Jahr 1942, freiwillig zur Waffen-SS gemeldet und war nach einem Beinschuss und einer Amputation 1943 gestorben. Ein schwächliches Kind, das sich zu Hause gerne versteckte, ängstlich und anständig, meldete er sich im Dezember 1942 als Panzerpionier bei der SS-Totenkopfdivision. Die familiale Überlieferung – Timms Mutter will sie vom älteren Bruder mitgeteilt selbst gehört haben – weiß von einer unheimlichen Begebenheit auf dem Weg nach Hamburg-Ochsenzoll zu erzählen, wo sich nicht nur die SS-Kaserne, sondern auch eine psychiatrische Anstalt befand. In der Abenddämmerung, vor dem Hintergrund eines wolkenlosen Himmels, des Mondes, der soeben über einem Gehölz aufgegangen war, entdeckt der Bruder einen Mann, den er nach dem Weg zur Kaserne fragt. Der gefragte Mann redet kaum und geht voran, um sich schließlich auf die beunruhigte Frage des Bruders, ob man noch auf dem richtigen Weg sei, zu antworten: »Ja. Wir gehen zum Mond, da, der Mond lacht, er lacht, weil die Toten so steif liegen« (Timm 2003, S. 14). Als sich Timms Bruder Ende 1942 zur Waffen-SS meldete, war die Schlacht um Stalingrad so gut wie entschieden und die Rote Armee rüstete sich für den letzten Vorstoß auf die eingegrabenen, hungernden und frierenden Landser, denen nichts anderes übrig blieb, als auf den Tod zu warten. Das Frühjahr 1943, in dem Karl Heinz Timm an die Front kam, war durch die Vorbereitungen für die letzte große Offensive der Wehrmacht, den Angriff auf den Bogen von Kursk geprägt, eine Schlacht, die – eher noch als das vor allem symbolische Stalingrad – in militärischer Hinsicht zur Entscheidungsschlacht werden sollte. Im März erreicht die Familie ein Brief des Bruders von einem Brückenkopf über den Donez. Dieser Brief wird dem Autor Uwe Timm auf dem Weg seiner Selbsterforschung zur Qual, berichtet er doch vom Sichtkontakt zwischen dem jungen, freiwilligen SS-Mann und Soldaten der Roten Armee: »Brückenkopf über den Donez« heißt es da lakonisch, und weiter: »75 m raucht Iwan Zigaretten, ein Fressen für mein MG«. An was wird er, so fragt sich Timm Jahrzehnte später, gedacht haben, als er derlei schrieb. Eine Woche später erliegt der »SS-Sturmmann« Karl Heinz Timm seinen Verletzungen. Uwe Timm entwächst seinem verdrängenden, deutsch-nationalen Elternhaus und wird zu einem viel gelesenen, politisch engagierten, lange Zeit der DKP nahe stehenden Schriftsteller – Orientierungen, die er Ende der achtziger Jahre aufgab. Sechzig Jahre später liest Timm auf Vermittlung des Börsenvereins des Deutschen Buchhandels in Kiew.

»Am Tag meiner Ankunft«, so sein Bericht, »es war zufällig die Zeit, in der mein Bruder verwundet worden war, wurde ich morgens im Hotel durch Telefonschrillen geweckt. Ein Traum, ein dunkler, ein im plötzlichen Erwachen nur noch undeutlicher Traum, in dem auch er schattenhaft vorgekommen war. Im Schreckzustand versuchte ich aufzustehen. Ich konnte nicht. In beiden Beinen war ein unerträglicher Schmerz … Ich rollte mich aus dem Bett, kroch am Boden dem schrillen Ton entgegen …, fasste den Hörer, eine Stimme, unverständlich und fern, die plötzlich, nachdem ich immer wieder Hallo gerufen hatte, verstummte. Im Sessel sitzend konnte (ich) den Schmerz in den Waden lokalisieren, ein Krampf in beiden Beinen …)« (Timm 2003, S. 125).

Gewiss: In Timms autobiografischer Erzählung geht es nicht um den Vater, den der Autor als abwesenden Anwesenden im Elternhaus durchaus erlebte, sondern um seinen früh gefallenen Bruder – man wird indes den Gedanken nicht als waghalsige Spekulation abtun wollen, dass sich in der Erinnerung an den früh gefallenen Bruder in hoher Verdichtung eben jene abwesend schuldige Vaterimago verkörpert, die Millionen deutscher Familien nach dem Krieg prägte.

Bei alledem geht es um Frage der sich nur allmählich lösenden Traumatisierung der Generation der um 1940 geborenen Deutschen, einer Traumatisierung, die über das, was Mitscherlich & Mitscherlich bezüglich der *Unfähigkeit zu trauern* geschrieben haben, insofern hinausgeht, als hier nicht die Verdrängungsleistungen von Erwachsenen zur Debatte stehen, sondern die Traumata von Kindern, von – so müssen wir präziser sagen – von Kindern, die inzwischen an der Schwelle zum Alter stehen, die sich in ein verantwortetes Verhältnis zu Leiden und Schuld der Eltern bzw. ihrem eigenen Leiden und ihrer Haltung dazu setzen wollen.

In der Tat: Die Kinder der Täter hatten es auf ihre eigene Weise schwer. Sie leiden an einem Alp, weil sie – was Schuld, Verstrickung oder auch nur moralische Schäbigkeit ihrer Eltern betrifft – nicht nur mit den äußeren Verletzungen durch Bombenkrieg, Trennung von den Eltern und Vertreibung fertig werden müssen, sondern weil sie sich – weit gravierender – mit den nicht selbst gemachten Erfahrungen einer Generation, die, indem sie in einen verbrecherischen und mörderischen Krieg zog, nicht nur selbst zu Opfern wurde, sondern auch noch die eigenen Angehörigen zu Opfern machte, auseinandersetzen müssen. Die Folge dieses doppelten Vergehens – Ralph Giordano sprach von der »Zweiten Schuld«. Präziser, als es jeder Psychologe könnte, hat der Schriftsteller Christoph Meckel den deutschen Nachkriegsfamilien in seinem Suchbild über seinen Vater die Diagnose gestellt:

> »Der Krieg hatte die Familien zugrunde gerichtet. Die Väter taumelten nach Hause, lernten ihre Kinder kennen und wurden als Eindringlinge abgewehrt. Sie waren fürs erste verbraucht und hatten nichts Gutes zu sagen. Der für den Vater freigehaltene Platz wurde von einem Menschen besetzt, der fremd und feindlich oder zerrüttet war und Position als Erzieher bezog – das war nicht glaubhaft. Beschädigte Ehen und verstörte Gefühle, Ruinen, Hunger und schlechte Aussicht auf Zukunft, zehnmal geflickte Strümpfe und kalte Öfen – wie sollte da Freude in den Familien sein [...]. Die deutsche Familie im nicht mehr deutschen Vierzonenland war mit Verdrängung beschäftigt, mit Kriegsneurose und Schuldbeschwichtigung, mit ruinierten Nerven und Impotenz. Sie war mit den Folgen von Angst und Zerstörung beschäftigt, krankte an intellektueller Auszehrung und plagte sich mit Depressionen ab« (Meckel 2005, S. 131f.).

Wenn Christoph Meckel recht hat, dann stellt die oft gehörte, in den letzten Jahren immer wieder erhobene Forderung, sich endlich an die Bombennächte, die Vertreibung, den Hunger und die Vergewaltigungen auch öffentlich zu erinnern, der durch den Feind, die alliierten Bomber, die Rote Armee, der von tschechischen und polnischen Milizen zugefügten Traumata gedenken zu dürfen, kaum weniger als eine weitere, eine letzte Verdrängung dar – Verdrängung eines Schmerzes, der stärker war als die durch Sirenengeheul, Brandnächte, Kälte und Hunger zugefügten Sensationen – des Schmerzes über einen Vater, der alles, was dem Leben der Kinder hätte Intensität und Freude geben können, zerstörte.

»Was der Vater betrieb«, so noch einmal Christoph Meckel, »war die konstante Entwertung, die Entwertung seiner selbst und des Lebens der andern. Er war der Entwerter. Das Leben war anderswo« (ebd., S. 137). Und dieses Leben konnte auch nicht – so ließe sich hinzufügen – dadurch zurückkommen, dass man die Schuld der Väter attackierte. Diese Entwertung – das war sie, die »Zweite Schuld«, die vor vierzig Jahren nur durch wütendes, in der Sache durchaus berechtigtes moralisches Aufbegehren abgeworfen werden sollte – eine Entwertung innerer Art freilich, der durch Politik nicht beizukommen war.

Literatur

Forte, Dieter (1999): Tagundnachtgleiche.

Forte, Dieter (2003): Das Haus auf meinen Schultern. Frankfurt a.M. (S. Fischer).

Franzen, Günter (2003): Deutsche Gespenster. Neue Gesellschaft. Frankfurter Hefte 12.

Freud, Sigmund (1999): Das Unheimliche. In: Freud, Sigmund: GW XII. Frankfurt a.M. (S. Fischer).

Freimüller, Tobias (2007): Alexander Mitscherlich. Gesellschaftsdiagnosen und Psychoanalyse nach Hitler. Göttingen (Wallstein).

Giordano, Ralph, Die zweite Schuld, München (dtv).

Grass, Günther: Tagebuch einer Schnecke, München (dtv).

Meckel, Christoph (2005): Suchbild. Mein Vater. München (dtv).

Meckel, Christoph (2005a): Suchbild. Meine Mutter. Frankfurt a.M. (S. Fischer)

Mitscherlich, Alexander (1998): Vaterlose Gesellen. In: Kraushaar, Wolfgang (Hg.): Frankfurter Schule und Studentenbewegung Bd. 2. Hamburg (Hamburger Edition).

Mitscherlich, Alexander & Mitscherlich, Margarete (1967): Die Unfähigkeit zu trauern. Grundlagen kollektiven Verhaltens. München (Piper).

Ortheil, Hanns-Josef (1999): Abschied von den Kriegsteilnehmern. München (Piper).

Pollack, Martin (2004): Der Tote im Bunker. Bericht über meinen Vater. Wien (Zsolnay).

Scheub, Ute (2006): Das falsche Leben. Eine Vatersuche. München (Piper).

Timm, Uwe (2003): Am Beispiel meines Bruders. Köln (Kiepenheuer & Witsch).

Autorinnen und Autoren

MICHAEL BONGARDT, Prof. Dr., Jahrgang 1959, Promotion und Habilitation in katholischer Theologie. Gestalttherapeutische Ausbildung. Professor an der Freien Universität Berlin, dort Leiter des Instituts für Vergleichende Ethik. Auf das Thema bezogene Veröffentlichungen: *Der Widerstand der Freiheit. Eine transzendentaldialogische Aneignung der Angstanalysen Kierkegaards* (Frankfurt 1995); »Vom Glück der Schuld – Eine Erinnerung in gnadenlosen Zeiten. Oder: Vom Auftrag der Theologie in einer nachchristlichen Welt« (in: *Bulletin der Europäischen Gesellschaft für Katholische Theologie* 13, 2002, 120–130); »Schwermut – die Mutter aller Sünden? Philosophisch-theologische Orientierungen für die Begegnung mit depressiven und entmutigten Menschen« (in: Kath. Ärztearbeit Deutschlands [Hg.]: *Die Düsterkeit in unserem Leben – Schlaglichter der Depression* [Ostfildern 2002, 120–134]); »Wie weit reicht die Verantwortung des Arztes? Von den Möglichkeiten und Grenzen der Freiheit in komplexen Systeme« (in: *Zeitschrift für medizinische Ethik* 53, 2007, 195–205).
Kontakt: Prof. Dr. Michael Bongardt, Freie Universität Berlin, Institut für Vergleichende Ethik, Schwendenerstr. 31, 14195 Berlin, mbongard@zedat.fu-berlin.de

MICHA BRUMLIK, Prof. Dr., Jahrgang 1947, Professor für Allgemeine Erziehungswissenschaft an der Goethe-Universität Frankfurt a. M. Forschungs- und Publikationsgebiete: Moralische Sozialisation, Philosophie der Erziehung und Bildung sowie Religionsphilosophie.

Kontakt: Prof. Dr. M. Brumlik, Institut für Allgemeine Erziehungswissenschaft, Robert-Mayer-Str. 1, 60054 Frankfurt a.M., Tel: 069 79822834, MBrumlik@aol.com

MICHAEL B. BUCHHOLZ, Dipl.-Psych., Dr. phil., Professor am Fachbereich Sozialwissenschaften der Universität Göttingen. Lehranalytiker (DGPT, DPG). Forschungsinteressen: qualitative Sozialforschung (Konversationsanalyse, Metaphernanalyse).
Kontakt: Prof. Dr. Dipl.-Psych. Michael B. Buchholz, Schlesierring 60, 37085 Göttingen, buchholz.mbb@t-online.de

REBECCA FRIEDMANN arbeitet als Diplom-Sozialpädagogin im Arbeitsbereich Delinquenzforschung der FU Berlin und ist stellvertretende Vorsitzende der DENKZEIT-Gesellschaft. Arbeitsschwerpunkte sind die pädagogische Leitung der Weiterbildung zum Denkzeit-Trainer, die Weiterentwicklung der Denkzeit-Methoden und die Leitung des Forschungsprojektes »Motive gewalttätigen Handelns von jugendlichen Straftätern«.
Kontakt: Rebecca Friedmann, Stromstr. 3, 10555 Berlin, friedmann@denkzeit.com

MANFRED GERSPACH, Dr. phil., Jahrgang 1951, Professor für Pädagogik am Fachbereich Gesellschaftswissenschaften und Soziale Arbeit der Hochschule Darmstadt. Schwerpunkte in Lehre und Forschung: Erziehung im Elementarbereich, die Arbeit mit sogenannten verhaltensauffälligen Kindern sowie die Psychoanalytische Pädagogik, die Heilpädagogik und die integrative Pädagogik.
Kontakt: Prof. Dr. Manfred Gerspach, Weilbrunnstr. 22, 60435 Frankfurt, manfred.gerspach@h-da.de

LUDWIG HAESLER, Dr. med., FA f. Psychotherapeutische Medizin und Psychoanalytiker (DPV/IPA) in eigener Praxis. Zahlreiche Veröffentlichungen zur Theorie und Praxis der Psychoanalyse sowie über interdisziplinäre Fragestellungen.

Kontakt: Dr. med. Ludwig Haesler, Max-Reimann-Str. 15, 14532 Kleinmachnow, Ludwig.haesler@t-online.de

MATHIAS HIRSCH, Dr. med., Jahrgang 1942, Facharzt für Psychiatrie und für psychotherapeutische Medizin. Psychoanalytiker (DGPT, affiliiertes Mitglied DPV, Ehrenmitglied des Psychoanalytischen Seminars Vorarlberg), Gruppenanalytiker (DAGG). Lehrbeauftragter der Universität Hamburg, Institut für Psychotherapie. Arbeitet in psychoanalytischer Praxis. Forschungsschwerpunkte: Psychoanalytische Traumatologie, Psychoanalyse des Körpers. Gruppenpsychotherapie, Psychoanalyse und Kultur.
Kontakt: Dr. med. Mathias Hirsch, Simrockstr. 22, 40235 Düsseldorf, mathias.hirsch@t-online.de, www.MathiasHirsch.de

JÜRGEN KÖRNER, Prof. Dr., Dipl.-Psych., Jahrgang 1943, Psychoanalytiker (DPG, IPA). Professor für Sozialpädagogik an der Freien Universität Berlin. Vorsitzender der DENKZEIT-Gesellschaft. Arbeitsschwerpunkte: Psychoanalytische Theorie und Methode, Jugendliche Delinquenz.
Kontakt: Prof. Dr. J. Körner, Stromstr. 3, 10555 Berlin, körner@zedat.fu-berlin.de

FRANZISKA LAMOTT, Prof. Dr. rer. soc., Studium der Soziologie und Psychologie. Mehrjährige Tätigkeit am Institut für Strafrecht und Kriminologie der Universität München. Gruppenanalytikerin (DAGG). Venia legendi für Sozialpsychologie. Seit 1999 an der Sektion Forensische Psychotherapie der Universität Ulm. Forschungsprojekte und Publikationen in den Bereichen: Kriminologie, Psychotherapie- und Genderforschung, Gruppen- und Kulturanalyse.
Kontakt : Prof. Dr. rer. soc. Franziska Lamott, Am Hochsträß 8, 89081 Ulm, franziska.lamott@uni-ulm.de

KATHRIN MÖRTL, Mag. phil., Dr. biol. hum., Forschungsmitarbeiterin an der Universitätsklinik Psychosomatische Medizin und Psychotherapie Ulm, Post-Doc-Stipendiatin der Deutschen Forschungsgemeinschaft an der York

University in Toronto. Forschungs- und Interessensschwerpunkte: Anwendung qualitativer Methoden, Psychotherapie aus Patientensicht, Forensische Psychotherapie.
Kontakt: Dr. Kathrin Mörtl, Universitätsklinik Psychosomatische Medizin und Psychotherapie, Am Hochsträß 8, 89081 Ulm, kathrin.moertl@uni-ulm.de

BURKHARD MÜLLER, Dr. theol. habil., Jahrgang 1939, Professor für Sozialpädagogik i.R. an der Stiftung Universität Hildesheim. Forschungs- und Publikationsgebiete: Psychoanalytische Pädagogik, Jugendhilfe und Jugendarbeit, Interkulturelle Pädagogik, Sozialpädagogische Professionalität.
Kontakt: Prof. Dr. Burkhard Müller, Matterhornstr. 74a, 14129 Berlin, bmueller@uni-hildesheim.de

BARBARA RENDTORFF, Dr. phil. habil., Jahrgang 1951, Professorin für Schulpädagogik und Geschlechterforschung an der Universität Paderborn. Forschungsschwerpunkte: Theorie der Geschlechterverhältnisse, Tradierung von Geschlechterbildern im Prozess des Aufwachsens, Geschlechterdimensionen in der Schule und in pädagogischen Kontexten.
Kontakt: Prof. Dr. Barbara Rendtorff, Kettenhofweg 113, 60325 Frankfurt a.M., Barbara.Rendtorff@uni-paderborn.de

ACHIM SCHRÖDER, Dr. phil., Professor für Jugendarbeit und Kulturpädagogik am Fachbereich Gesellschaftswissenschaften und Soziale Arbeit der Hochschule Darmstadt. Forschungsschwerpunkte: Adoleszenz und kultureller Wandel, politische Jugendbildung, szenisches Spiel und Konfliktpädagogik, Beziehungen in der Jugendarbeit.
Kontakt: Prof. Dr. Achim Schröder, Zum Wenzenholz 5, 61267 Neu-Anspach, AchimSchroeder@t-online.de

PHILIPP WALKENHORST, Prof. Dr., Professor für Erziehungshilfe und Soziale Arbeit. Sozialwissenschafter und Heilpädagoge. Themenschwerpunkte: Entwicklungspädagogik des Jugend- und Heranwachsendenalters, Störungen des Sozialverhaltens, Stationäre Förderung junger Menschen in der Jugendhilfe und im Jugendstrafvollzug, Kooperationsansätze von Jugendhilfe, Schule, Jugendstrafrechtspflege und Psychiatrie

Kontakt: Prof. Dr. Philipp Walkenhorst, Universität zu Köln, Humanwissenschaftliche Fakultät, Department Heilpädagogik und Rehabilitation, Lehrstuhl Erziehungshilfe und Soziale Arbeit, Klosterstr. 79c, 50931 Köln, http://www.hf.uni-koeln.de/30070

SILKE WOLTER, M.A., wissenschaftliche Mitarbeiterun am Lehrstuhl für Sozialpädagogik, Arbeitsbereich Delinquenzforschung, an der Freien Universität Berlin. DENKZEIT-Trainerin. Arbeitsschwerpunkte: aggressives Verhalten im Kindes- und Jugendalter, Beziehungsverläufe und Beziehungsarbeit pädagogischer Interventionen.
Kontakt: Silke Wolter, Arnimallee 11, 14195 Berlin, siwo@zedat.fu-berlin.de

 **Psychosozial-Verlag**

Tomas Böhm, Suzanne Kaplan

Rache

Paul-Hermann Gruner, Eckhard Kuhla (Hg.)

Befreiungsbewegung für Männer

2009 · 265 Seiten · Broschur
ISBN 978-3-89806-830-7

2009 · 427 Seiten · Broschur
ISBN 978-3-8379-2003-1

In diesem Buch wird Rache als primitive, destruktive Kraft beschrieben, die allen Individuen, Gruppen und Gesellschaften innewohnt – ein zerstörerisches Potenzial, das sich unter bestimmten Umständen mit Macht den Weg an die Oberfläche bahnt. Das Motiv der Rache findet sich in der psychologischen Verknüpfung von Vorurteilen, Verfolgung, Rassismus und Gewalt. Die Autoren liefern deutliche – und oftmals beunruhigende – Fallbeispiele aus dem Alltag unserer Zeit und stellen Theorien vor, die zum besseren Verstehen von Opfern und Tätern beitragen können. Sie sollen uns helfen, der Versuchung zu widerstehen, selbst Vergeltung zu üben.

Ein Buch, das Widerspruch und Kontroversen auslösen wird und will.

Was kommt eigentlich nach dem Feminismus? Die Gleichberechtigung der Frau ist keine Aufgabe mehr in der westlichen Industriegesellschaft. Es gibt sie. Inzwischen sollte es im Geschlechterverhältnis längst um Gleichverpflichtung, Gleichbehandlung und damit Gleichwertigkeit gehen. Mit Analyse und Empirie, mit Ideologie- und Zeitgeistkritik, mit empathischen wie essayistischen Beiträgen debattiert dieses Buch die Realitäten des feministischen Zeitalters – und die Notwendigkeit einer Männerbewegung und -befreiung als Kernaufgabe der Ära danach. Dies anhand von Themenfeldern wie Gleichstellung, Partnerschaft, Familie, Gefühle, Gewalt, Gesundheit, Arbeitsleben und Sterblichkeit.

Walltorstr. 10 · 35390 Gießen · Tel. 06 41 - 96 99 78 - 18 · Fax 06 41 - 96 99 78 - 19
bestellung@psychosozial-verlag.de · www.psychosozial-verlag.de

Psychosozial-Verlag

Peter Joraschky,
Hedda Lausberg, Karin Pöhlmann (Hg.)

Körperorientierte Diagnostik und Psychotherapie bei Essstörungen

Svenja Taubner

Einsicht in Gewalt

2008 · 293 Seiten · Broschur
ISBN 978-3-89806-813-0

2008 · 349 Seiten · Broschur
ISBN 978-3-89806-878-9

Der Band stellt die neuesten Forschungsergebnisse zur Diagnostik und Behandlung des gestörten Körpererlebens von PatientInnen mit Essstörungen dar. Die Dimension des Körpererlebens als zentrale Störung von PatientInnen mit Anorexia nervosa und Bulimia nervosa ist klinisch gut belegt. Verschiedene diagnostische Zugangswege zu dieser Störungsdimension werden hier differenziert dargestellt. Neben Fragebogenmethoden bestimmen vor allem projektive Verfahren, Einschätzungsverfahren durch Interviews und videogestützte Analysen von Bewegungsverhalten die aktuelle Forschung. Die körperorientierte Psychotherapie hat heute bei der Indikation einen gut evaluierten Stellenwert als erfolgreiche Behandlungsmethode von Essstörungen, sowohl als Hauptverfahren wie in Kombination mit einzel- und gruppenpsychotherapeutischen Methoden.

Das Thema Jugendkriminalität führt oft zu hitzigen Diskussionen, in denen jedoch das Verständnis für die individuellen Schicksale der Betroffenen verloren geht. An der Schnittstelle von Kriminalwissenschaften und Psychologie stellt dieses Buch Einzelfallanalysen von gewalttätigen Jugendlichen mit einer oftmals traumatischen Geschichte ins Zentrum der Untersuchung.

Am Beispiel des Täter-Opfer-Ausgleichs wird mit Methoden der psychoanalytischen Psychotherapieforschung und Bindungsforschung die Auseinandersetzung junger Männer mit ihren Gewaltstraftaten beschrieben. Svenja Taubner arbeitet heraus, dass einseitige Täterzuschreibungen einem Lernprozess entgegenwirken, und stellt Vorschläge für Entwicklungsmöglichkeiten dar.

Walltorstr. 10 · 35390 Gießen · Tel. 06 41 - 96 99 78 - 18 · Fax 06 41 - 96 99 78 - 19
bestellung@psychosozial-verlag.de · www.psychosozial-verlag.de

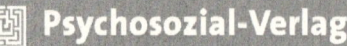
Psychosozial-Verlag

Mathias Hirsch   Parfen Laszig, Gerhard Schneider (Hg.)
»Liebe auf Abwegen«   Film und Psychoanalyse

2008 · 198 Seiten · Broschur   *2008 · 262 Seiten · Broschur*
ISBN 978-3-89806-842-0   *ISBN 978-3-89806-807-9*

In den vergangenen Jahren ist das Kino immer mehr ins Interesse der Psychoanalytiker gerückt. Der Zuschauer kann sich berühren lassen und den Film als verschlüsselte Narration des eigenen Unbewussten verstehen. Er kann aber auch beruhigt das Eigene als Fremdes auf der Leinwand belassen. Dies ist ein Sinn des Voyeurismus. Der Film wird den unbewussten Motiven, Begierden, auch den Ängsten des Zuschauers entsprechen, ihn aber nicht dauerhaft verändern. Insofern ist Guattaris Spruch, das Kino sei »die Couch der Armen«, nicht mehr als ein witziges Bonmot.

Alle Filme, die in diesem Buch vorgestellt werden, führen uns in die Abgründe und Abwege der Liebe, die auch in uns als menschliche Möglichkeiten enthalten sind: Der Weg geht von der Mutterliebe, dem Inzest, der einen oder anderen Form der Perversion, der Ehe und der Selbstliebe bis hin zur Liebe in der Psychotherapie.

In den letzten Jahren ist eine Reihe psychoanalytischer Filminterpretationen erschienen, in denen die Filme als Indikatoren soziokultureller Befindlichkeiten verstanden werden. Das legt den Versuch nahe, der kulturpsychoanalytischen Perspektive in der Filmpsychoanalyse einen Ort einzuräumen und die Betrachtungsweise Siegfried Kracauers aufzunehmen. Er verstand Filme als »Spiegelbild« jener »Tiefenschichten einer Kollektivgesinnung, die mehr oder minder unterhalb der Bewusstseinsschwelle liegen«, und konnte so eine Geschichte der Befindlichkeiten der Weimarer Zeit schreiben. Analog dazu werden im vorliegenden Buch Gegenwartsfilme als Oberflächenphänomene vor- und unbewusster soziokultureller Befindlichkeiten der sich globalisierenden spätkapitalistischen Welt aufgefasst.

Walltorstr. 10 · 35390 Gießen · Tel. 06 41 - 96 99 78 -18 · Fax 06 41 - 96 99 78 -19
bestellung@psychosozial-verlag.de · www.psychosozial-verlag.de